Mill에게 진리를 묻다

의견 표현과 인식의 자유

● 일러두기

• 이 책은 국립국어원 표기법을 준수했습니다.

• 외국 인명이나 지명, 작품명은 될 수 있는 한 국립국어원의 외래어 표기법을 따르되, 굳어진 용례는 관행을 따라 표기했습니다.

• 문장부호의 경우, 도서명은 겹화살괄호(《 》), 법률명과 규정은 홑낫표(「」), 기타는 홑화살괄호(< >)를 사용했습니다.

• 출처 인용 및 참고문헌 표기는 <한국언론학보 논문 작성 규정>을 준수했습니다.

이호규 저

Mill에게 진리를 묻다

의견 표현과 인식의 자유

존 스튜어트 밀

지금

Mill에게 진리를 묻다
의견 표현과 인식의 자유

지은이   이호규
펴낸이   김지연

초판 1쇄 펴낸 날   2025년 10월 20일

(주)도서출판 지금
출판 등록 제319-2011-41호
06924 서울특별시 동작구 장승배기로 128, 305호(노량진동, 동창빌딩)
전화 (02)814-0022   FAX (02)872-1656
홈페이지 www.papergold.net
ISBN 979-11-6018-414-3   93300

본서는 (주)도서출판 지금이 저작권자와 계약하여 발행했습니다.
본사의 서면 허락 없이 이 책의 내용의 일부 또는 전부를 무단 인용·전재·복제하면 저작권 침해로서 5년 이하의 징역 또는 5천만원 이하의 벌금에 처하거나 이를 병과할 수 있습니다.

• 책값은 책표지에 표시되어 있습니다.

● 서문

　이 책은 저자가 해롤드 이니스Harold Innis의 《커뮤니케이션 편향》을 번역하면서 시작되었다. 번역을 준비하는 과정에서, 이니스의 또 다른 책인 《Empire and Communications》를 읽다가 이니스가 인용한 아래 문장을 접했고, 그 계기로 존 스튜어트 밀John Stuart Mill에 흥미를 갖게 되었다.

　첫째, 과학적 탐구의 방법은 여전히 보편적으로 적용할 수 있지만, 주의를 기울이지 않으면 인간의 마음은 자기 스스로 만든 가설에 사로잡히는 거의 피할 수 없는 경향이 있다. 일단 특정한 자의적인 방식으로 사고하고 느끼고 개념화하는 데 익숙해지면, 결국엔 그것을 마치 자연의 법칙인 것처럼 착각한다. 즉, 사람이 어떤 방식으로 생각하는 데 익숙해지면, 그것이 진실이라고 착각하게 된다는 것이다. 그래서 늘 자기 생각을 점검하고 의심할 필요가 있다.

　둘째, 정치 경제 학자들은 지주, 자본가, 노동자라는 세 계급 중심의 틀 안에서 끝없는 순환 속에 사고를 반복하는 경향이 있다. 그래서 이들은 이 계급 구분이 마치 인간이 만든 것이 아니라 신의 섭리, 또는 낮과 밤처럼 인간의 통제를 벗어난 자연 현상인 것처럼 여긴다. 하지만 이들 중 거의 아무도 사회 발전 속에서 이 계급 간의 관계가 어떻게 변화할 수 있을지, 이 구분이 얼마나 바람직하게 조정될 수 있을지, 나아가 어떤 의미에서는 이 구분 자체가 점점 사라질 수도 있다는 가능성까지도 탐구하려는 태도를 보이지 않는다.

　사회는 시간이 지나면 변할 수밖에 없는데도, 사람들은 지금의 사회 구조, 예를 들면 계층 구분 같은 것을 마치 자연의 법칙처럼 절대적인 것으로 여긴다는 것이다. 밀은 이런 태도가 매우 위험하다고 본다. 왜냐하면 지금 있는 불평등을 바꾸려는 생각조차 하지 않게 만들고, 결국 개혁도 불가능하게 만들기 때문이다.

밀은 우리가 '이건 너무 당연한 거 아니야?'라고 생각하는 것들이, 사실은 꼭 그런 게 아닐 수 있다고 말한다. 밀에 관하여 소수의 의견을 무시하지 말라는 정도의 인식을 하고 있던 저자는 이 말이 무슨 뜻인지 알고 싶었다. 정말 우리가 믿고 있는 '당연한 생각'이 왜 당연하지 않을 수도 있다는 말인지? 이 물음에 대한 답을 찾기 위해 저자는 밀의 주요 저작들을 읽기 시작했고, 그 과정을 통해 밀의 사유가 지닌 함의들을 조금씩 자신의 언어로 해석해 나갈 수 있었다. 이 책은 바로 그 탐색의 산물이다. 결국 이 책은 밀의 사유를 통해, 우리가 당연하게 받아들이고 있는 신념이나 통념들을 다시금 성찰하는 일이 왜 중요한지를 이야기하고자 한다. 밀은 왜 그러한 문제의식을 제기했는가? 그는 그 말을 통해 우리에게 어떤 성찰을 요구하고자 했던 것일까? 저자는 이 책을 통해 바로 그 질문에 답하고자 한다.

밀은 일반적으로 '자유'를 강조한 사상가로 널리 알려져 있다. 이러한 인식은 그의 사상을 이해하는 데 일정 부분 도움이 되지만, 동시에 그의 논의에서 자유 이외의 주제들이 상대적으로 간과되는 경향을 낳기도 한다. 그러나 밀의 자유 논의를 온전히 이해하기 위해서는 단지 《자유론》이라는 단일 저작에 국한되지 않고, 그의 다른 주요 저작들과의 상호 연관 속에서 자유 개념이 어떠한 철학적 기반 위에 놓여 있는지를 함께 검토할 필요가 있다. 다시 말해, 밀의 자유사상이 어떤 사상/사회 맥락 속에서 형성되었으며, 그것이 그의 전체 사상 체계에서 어떤 의미를 지니는지를 종합적으로 파악할 때야 비로소 그가 자유를 그토록 강조한 이유를 깊이 있게 이해할 수 있다.

이 자리를 빌려 네 분께 감사의 말씀을 전하고자 합니다. 먼저, 저자가 밀을 공부하는 과정에서 새로운 통찰을 얻거나 의문이 생길 때마다 언제나 기꺼이 대화를 나누며 지적 자극을 주신 한국언론진흥재단의 김선호 박사님께 깊은 감사를 드립니다. 김 박사님과의 대화는 저자에게 큰 즐거움이었을 뿐만 아니라, 밀에 대한 사유를 정리하고 심화시키는 데에도 큰 도움이 되었음을 이 자리를 빌려 밝힙니다.

책 제목을 정하는 과정에서 귀중한 조언을 아끼지 않으신 박세훈 선배님께 감사의 마음을 전합니다. 언론계에서의 풍부한 경험을 바탕으로, 언어의 정제된 표현과 적절한 어법에 대해 세심한 조언을 주셨고, 이러한 조언은 저자가 책의 제목을 결정하는 데 큰 도움이 되었습니다.

책의 초고를 처음부터 끝까지 세심하게 읽어주신 제자이자 저자의 학과 동료이신 김용환 교수님께 깊은 감사의 마음을 전합니다. 김 교수님께서 주신 조언은 본문 전개의 논리를 더욱 매끄럽게 다듬는 데 큰 도움이 되었으며, 문장의 표현을 보다 정제하는 데에도 결정적인 도움을 주셨습니다. 이 자리를 빌려 진심으로 감사드립니다.

아울러, 이 책이 세상과 만날 수 있도록 끝까지 애정을 가지고 함께 해주신 출판사 김지연 대표님께도 깊은 감사의 마음을 전합니다. 대표님의 헌신 덕분에 저자의 생각이 독자들과 마주할 수 있게 되었음을 기쁘게 밝힙니다.

마지막으로, 언제나 변함없는 건강과 지지로 저자를 응원해 주시는 부모님께 깊은 감사의 마음을 전합니다. 또한 언제나 곁에서 따뜻한 동반자가 되어 준 사랑하는 아내 이지영, 박사 학위 취득 이후 자신의 길을 성실히 걸어가고 있는 아들 권희, 그리고 자신의 꿈을 이루기 위해 묵묵히 노력하고 있는 딸 효정에게 이 책을 바칩니다. 이 책이 그들의 삶에 작지만 의미 있는 흔적으로 남기를 소망합니다.

남산 자락에서 2025년 가을
이호규

● 목차

제1장
들어가면서 ... 12

제2장
다수 횡포의 민주주의
폐해와 밀의 개별성 ... 24
밀의 민주주의 인간형이란 ... 26
민주주의 다수의 횡포와 순응주의 ... 30
감정에 의한 횡포 ... 36
노예근성에 의한 자신의 자유 포기 ... 39
불평등한 사회관계의 문제 ... 44
개인의 선택과 의견의 중요성 ... 47

제3장
밀의 주관적 행복과
능숙한 판단자 ... 52
밀이 벤담의 공리주의와 결별한 이유는 ... 54
행복 개념의 재구성 ... 67

제4장
밀의 개별성과 토론:
개인성과 사회성의 만남 ... 86
밀은 왜 개별성을 주장하는가 ... 88
개별성, 인간의 행복, 그리고 자유와의 관계 ... 93
토론의 자유와 개별성 제고 ... 105

제5장
밀이 해석한 소크라테스
대화법과 인식의 주체 ... 112
밀과 소크라테스의 공통된 고민은 ... 114
슐라이어마허와의 만남과 소크라테스 대화법 ... 117
밀이 해석한 소크라테스 대화법의 특징 ... 118
토론과 인식의 자유를 위한 밀의 인식론과 대화법의 만남 ... 137
대화법과 사회적 인식론 ... 142

제6장
밀의 진리에 대한 태도 변화와 개인의 지적 권위

	150
《자유론》에서 의미하는 진리란	152
시대 변화로 인한 지적 무정부와 개인의 주체적 판단	155
절대적 진리에서 잠정적 진리로의 변화	158
지식의 상대성과 오류와 대립의 철학	164
《자유론》에 나타난 진리 추구 행위자로서의 개인	172
진리 추구 행위자로서의 개인을 위한 변증법에 근거한 토론	179

제7장
모든 의견은 들려야 한다

	188
의견 표현의 자유는 누구를 위한 것인가	190
지적 자유를 위한 토론과 생각의 자유	192
의견의 공공성과 커뮤니케이션 상황의 변화	200
'모든 의견은 들려야 한다'와 동등한 발언권	210

제8장
인식의 주체로서의 개인을 위한 합리적 자유

	220
민주주의 인간으로서의 주체적 인식이란	222
개인의 완전성에 대한 밀의 저작물에서의 논의	224
개인성과 사회성의 조화로서의 개인	231
합리적 자유와 상호 우월성을 인정한 상호 호혜 관계	233
인식의 주체로서의 개인과 바람직한 인간관계	237

제9장
나가면서

	244

1장

들어가면서

들어가면서

한국 사회에서 "표현의 자유가 무엇인가?"라는 질문을 받으면, 많은 사람들은 "남에게 피해를 주지 않으면서 하고 싶은 것을 말하는 것"이라고 답할 것이다. 이러한 인식은 상식적으로도 수긍이 가며, 실제로 일상생활에서 널리 받아들여지는 자유의 정의이다. 우리가 '하고 싶다'라고 느끼는 충동은 흔히 우리의 생각에서 비롯된다. 그러다 보니 마치 자율적 선택처럼 보인다. 그러나 자유를 욕망이나 충동의 단순한 표출로만 이해하는 것은 존 스튜어트 밀John Stuart Mill의 자유 본질을 충분히 설명하지 못한다.

표현의 자유를 단지 '하고 싶은 말을 하는 것'으로 이해하는 관점은 밀의 자유론과는 거리가 있다. 밀은 진정한 자유를 그냥 하고 싶은 대로 하거나, 주변 사람들과 사회가 바라듯이 따라가는 것으로 인식하지 않는다. 그는 자유를 자신의 욕망이 어디에서 비롯되었는지 성찰하고 이해하는 능력에서 찾는다. 인간의 욕구와 선택은 관습, 성격, 성장 배경, 사회적 관계 등 다양한 요소에 의해 형성된다. 이러한 요소들은 시간이 지나면서 개인의 무의식적 사고방식에 깊이 자리 잡아, 마치 자신의 '의지'처럼 작용한다.

예를 들어, 어떤 사람이 특정 진로를 선택했다고 하자. 그 이유를 물었을 때 "부모님의 기대와 사회 기준을 고려했다."라고 대답한다면, 이는 과연 자율적인 선택이라 할 수 있을까? 밀의 관점에서 보면, 이는 외부의 가치와 기준을 내면화한 결과이기 때문에 자유로운 선택이라 보기 어렵다. 진정한 자유란 자신이 왜 그런 생각을 하게 되었는지, 왜 특정 행동을 하고 싶은지에 대한 근본적인 질문을 던지고, 그에 대한 성찰을 통해 자기 내면을 이해하는 데 있다. 그리고 그러한 이해는 새로운 자아의 형성, 새로운 관계의 구축, 더 나아가 보다 성숙한 사회로의 발전으로 이어져야 한다. 자유는 단지 선택의 범위를 넓히는 것이 아니다. 선택의 기반이 되는 사고의 틀 자체를 점검하고 재구성하는 과정이다. 따라서 자유는 충동이나 욕망의 즉각적인 실현보다는 깊은 자기 이해와 성찰을 바탕으로 한 '자기 형성의 과정'이다.

2017년 촛불 시위와 태극기 집회를 보도하면서 한 신문사는 두 집단의 충돌을 최소화하기 위해 만든 평화선을 '다시 나타나고 있는 휴전선'으로 묘사하고 있다. "헌법재판소의 박근혜 대통령에 대한 탄핵심판 최종 판결을 목전에 둔 지난 4일 서울 도심. 서울을 대표하는 광화문광장과 시청 앞 광장은 탄핵을 찬성하는 촛불시민들과 탄핵을 반대하는 친박·보수시민들로 완전히 갈라졌다. 불과 수백 미터 떨어진 거리를 두고 '분단 아닌 분단'을 경험하고 있는 이곳"이라고 표현한다.[1] 본 보도에서 무슨 이유로 평화선을 휴전선이라고 하였는지 의문이 제기된다. 우리에게 휴전선의 의미가 무엇인가? 남과 북이 분단된 이후, 휴전선은 물리적인 분단을 넘어 다양한 분야의 분단을 의미한다. 특히 한국 사람들에게 휴전선이라는 단어는 태어나면서 생을 마감할 때까지 우리들의 생각에 커다란 영향을 미치는 강력한 단어이다. 이는 한국인의 인식 세계에 깊이 뿌리내리고 있다.

우리는 환경, 성격, 관습, 사회 구조나 규범과 같은 다양한 필연성 속에서 살아간다. 이러한 조건들은 우리의 사고와 행동에 깊은 영향을 미친다. 때로는 우리가 자신의 의지로 내린 결정이라고 생각하는 것들조차 그 영향을 받아 형성되기도 한다. 자유란 이러한 필연성을 무비판적으로 따르는 것을 의미하지 않는다. 오히려 그것의 의미를 성찰하고 이해하며, 그 속에서 새로운 가능성을 창조해 나가는 능력이다. 자유는 주어진 현실을 그대로 받아들이는 데서 비롯되지 않는다. 오히려 그것이 형성된 배경과 자신에게 미치는 의미를 비판적으로 성찰하는 데서 출발한다. 그리고 그 과정을 통해 우리는 기존의 필연성을 스스로 재구성하고, 나아가 변화시킬 수 있다. 이는 개인 차원에서 발견되기도 하지만, 공동체 내에서 함께 사유하고 실천해 나가는 과정에서도 실현될 수 있다. 특히 공동체 안에서 기존의 방식에서 벗어나 새로운 질서를 함께 모색하고 배우는 일은 자유의 실천에서 매우 중요한 부분이다.

밀에 있어 자유는 단순히 필연성의 거부 또한 아니다. 오히려 자유는 필연성을 깊이 이해하고, 그것을 발판 삼아 스스로 형성해 나가는 인간의 능력에 가깝다. 다시 말해, 자유는 주어진 삶의 구조를 인식하고 그 질서를 창의적으로 재조직함으로써, 자기 자신과 공동체를 새롭게 만들어 나가는 힘이다. 우리는 자신과 타인의 관계에서 형성된 반복적인 패턴과 사회 구조 속에 살아간다. 하지만 이러한 구조 역시 절대적인 것은 아니다. 공동의 대화와 성찰을 통해 기존의 틀을 일시적으로 중단하고, 그 안에서 새로운 자아와 공동체의 질서를 만들어 나갈 수 있다. 이처럼 자유는 단순한 개인의 권리나 선택의 문제가 아니라 존재와 공동체를 새롭게 구성해 나가는 성찰적이고 창조적인 과정이다.

밀은 《자유론 On Liberty》에서 다음과 같이 말한다: "자기 자신을 지배하지 못하는 사람은 자유롭지 않다." 즉, 자유란 단순한 자발성의 문제가 아닌 자기 통제를 포함하는 도덕적·정신적 능력의 문제이다. 밀의 자유 개념은 니체의 역사관과 맥을 같이한다. 역사는 단순히 과거의 사실을 기록하고 정리하는 것이 아니다. 바로 현재를 구성하고 미래를 여는 중요한 정신적 활동이다. 프리드리히 니체Friedrich Nietzsche는 《역사에 관한 생의 유익과 해악에 대하여 Vom Nutzen und Nachteil der Historie für das Leben》(1874)에서 인간의 삶에 봉사하는 기념비적 역사, 고고학적 역사, 비판적 역사 등의 세 가지 역사 태도에 대해 언급하고 있다. 이 중 비판적 역사관이 밀의 자유 논의와 관련이 있다. 비판적 역사란 과거를 심판하고 해체함으로써, 개인이 현재의 억압적 상황에서 해방될 수 있도록 돕는 역사적 태도이다. 이는 과거의 제도, 권력관계, 도덕 체계 등을 비판적으로 분석함으로써, 현재의 주체가 새로운 가능성을 창출할 수 있는 토대를 마련한다. 니체에게 있어 이러한 태도는 자기 극복과 재창조의 조건으로서 중요한 역할을 한다.

개인은 과거로부터의 해방을 추구해야 한다. 그러나 그것은 단순히 과거의 전통이나 규범, 도덕 체계를 부정하는 것이 아니다. 오히려 그것들을 비판적으로 성찰하고, 그 안에 내재한 억압의 요소를 분별함으로써 현재의 제약을 넘어설 수 있는 새로운 삶의 가능성을 창조하려는 실천적 태도이다. 밀 역시 과거를 전적으로 거부하지는 않는다. 그는 우리가 전승해 온 관습이 왜 중요하게 여겨졌는지를 점검할 것을 요구하며, 익숙한 도덕과 전통이 자동으로 정당한 것이 아님을 강조한다. 이러한 성찰은 단순한 외부 조건의 변화를 초월하여 존재에 대한 자기 이해를 요구하는 내적 과정이다. 이는 자기 자신을 반성하고 검토하고, 주체적으로 삶을 구성하려는 실존적 실천으로 귀결된다. 《자유론》에서 밀은 개인의 자율성과 생각의 자유를 근대 사회의 핵심 가치로 제시한다. 그는 자유를 단순히 외부 간섭이 없는 상태로 이해하지 않고, '개별성 individuality'이라는 능동적 자기 발전의 형식으로 파악한다. 개별성은 개인의 행복을 위한 조건이면서 사회 전체의 진보를 가능케 하는 핵심 요소이다. 이는 인간이 자신의 삶을 이성적으로 설계하고 실현해 나갈 수 있는 창조적 역량을 의미한다.

　밀에 있어 의견 표현의 자유와 사상의 자유는 자기 성찰과 실험 그리고 발전을 가능하게 하는 필수 조건이다. 반면, 억압적인 공론이나 관습적 도덕은 이러한 자유를 제약하며, 개인의 잠재성을 억누르는 요소로 작용할 수 있다. 지금 우리가 살아가는 질서나 도덕은 결코 절대적인 것이 아니다. 그것을 비판하고 저항할 수 있어야 한다는 점에서, 자유는 곧 생각의 자유 그리고 표현과 토론의 자유를 실현할 수 있는 공간과 조건을 요구한다. 진정한 자유란 단지 외적인 방해가 없는 상태가 아니라, 비판적 사유와 실천을 통해 자기 자신을 형성할 수 있는 능력을 의미한다. 그것은 끊임없는 성찰과 대화를 통해 자신과 사회를 새롭게 만들어 가는 인간 고유의 가능성이기도 하다.

　밀의 표현의 자유 개념은 소크라테스의 대화 철학과 깊은 관련을 맺고 있다. 밀은 표현의 자유와 더불어 토론의 중요성을 강조하고 있다. 밀의 토론은 고정된 진리에 대한 확신이나 자기 뜻을 고수하는 태도에서 벗어나, 타인의 관점을 경청하고 의미를 함께 구성해 가는 열린 사고의 과정이다. 그는 진리가 다양한 의견의 충돌 속에서 드러난다고 보았으며, 이는 대화를 통한 공동 사유의 가능성과 맞닿아 있다. 대화는 단순한 정보 전달을 넘어, 새로운 통찰이 생성되는 살아 있는 공간이다. 이 과정에서 의미는 고정된 대상이 아니며, 관계 속에서 형성되고 끊임없이 재구성된다.

　밀은 19세기 영국 민주주의의 전개 속에서 고전적 자유주의의 한계를 인식하고, 이를 극복하여 개인에게 진정한 자유를 보장하려 했다. 밀에게 표현의 자유는 단순한 권리 차원을 넘어선다. 그것은 자율적인 사고를 가능하게 하는 조건이며, 개인이 자기 판단을 형성하고 지적 권위를 갖춘 존재로 성장할 수 있게 하는 기반이다. 그는 타인의 권위에 맹종하지 않고, 자기 사고에 근거한 판단을 통해 의견을 형성할 것을 강조했다. 비판 없이 권위자의 말을 따르는 태도는 사고의 죽음을 의미한다. 이는 살아 있는 인간다운 존재로부터 멀어진 모습이다. 따라서 밀은 인식의 주체로서 개인을 강조한다. 지적 자율성을 가진 개인들이 자유롭게 의견을 표현하고 토론할 수 있을 때, 사회는 지적으로 성장하고 다양성과 창의성의 토대를 마련할 수 있다. 밀의 자유는 단순히 '하고 싶은 것을 하는 자유'가 아니다. 그에게 자유는 더 나은 인간으로 성장하기 위한 교육적·사회적 조건이다. 이는 오늘날의 자유주의와 구별되는 밀의 독창적 관점을 잘 보여준다.

밀은 고정된 의견에 집착하는 사회를 '정신적 억압 상태'라 부른다. 반면, 진정한 자유는 기존의 통념을 의심할 수 있는 용기에서 비롯된다고 본다. 그는 대화의 가장 큰 장애를 자기 생각을 방어하려는 태도에서 찾는다. 그리고 이를 극복하기 위해서는 열린 감수성과 자기 비판적 태도가 자유로운 사유와 공동체적 소통의 전제가 되어야 한다고 강조한다. 나아가 인간은 감정, 충동, 관습으로부터 일정한 거리를 확보할 수 있을 때 비로소 자기 자신이 될 수 있다고 보았다. 그러나 이러한 자유는 단절된 주장이나 독립적으로 완성된 자율성만으로는 가능하지 않다. 오히려 그것은 타인과의 소통과 상호 이해가 이루어지는 열린 관계 속에서 형성된다. 바로 이 점에서 밀의 사상은 차별성을 가진다.

밀은 이 열린 구조의 가능성을 소크라테스 대화법에서 찾는다. 여기서 대화는 결론을 강요하지 않고, 중심도 없고, 누구나 평등한 입장에서 자유롭게 의견을 표현하고 서로의 전제를 성찰하는 공간이다. 이 비어 있는 공간은 각자가 자신도 모르게 전제해 온 생각들을 드러내고, 서로를 더 깊이 이해하고, 때로는 자기 생각조차 바꾸게 되는 창조적 계기를 제공한다. 이러한 대화의 과정을 통해 완전히 새로운 사유의 가능성이 열릴 수 있다.

이 책은 고전적 자유주의와 일정한 거리를 두고 있는 밀의 자유 개념을 보다 깊이 있게 이해하고, 그가 자유에 대한 논의를 통해 우리에게 전달하고자 한 핵심 메시지가 무엇인지를 밝히는 데 목적이 있다. 이를 위해 이 책은 다음과 같은 구성으로 내용을 전개한다. 제2장에서는 밀이 개인의 자유, 즉 인식의 자유를 침해하는 다양한 요인들이 무엇이고, 이들이 개인 인식의 자유에 미치는 부정적인 영향에 관해 어떠한 논의를 하였는지를 살펴보고자 한다. 제3장에서는 벤담의 공리주의를 비판적으로 계승한 밀의 사상적 전개 과정을 알아본다. 이를 통해 그가 구축한 공리주의 윤리 이론과 자유 개념 간의 관련성을 분석하고자 한다. 제4장에서는 밀의 《자유론》에서 중심 개념으로 기능하는 '개별성'에 주목하고자 한다. 개별성은 밀의 자유사상을 이해하는 데 있어 핵심적인 요소이다. 그는 개별성의 발전을 저해하는 모든 요인이 곧 개인의 자유를 억압하는 것으로 간주하였다. 이에 본 장에서는 개별성의 개념을 철학적으로 규명하고, 더 나아가 개별성과 개인의 자유 사이의 연관성이 어떠한 이론적 맥락 속에서 정립되는지를 심층적으로 고찰할 것이다.

제5장에서는 밀이 강조한 '토론의 자유'와 소크라테스 대화법 사이의 관계를 이해하고자 한다. 일반적으로 밀은 '표현의 자유'를 옹호한 사상가로 잘 알려져 있으나, 그는 단순히 의견을 표현할 수 있는 권리를 주장하는 데 그치지 않았다. 밀의 표현의 자유는 개별성의 실현을 위한 필요조건일 뿐, 그것만으로 충분하지 않다. 밀은 인식의 자유와 자기 성찰의 능력을 확장하기 위해 '토론의 자유'를 더욱 중요하게 보았다. 그는 소크라테스의 대화법과 마찬가지로 토론을 단순히 특정한 입장을 옹호하거나 승리로 이끄는 수단으로 보지 않았다. 오히려 토론은 자신의 논리적 한계를 점검하고, 사고의 깊이를 더해가는 과정으로 이해하였다. 이에 본 장에서는 밀의 《자유론》에서 '토론의 자유'가 개인의 개별성 형성과 어떠한 방식으로 연결되는지를 살펴보고자 한다. 더 나아가 소크라테스의 대화법이 밀의 자유에 대한 논의에 갖는 이론적·실천적 의미를 고찰할 것이다. 이로써 밀의 사유가 토론과 대화를 매개로 진리에 다가

가려는 방식에서 고대 철학의 문답적 전통과 철학적으로 맞닿아 있음을 저자는 확인할 수 있다. 이를 통해 밀의 자유 논의가 오늘날 자유 담론에 무엇을 이바지할지를 고찰하고자 함이 본 장의 주요 목적이다.

제6장은 밀의 표현의 자유와 진리 개념 간의 관계를 중심으로 그의 사상을 심도 있게 고찰한다. 밀은 절대적 진리의 존재를 완전히 부정하지 않으면서도, 인간 인식의 한계를 분명히 하여 진리를 본질적으로 잠정적인 것이라고 이해한다. 이러한 관점에서 표현의 자유는 고정된 진리를 보장하는 것이 아니라, 진리에 접근하기 위한 필수 조건으로 자리매김한다. 더불어 밀은 표현의 자유를 공리주의적 관점에서 사고 능력의 계발과 사회 전체의 지적 진보를 촉진하는 수단으로 본다. 그는 진리 그 자체보다 그것을 추구하는 비판적 사고와 토론의 과정을 더욱 중시한다. 저자는 이러한 밀의 사상 분석을 통해, 민주주의 사회에서 시민 개개인의 지적 자율성과 참여의 정당성을 뒷받침하는 철학적 기반으로서 '개인의 지적 권위' 개념을 강조하고자 한다. 이 장에서는 이러한 문제의식을 바탕으로, 밀의 진리 논의와 개인의 지적 권위 사이의 관계를 체계적으로 조망하고자 한다.

제7장에서는 밀의 표현의 자유를 발화자 중심의 권리를 넘어, 수용자의 권리와 사회 전체의 지적 진보 및 진리 탐구의 조건이라는 관점에서 조명하고자 한다. 밀은 다양한 의견에 대한 개방성과 노출이 개인의 비판적 사고를 자극하고, 나아가 사회 전체의 지적 역량이 향상되는 기반이 된다고 보았다. 그의 표현의 자유는 공리주의적 맥락 속에서 사회 진보를 핵심 목표로 삼는다. 이는 토론의 자유와 결합하여, 진리에 점진적으로 접근할 수 있는 집단적 가능성을 열고 있다. 이에 본 장은 표현의 자유를 단순한 개인 권리의 차원을 넘어, 공동체의 진리 탐구와 지적 발전을 위한 공공적 가치로 이해해야 함을 논의하고자 한다.

제8장에서는 밀이 자유에 대한 논의를 통해 전달하고자 한 핵심 메시지를 고찰한다. 밀은 인식 주체의 자유를 보장하기 위한 사회관계의 역학에 주목하며, 인간을 타인과의 관계 속에서 살아가는 사회적 존재로 이해한다. 그는 이러한 관계성이 인간 발달의 핵심적 요소임을 강조한다. 이러한 관계론적 인간관에 의하면, 인간의 평등은 단순한 추상적 권리 선언으로 담보되지 않는다. 그것은 사람들 간의 관계 속에서 실현되어야 할 구체적 과제이며, 이를 위해 제도적 장치, 문화적 태도 그리고 일상적 실천이 함께 뒷받침되어야 함을 강조한다. 밀은 추상적인 평등 개념을 넘어, 구체적인 인간관계의 맥락 속에서 평등과 자율이 어떻게 가능할지를 탐색하였다. 이러한 논의를 바탕으로 밀의 사상이 오늘날 우리 사회에 제기하는 철학적 함의를 성찰하고자 한다.

이 책에서 참고한 존 스튜어트 밀의 저작물 중 한국어로 번역된 《자유론》, 《여성의 종속》, 《공리주의》, 《자서전》을 제외한 나머지 저작들은 Liberty Fund에서 운영하는 Online Library of Liberty(https://oll.libertyfund.org)에서 열람할 수 있는 《Collected Works of John Stuart Mill》(총 33권, J. M. Robson 편집, 1963년 출간)을 기반으로 하였다. 해당 저작물의 인용 쪽수는 PDF 파일상의 페이지 수를 기준으로 하였음을 밝힌다. 아울러, 《자유론》은 서병훈 역과 정성화·손영호 번역본을, 《여성의 종속》은 서병훈 번역본을, 《공리주의》는 이을상 역과 이종인 번역본을, 《자서전》은 최명관 번역본을 참고 및 인용하였다.

끝으로, 이 책의 제2장, 제4장, 제5장, 제7장 그리고 제8장의 일부 내용은 저자가 기존에 발표한 다음의 논문들 — 동국대학교『사회과학연구』의 〈존 스튜어트 밀의 시민상: 개별성과 토론의 자유의 관점에서〉(2019), 〈모든 의견은 들려야 한다: 존 스튜어트 밀의 공리주의와 표현의 자유에 관한 연구〉(2021), 『커뮤니케이션 이론』의 〈존 스튜어트 밀의 자유 개념에 관한 논

의: 개별성 개념을 중심으로〉(2022), 〈인식의 주체로서의 개인: 존 스튜어트 밀과 소크라테스 대화법의 만남에서〉(2023), 『한국언론학보』의 〈존 스튜어트 밀의 개별성 제고를 위한 대화 형식으로서의 토론의 자유〉(2020) - 을 근거로 하여 내용을 재구성하고 심화·보완하여 집필되었다. 이 과정에서 자기 표절을 방지하기 위해 충분한 주의를 기울였으나, 일부 내용에 유사하거나 중복되는 부분이 있을 수 있음을 밝히며, 이에 대한 책임은 전적으로 저자에게 있음을 밝힌다.

2장

다수 횡포의 민주주의 폐해와 밀의 개별성

다수 횡포의 민주주의 폐해와
밀의 개별성

　한국 사회에서는 언젠가부터 다양성을 중시하는 분위기가 형성되었다. 이를 위해 정부와 모든 국민이 다양성을 존중하고 수용하려는 노력을 기울여야 한다는 인식이 확산되고 있다. 다양성은 무엇이 진리이고 무엇이 진리가 아닌지에 대한 엄격한 기준의 부재를 전제로 한다. 모든 사람은 자신의 편향을 갖고 사물을 해석하기 마련이다. 그런데 사람들은 자신의 주장이 많은 이들에게 받아들여질 때, 그것이 단지 의견일 뿐이라는 점을 망각하기 쉽다. 그 결과, 자신의 주장을 곧 진리로 착각하는 경향이 나타난다. 우리들은 나와 다른 주장을 하는 사람들을 틀렸다고 한다. 다름이 곧 틀림은 아니다. 서로 다른 관점이나 방식일 뿐이다. 그런데 나와 타자를 구별하여 타자의 의견을 무시하는 경향이 있다.
　한국의 획일성 문화는 개인의 개별성 혹은 특수성을 용납하지 않는다. 우리는 어렸을 때부터 "절대 튀는 행동은 하지 말고 중간만 하라."는 말을 수없이 들어 왔다. 한국 사람들은 타인의 시선을 의식하고 대세에 순응하고자 하는 태도가 몸에 내재해 있다. 이렇게 자신의 의견을 갖기보다는 남들과 보조를 맞추는 것이 인생을 살아가는 철학으로 자리매김한 지 오래되었다. 이러한 획일성 문화가 지배적인 이유로서 다양한 요인들이 지적됐다.

언제부터인가 우리 사회는 사람들을 단일한 잣대로 구분하고, '내 편'과 '타인' 혹은 '적'으로 이분화하는 경향을 보이기 시작했다. 이러한 분위기 속에서는 각 개인의 고유한 생각이나 개성이 억압되기 쉽다. 집단의 정체성이 곧 개인의 정체성이 되어야 한다는 암묵적인 강요가 작동할 수 있다. 하지만 개인의 독특함이 존중되지 않는다면, 다양성이나 관용, 대화 같은 가치들은 실질적인 힘을 잃게 된다. 밀은 이 경우, 그런 말들이 결국 겉치레에 불과하며 아무런 의미도 갖지 못한다고 지적한다. "남들과 달라야 한다.", "자신의 의견을 가질 필요가 있다." 이 말의 의미는 무엇이고 우리가 참고할 교훈이 무엇인지에 대해 곰곰이 생각할 필요가 있다.

밀의 민주주의 인간형이란

기존 질서의 해체

밀은 1859년 출판한 《자유론》에서 군중 속에 묻혀 있는 개인이 아니라 개인다운 개인이 필요하다고 세상을 향해 외치고 있다. 밀이 말하는 개인은 무엇을 의미하는가? 밀은 개인이 비판적 사고 없이 집단의 신념을 그대로 수용하고, 그것을 자신의 신념으로 착각하는 현상에 대해 깊은 우려를 표한다. 집단은 개인들에게 대의를 위해 개인은 희생해야 한다고 은근히 압력을 행사한다. 19세기 영국에서 개인이 자신의 의견을 당당하게 표현하지 못하는 현상을 목격한 밀은 이를 심각하게 걱정했다. 그는 과거 왕정 시대와 달리, 민주주의 사회에서는 개인이 자신의 역량을 충분히 발휘하여 민주주의 사회의 주체가 되어야 한다고 강조했다. 그러나 당시 영국에서는 개인이 사회라는 거대한 기계의 부품에 불과하다고 밀은 역설하고 있다. 이를 위해 밀은 부품이 아닌 진정한 민주주의 인간이 되어야 하며, 민주주의 인간상을 찾고자 하였다.

자유라는 말을 떠올리면, 사람들은 자연스럽게 정부의 간섭과 억압을 생각한다. 그러나 밀의 생각은 전혀 다르다는 것을 우리는 인식해야 한다. 밀은 정부뿐만 아니라 사회 자체가 사람들을 제약하고 있음을 강조하고 있다. 이러한 맥락에서 밀의 자유 논의는 전통적인 '정부 대 개인'의 대립 구도보다는, 오히려 '개인과 사회' 간의 긴장 관계에 주목하고 있다. 밀은 《자유론》에서 자신의 논의는 정치적 자유가 아니라 '사회적 자유'라고 언급하고 있다. 밀이 말하는 사회적 자유의 의미를 살펴보기 위해, 17세기와 18세기 유럽에서 민주주의가 새로운 정치 체제로 등장하였던 때를 상상해 보자. 당시 사람들에게 민주주의는 매우 생소한 제도였을 것이다. 지금 생각하면 다소 우습게 느껴질 수 있지만, 미국에서 최초로 대통령을 선출할 때 많은 이들이 왕을 뽑는 것 같아 선거를 꺼렸다는 이야기가 전해진다. 당시 사람들에게 민주주의는 매우 혁명적인 사건이다.

민주주의는 당시까지 사회 질서를 유지하였던 제도와 각 신분의 영역이 붕괴함을 의미하였다. 오랫동안 인류를 지탱해 온 기존 관습에 대한 도전은 사회 혼란과 붕괴를 가져올 뿐만 아니라 개인의 정체성에도 커다란 변화를 요구하였다. 황제와 여왕은 민주주의 사회에서는 평범한 남성과 여성일 뿐이다. 모든 사람이 평등하다는 이름으로 사회 질서가 재편되기 시작하였다. 기존의 선천적인 지위에서 후천적인 지위로의 이행은, 과거의 억압과 굴레로부터 개인을 해방시켰다. 모두가 평등하다는 이름 아래, 이전에는 상상할 수 없었던 세계가 모든 이에게 열렸다. 이제 누구든지 원하고 노력하기만 하면 무한한 기회를 가질 수 있다. "시민들이 서열, 직업, 혹은 출생으로 분류될 때는 이미 정해진 인생을 살기만 하면 되었다. 그러나 이제 모든 사람 앞에 무한정의 기회가 나타났다."[1] 민주주의는 바로 기존 한정된 삶으로부터의 해방을 의미한다. 민주주의는 모든 사람에게 한계가 없는 상상의 가능성을 활짝 열어준다. 사람들이 전통적으로 전승된 제약에서 벗어나고, 기존의 사고방식에도 변화가 요구된다. 이제 모든 사람 각자가 제한받지 않고 자신의 꿈을 추구하고 성취할 수 있게 되었다. 사회 구조가 급변하고 개인의 정체성에 변화가 나타나면서 다른 형태의 개인이 요구되었다.

개인 정체성의 변화에 대한 요구

　민주주의로 인해 기존의 사회관계를 지배하는 원칙에 변화가 필요해졌다. 과거와 비교해서 사람 간의 상호작용이 빈번하고 복잡해짐에 따라, 타인에게 예상치 못한 영향력을 행사할 수 있다. 이러한 변화로 인해, 과거와는 상반된 민주주의 환경에서 사람들의 자아는 공적 특성을 갖게 되었다. 과거에는 공적 공간에서 활동할 수 있는 사람이 한정되었지만, 민주주의 체제하에서는 개인이 주권자의 지위를 지니고 공적 책임을 다하는 방식으로 국가 지도자를 직접 선출한다. 따라서 타인의 결정을 깊은 성찰 없이 수용하는 것은 자기 주체성을 상실하는 행위이다. 나아가 개인이 지닌 공적 책무를 저버리는 일이기도 하다. 밀은 개인이 자신에게 주어진 사회적 의무를 진지하게 성찰하지 않는 현실을 비판하였다. 그는 이에 개인과 집단의 이기심이 인간 행위의 지배적인 동기로 자리 잡고 있다고 지적한다.

　공적 책임을 수행하지 않는 인간 영혼들의 폐해 가능성에 관해서도 밀은 관심을 두게 되었다. 그 무렵 민주주의 시민들은 스스로 사고할 책임을 외면한 채, 타인의 판단이나 전통적인 관습을 비판 없이 따르고 있다. 그 결과, 사회에 대한 윤리적이고 정치적인 책임을 소홀히 하게 되었다.[2] 더불어 사람 대 사람이라는 평등한 관계 때문에 과거와는 다른 새로운 가치와 도덕성이 필요하게 되었다. 이러한 맥락에서 밀은 새로운 인간상과 그에 따른 사회관계를 정립하고자 하였다.

　민주주의의 다수결 제도가 극단으로 치우치면 "숫자가 최우선supremacy of numbers"[3]이라고 간주하면서, 다수 의견이 자연스럽게 지배적인 여론이 되고, 마치 진리로 여겨진다. 결과적으로 누구도 지배적인 여론에 저항하기가 매우 어렵다. 알렉시스 드 토크빌Alexis de Tocqueville은 미국 민주주의에 관하여 액튼 경Lord Acton과 유사한 논의를 하고 있다. 다수결 제도가 최상의 제도라고 인식이 되면, 동일한 의견을 가진 다수들이 마치 자신들의 의견이 진리라는 신념을 갖게 된다. 따라서 자신들과 다른 의견을 갖고 있는 사람들에게 자신들의 의견을 받아들이라고 강요한다. 민주주의에서 다수는 소수에게 자신들의 생각을 강요함으로써 권력을 쟁취하고, 자신들과 다른 의견을 가진 사람들을 낙인찍거나 배척하는 경향이 있다.[4] 현대 사회에서 다수는 다양한 매체를 통해 자신들의 입장을 표현하며, 자신들이 구축한 인식의 세계에서 소수가 안주하기를 바란다. 밀은 순종을 강요하는 다수들이 순종의 태도를 보이지 않는 사람들을 배척하는 경우가 종종 있으며, 나아가 이들을 사회를 좀먹는 악으로 간주하는 것을 경고하고 있다. 다수의 압력에 순응하면서 자신의 의견을 내지 않는 사람들의 태도도 우려하고 있다.

밀은 토크빌의《미국의 민주주의 Democracy in America》(1835)를 읽고, 그 안에서 제기된 '다수의 횡포'가 영국 사회에도 충분히 적용될 수 있는 경고라고 보았다. 그는 이러한 민주주의의 위험성을 극복하기 위한 대안으로 개별성 individuality을 제시하였다. 개별성이란 자율적으로 판단하고 행동하는 능력을 의미한다. 이는 대중의 압력에 저항할 수 있는 용기와 자유로운 사회 환경을 전제로 한다. 밀은 민주주의 사회에서 요구되는 개인의 정체성을 개별성으로 규명하고자 했다. 그는 계급 사회와 민주주의 사회를 개인 정체성의 형성 방식에 따라 구분했다. 계급 사회에서는 정체성이 출신에 의해 정해지지만, 민주주의 사회에서는 변화하는 환경과 개인의 노력에 따라 정체성이 형성되고 변화한다고 보았다.

이러한 맥락에서 민주주의는 개인에게 지속적인 자기 변화와 성찰을 요구한다. 결과적으로 일정한 정체성의 모델을 제시하기 어렵게 되었다. 밀은 낭만주의 개별성 개념을 활용하여 민주주의 시대에 적합한 인간상을 모색하였고, 이는 "우리는 어떤 사람이 되어야 하는가?"라는 근본적 물음을 갖게 한다.

이러한 문제 제기는 오늘날 한국 사회에서도 여전히 유의미하다. 사회 구성원들이 이러한 질문을 스스로 던지고, 이에 관하여 진지하게 숙고하고 있는지 성찰할 필요가 있다.

민주주의 다수의 횡포와 순응주의

인간의 사회성과 다수의 횡포 그리고 순응의 멍에

밀은 《자유론》 서두에서 개인의 자유가 집단이나 사회적 압력에 의해 억눌리는 모습을 제시하고 있다. 또한 민주주의 사회에서 다수가 행사하는 보이지 않는 강압과 그 폐해에 관해서도 서술한다. 이는 다수의 의견이 곧 '진정한 여론'이고 진리이기 때문에 누구나 동의해야 한다는 것이다. 이때 다수는 다수의 이름으로 자신들의 생각과 실천 관행들을 모든 사람에게, 특히 그것을 반대하는 사람들에게까지 행동의 규칙으로 강요하려는 경향을 보인다. 밀은 이러한 획일성이 민주주의와 어떤 관계를 맺고 있는지에 대해 깊이 있게 논의한다.[5] 그는 이러한 현상을 '순응의 굴레 yoke of conformity'라고 일컬었다. 순응은 집단 규칙에 따라야 한다는 수동성만을 의미하는 것이 아니다. 이러한 현상은 자신과 다른 의견이나 정체성을 수용하지 않으려는 개인의 심층적 욕망에서 기인한다. 유사한 가치관을 공유하는 다수는 국가의 제도적 권력 또는 사회 곳곳에 분산된 규범적 권력을 통해 이질적인 의견과 태도를 억압한다. 이에 개별 주체들이 자기 자신을 형성하고 고유한 삶의 방식을 발전시킬 가능성은 심각하게 제약받는다.

밀이 말하는 순응은 단순히 소수가 다수의 규범을 수동적으로 따르는 태도를 넘어선다. 그는 순응을 다수가 자신의 의견과 삶의 방식을 타인에게 강요하려는 적극적인 통제 욕구로 보았다. 이를 인간 본성 깊숙이 자리 잡은 성향이라고 밀은 진단한다. 밀은 인간이 지배자이든 평범한 시민이든 관계없이 자신의 의견과 취향을 타인에게 행동의 기준으로 강요하려는 성향이 있다고 보았다. 또한 이러한 성향은 인간 본성에 내재한 긍정적 감정과 부정적 감정 모두로부터 강력한 지지를 받는다고 서술한다.[6] 순응은 단순한 수동적 동조가 아니다. 차이를 억제하고 동질성을 유지하려는 집단의 본능적 욕구를 포함한다. 이러한 통제 경향은 사회 권력 구조와 깊은 관련이 있으며, 개인의 자유를 제한하는 주요 원인으로 작용한다.

밀이 논의하는 순응은 단순한 사회적 동조를 넘어서, 인간의 사회적 본성과 깊이 연관된다. 존 설John Searle은 인간이 자신이 속한 집단의 구성원으로 인정받기 위해 타인과 유사해지려는 충동을 억제하지 못한다고 지적한다.[7] 이러한 충동은 사람들이 별다른 비판 없이 집단의 규범과 가치를 수용하도록 만든다. 인간은 관계 속에서 살아가기 때문에 일정 수준의 동조는 사회 유지에 필수적이지만, 이에 따라 다양한 의견과 태도가 종종 일탈로 간주되어 배제되곤 한다.[8] 밀은 이러한 사회적 압력이 궁극적으로 개인의 자율성과 개별성을 억압하며, 이는 순응과 독재despotism가 연결되는 지점이라고 본다. 사람들이 스스로 자율적으로 선택한다고 느끼더라도, 실제로는 타인의 행동을 기준으로 선택하는 경우가 많다. 독특한 성향이나 취향은 때때로 부적절하거나 위험한 것으로 이해되어 억제된다.[9] 결국, 인간의 사회성은 자발적 순응을 통해 비판 없이 권위와 규범을 내면화하게 만든다. 이는 민주주의 사회에서도 독재적 경향을 가능하게 하는 토대를 제공한다.

밀에 따르면, 사람들은 자신의 판단에 자신감이 없을수록 오류가 없다

infallibility고 여겨지는 다수의 의견에 의존하려는 경향이 있으며, 이를 통해 심리적 안정을 얻으려 한다.[10] 개인에게 '세계'란 자신이 속한 집단, 종교, 계층 등 제한된 범위를 의미한다. 하지만 이러한 범위들이 마치 세계 전체이자 절대적인 기준인 것처럼 인식된다. 인간은 본질적으로 사회적 존재이며, 사회로부터 인정받고자 하는 욕구 속에서 공유된 믿음과 가치를 통해 정체성과 심리적 안정감을 찾는다. 처음에는 주변의 상식에 순응하는 것이 큰 문제가 되지 않는다. 그러나 시간이 지나면서 개인은 자신이 속한 집단의 관점을 절대화한다. 그렇게 형성된 기준이 타인을 평가하는 잣대로 작용하면, 그로 인해 다른 관점에 대한 수용력은 줄어들고 소속 집단의 권위에 대한 확신은 더 강해진다. 특히 사람들은 상반된 의견을 접할 때 그것을 틀린 것으로 여기는 경향이 있고, 이를 통해 자신의 신념을 더욱 굳건히 하려는 태도를 보인다.

밀은 사람들이 보이는 이러한 반응이 단순히 생각이 다르다는 이유만으로 나타나는 거부라고 보지 않는다. 그는 그것이 오히려 자신이 의지해 온 윤리적 기준이 흔들릴 때 발생하는 깊은 불안에서 비롯된다고 해석한다. 이는 인간이 신념을 통해 삶의 방향을 정하기 때문이다. 신념이 흔들리면 정체성의 위기를 겪게 된다.[11] 따라서 사람들은 특정 신념을 단순히 이성적 판단에 따라 받아들이기보다는 그것이 자신의 정체성과 사회적 소속감을 유지하는 데 필수적이기 때문에 내면화한다. 밀의 표현을 빌리자면, 이들은 그 신념을 단순한 생각이 아니라 '진심에서 우러난 감정perfectly sincere feelings'[12]으로 받아들인다. 밀은 우리가 당연하게 여기는 믿음이나 가치들도 특정한 역사와 문화적 맥락에서 형성된 것임을 깨닫는 것이 중요하다고 말한다. 이러한 자각을 통해서야 비로소 진정한 자아 성찰과 자유로운 사고가 가능해진다. 이러한 인식이 없으면 자신과 다른 생각을 억압하게 되고, 이는 진리 탐구와 사회 발전을 방해하는 결과를 초래할 수 있다.

관습의 신화화, 무오류성의 환영 그리고 개인의 닫힌 마음

밀이 지적한 '관습의 마법적인 영향력'[13]은 사람들이 무의식적으로 습득한 사회적 규범과 믿음이 점차 절대적 진리처럼 받아들여지는 현상을 설명한다. 이는 단순한 사회 동조를 넘어, 시간이 흐르면서 그 관습들이 자연스럽고 필연적인 질서로 인식되도록 만드는 심리적·사회적 과정이다. 사람들은 이러한 관습이 우연히 형성되었다는 사실을 잊고, 그것을 비판하거나 의문을 제기하는 것을 어려워한다. 결과적으로 관습은 사회 구성원들의 생각과 행동을 지배하는 강력한 힘이 된다. 이 과정에서 인간의 본성에 내재한 지배 욕구가 드러난다. 개인 혹은 특정 집단이 옳다고 여기는 가치관이나 행동 양식을 타인이 큰 저항 없이 수용하게 하기 위해 다양한 사회 수단이 동원된다. 예를 들어, 교육을 통해 어릴 때부터 특정 가치관을 내면화하게 하고, 종교나 전통적 상징을 통해 그 가치를 신성화하고, 법과 제도를 통해 강제하는 방식이다. 또한, 사회적 압력이나 비난을 통해 다른 의견이나 행동을 보이는 사람들을 배제함으로써 집단의 일체성을 유지하고 관습을 강화한다.

밀은 이러한 현상이 개인의 자유로운 사고와 자아 성찰을 저해한다고 보았다. 나아가 그는 이것이 사회 전체의 진리 탐구와 지적 발전에도 부정적인 영향을 끼친다고 주장한다. 관습에 대한 무비판적 수용은 사회 고착화를 초래하고 다양성과 혁신을 저해하기 때문이다. 따라서 그는 개인과 사회가 자신들이 당연하게 여기는 믿음과 관습이 어떤 과정을 통해 형성되었는지를 자각해야 한다고 보았다. 이를 위해 끊임없는 질문과 비판적 성찰의 자세가 필요하다고 강조하였다. 이러한 태도만이 진정한 자유와 사회적 진보를 가능하게 한다는 점을 밀은 주장한다.

관습이 신화처럼 여겨지는 것은 주로 권력을 가진 사람들이 자신의 믿음을 지키기 위해 하는 일이다. 한편, 권력이 없는 사람들은 불안하고 혼란스러운 상태에서 벗어나고 싶어서 이런 믿음을 받아들인다. 밀은 이것이 권력자들이 사람들의 동의를 얻고 그들을 통제하는 데 매우 효과적인 방법이라고 생각했다. 밀은 이데올로기를 논의한 학자는 아니다. 그렇지만 밀은 어떤 사회든 지배 계급이 존재하면, 도덕 기준의 상당 부분이 그 계급의 이익을 반영하게 된다고 주장한다. 그는 이러한 기준이 지배 계급의 우월감을 정당화하는 수단이 될 수 있다고 보았다.[14]

밀은 《여성의 종속》에서, 여성에 대한 남성의 지배가 "힘의 우월성superior strength"에서 비롯된 것으로 보고, 이것이 점차 자연의 법칙처럼 여겨지며 정당화되는 과정을 비판한다. 여성들이 왜 복종해야 하는지를 비판적으로 인식하지 못하게 만들면서, 가부장적 이데올로기는 권력을 유지하는 강력한 장치로 작용한다.[15] 문화와 관습이 처음에는 우연한 계기로 형성되는 것이다. 그러나 시간이 지나면서 사람들은 그것을 마치 자연스럽고 당연한 것으로 받아들이게 된다. 권력을 가진 사람들은 이런 문화를 '자연스러움'으로 만들기 위해 영향력을 행사한다.

욕구와 관습이 신화화될 때, 그것은 자신이 틀릴 수 없다고 착각하게 만드는 무오류성infallibility의 환영(幻影)을 낳고, 이를 통해 다른 사람들의 생각을 판단하게 된다. 무오류성의 환영은 자신들이 생각하고 있는 모든 것들이 절대 진리라고 믿기 때문에 다른 사람이 전혀 다른 믿음 혹은 생각들을 듣지 못하게 하는 경향이 있다. 따라서 무오류성의 환영은 자신이 원하는 대로 다른 사람들이 생각하고 행동해야 한다는 감정을 자연스럽게 갖게 한다.[16] 관습의 신화화와 무오류성의 환영은 사회 담론과 공공의 삶에 커다란 영향을 미친다. 집단의 이데올로기와 적대감이 사회에서 만연하게 되면, 이성과 열린 공적 숙의에 기반한 공론장이 약화된다. 결과적으로 정치 담론은 점차 공동의 문제 해결을 위한 대화의 장에서 상호 적대적인 집단 간의 종파적이고 이념적인 갈등의 장으로 전환될 위험이 있다. 마치 운동 경기장에서 상대방을 이겨야 한다는 욕망으로 인해, 어떻게 하면 상대방의 의견을 잠재울 수 있는지에 대한 방법만을 생각할 수밖에 없는 폐쇄된 사회가 된다. 이를 방지하기 위해 밀은《자유론》에서 열린 토론을 주장하며, 우연히 형성된 관습이 시간이 흐르며 필연적인 것으로 인식되는 전환 과정을 비판적으로 분석한다. '무오류성의 환영'은 절대적 진리처럼 작용하면서 비판적 질문을 차단한다.[17]

밀은 사람들이 다른 의견을 억압하는 이유를, 자신이 절대적으로 옳다고 믿는 무오류성의 착각에서 찾는다. 이는 반대 의견을 도덕적 일탈이나 사회적 위협으로 간주하게 하고 '이단', '불경', '부도덕' 등의 언어를 통해 소수 의견을 배제하고 공격한다.[18] 현대 사회에서도 특정 지역이나 집단을 향한 편견적 호명은 이와 유사하게 사회 참여에서의 배제와 위계 형성의 수단이 된다.[19] 밀은 이러한 태도가 단지 타인의 자유를 제한하는 데 그치지 않는다고 보았다. 그는 그것이 결국 자신에게도 사유하고 판단할 자유를 빼앗는 결과로 이어질 수 있다고 경고한다. 자신이 옳다고 확신하는 신념에만 갇힐 경우, 반대 의견 속에 담긴 진리의 가능성을 포착하지 못하고, 이는 진정한 '살아 있는 진리 living truth'에 도달할 기회를 스스로 차단한다.[20] 따라서 밀의 자유 개념은 단순한 표현의 자유를 넘어, 오류 가능성을 전제로 한 열린 토론과 비판적 사유의 공간을 보장하는 데 그 핵심이 있다.

감정에 의한 횡포

관습의 힘과 무오류성에 대한 믿음은 주로 이성보다 감정에 의해 움직이는 경우가 많다. 많은 사람들은 관습이 특별히 이성적 설명이 필요하지 않다고 생각한다. 그러다 보니 이러한 인식이 관습의 마법 같은 영향력을 더욱 강하게 만든다. 사람들은 자신이 자연스럽다고 여기는 관습을 이성적으로 따지기보다 감정적인 차원에서 받아들이고 다룬다. 그래서 이성이 별로 필요 없다고 믿는다. 사람들은 타인이 자신과 비슷하게 행동할 것이라고 기대하는데, 특히 호감을 느끼는 사람이 이러한 기대에 부응하면 기쁨을 느끼며, 이러한 감정이 행동 규범 형성에 크게 작용한다. 이 때문에 더 이상 다른 의견이나 논의가 필요 없다는 분위기가 만들어진다. 여기서 감정이 지배하는 사회적 압력이 나타난다. 사회의 관습과 도덕적 감각으로 포장된 호불호는 흔히 계급적 이해관계나 종교적 신념에서 비롯된다. 시간이 지나면서 법이나 여론이라는 사회적 제재를 통해 대다수가 따라야 할 규칙으로 고착된다. 결국, 사회 구성원들의 호불호, 특히 강력한 일부의 감정이 사실상 사회에서의 행동 기준을 결정하는 규범으로 작동한다.[21]

헌법이나 제도 장치가 존재함에도 불구하고, 밀은 여전히 사회 독재 위험이 존재한다고 보았다. 이는 인간 행동의 기준이 이성보다는 감정에 의해 결정되는 경우가 많기 때문이다. 사람들은 자신이 옳다고 느끼는 행동을 이성적으로 판단한다고 생각하는 경향이 있다. 그러나 실제로는 단순히 자신이 좋아하는 행동을 옳다고 여기고, 싫어하는 행동을 잘못된 것으로 간주하는 경향이 있다. 이러한 감정은 타인도 자신과 동일한 방식으로 느낄 것이라는 생각에서 비롯된다. 그 결과, 사회적 압력이 특정 관습이나 신념을 보편적 규범처럼 받아들이도록 강제한다. 밀은 이러한 집단 감정이 사회 횡포로 이어질 수 있다고 우려했다. 해악 원칙은 바로 이러한 감정 기반의 강제를 막기 위한 장치이다. 인간은 누구나 일치감을 바라는 성향이 있다. 따라서 자신이 선호하는 행동 방식이 모두에게 받아들여지길 원한다. 그러나 밀은 이러한 감정이 사회 기준을 강화하면서 개인의 자유를 억압할 수 있다고 경고한다.

밀은 사람들이 자신에게 익숙한 방식이나 감정적 선호를 자연스럽고 당연한 규칙으로 받아들이는 경향이 있다고 지적한다. 이러한 행동 규칙은 겉보기에는 이성적이거나 도덕적으로 보이지만, 실제로는 역사적으로 반복된 관습이나 개인 혹은 집단 감정에서 비롯된 경우가 많다.[22] 밀은 사람들이 자신이 속한 사회에서 익숙하게 받아들여 온 규범이나 기준을 보편적인 진리처럼 인식하는 것을 '관습의 마법적 영향력'이라고 표현한다. 이 관습이 비판 없이 받아들여질 때 오히려 자유를 억압하는 수단이 될 수 있다고 경고한다.

밀에 따르면, 사회 전반에 퍼진 다수의 의견이나 지배적인 여론은 흔히 이성적 논의의 산물로 여겨진다. 그러나 실제로는 편견, 미신, 감정적 충동, 질투, 시기, 자기 이익에 대한 두려움 등 다양한 비이성적 요소들이 그 형성에 크게 작동한다. 밀은 당대 지식인들이 사회가 무엇을 좋아하고 싫어해야 하는지를 지나치게 논의한다고 보았다. 그러나 그는 이러한 감정적 기준이 실제로 개인에게 도덕적 또는 법적으로 강제될 수 있는지에 대해서는 충분한 성찰이 부족하다고 비판했다.[23]

밀은 사회의 감정 기준이 개인의 자유를 침해하는 도구로 변질될 수 있음을 경계했다. 또한 단지 다수가 불쾌하다고 느낀다는 이유만으로 어떤 행위를 금지하거나 억압하는 것은 정당화될 수 없다고 보았다. 결국 밀은, 진정한 자유란 단순히 외부의 억압이 없는 상태를 넘어서, 개인이 이성과 판단을 통해 자율적으로 선택하고 행동할 수 있는 조건을 의미한다고 본다. 따라서 그는 관습이나 여론이 이성적 정당성 없이 감정적 반응에 따라 개인의 삶을 규제하는 것은 자유에 대한 심각한 위협이 된다고 본다. 그는 민주주의 사회에서도 이러한 현상을 비판적으로 성찰할 필요가 있음을 강조한다.

사람들이 자신의 생각을 진리라고 주장할 때, 그 주장이 반드시 이성적 논의에 의해서만 만들어지는 것은 아니다. 어떤 생각이 진리인지 아닌지를 판단할 때는 논리적인 이유뿐 아니라 그 생각에 대한 감정적인 공감도 중요한 역할을 한다. 감정은 때로는 우리가 이미 가진 신념을 더욱 굳게 만들기도 하지만, 또 어떤 때는 우리가 기존의 편견을 깨고 진리에 다가가도록 이끌기도 한다.[24] 사람들이 어떤 생각을 믿게 되는 과정은, 이성과 감정이 서로 영향을 주고받으며 이루어진다.[25] 이성은 다른 의견을 비판적으로 살펴볼 수 있게 도와주고, 감정은 우리가 이미 가지고 있는 신념을 쉽게 버리지 않도록 만든다. 그래서 결국에는 이성이 우리가 무엇을 믿을지를 결정하는 기준이 되어야 한다. 이를 위해서는, 우리가 지금 믿고 있는 신념이 단지 우연한 상황이나 습관 때문에 생긴 것일 수 있다는 점을 솔직하게 인정할 수 있어야 한다. 그리고 그런 신념이 정말 이성에 바탕을 둔 것인지 스스로 따져보는 용기가 필요하다.

개인의 신념이 진정으로 깊이 있고 정당한 것이 되기 위해서는 반대 의견에 대한 진지한 성찰이 필요하다. 밀은 단지 한 가지 입장만을 아는 것은 곧 그 문제를 제대로 이해하지 못한 상태[26]라고 보았다. 진리는 대립하는 주장들 간의 충돌과 토론 속에서 더욱 명료해질 수 있다고 강조한다. 반대 의견은 충분히 설득력 있게 제시되어야 한다. 우리는 그것을 진지하게 받아들이기 위해 노력해야 한다. 밀은 우리가 "다르게 생각하는 사람들의 정신적 위치에 자신을 놓을 수 있어야 한다."[27]고 강조한다. 다시 말해, 그들의 견해에서 세상을 바라보려는 상상력과 공감이 필요하다. 이렇게 다른 관점을 배우고 받아들이려는 태도는 개인의 성장과 발달에 매우 중요하다. 밀은 실제로 우리 주변에 반대자가 존재하지 않더라도, 우리가 그 반대자를 '상상'해야 한다고 말한다. 이는 자신의 생각을 끊임없이 시험하고 확장하려는 지적 성실성을 요구한다. 결국 반대 의견은 우리가 더 깊이 생각하고 더 넓게 보는 데 도움을 주는, 성장의 중요한 촉매인 셈이다.

노예근성에 의한 자신의 자유 포기

자발적 동의에 의한 인식의 종속

자신이 속한 집단의 관습이 자연스럽게 받아들여지고, 마침내 절대적인 진리가 되면, 사람들은 자신의 인생을 스스로 결정하기보다 타인의 판단에 의존하게 된다. 스스로 선택한 종속을 밀은 매우 저속한 노예와 같은 근성이라고 하였다.[28] 밀은 '자유를 원하지도 않고 그들 스스로 그것을 이용하지도 않는'[29] 사람 때문에 나타날 수 있는 폐해에 관해 기술하고 있다. 밀은 19세기 영국에서 많은 사람들이 스스로 판단하기보다는 사회적 시선이나 주변인들의 생각에 따라 움직인다고 보았다. 그는 이러한 현상을 사회적 독재라고 규정했다. 비록 민주주의 정치 제제는 모든 사람의 평등이 원칙이지만, 많은 사람이 정신적인 노예가 되고 있다.[30] 밀은 스스로 생각하고, 스스로 판단하고, 스스로 행동할 수 있는 사람이 민주주의 사회에 가장 적합하다고 보았다. 이를 위해 그는 인식의 자유가 반드시 보장되어야 한다고 강조하였다.

밀은 인식의 자유와 관련해서, 다른 사람의 생각을 억압하는 사람들보다도 스스로 생각하기를 포기한 사람들의 문제를 더 심각하게 본다. 사회가 개인의 자유를 침해하는 것은 분명 문제다. 그러나 밀은 사람들이 자기 삶의 주인이 되어야 할 책임이 있음에도 불구하고, 다른 사람의 기대나 기준에 기꺼이 맞추는 태도를 우려했다. 그는 이러한 태도가 결국 스스로 자유를 포기하는 결과를 초래한다고 보았다. 예를 들어, 사람들이 "나는 진짜로 무엇을 원하는가?", "내 성격과 잘 맞는 삶은 무엇일까?"와 같은 질문을 자기 자신에게 하기보다는 "사람들은 뭘 좋아하지?", "내 또래나 내 위치에 있는 사람들은 어떤 걸 원할까?", "지위가 높은 사람들은 어떤 식으로 살까?"와 같은 타인의 기준에 맞춘 질문만을 던진다. 이런 태도는 결국 습관적인 행동과 선택으로 이어지고, 사람들은 자신이 원해서가 아니라 남들이 하니까 나도 해야 한다는 의식을 갖게 된다. 그렇게 살다 보면, 점점 자기 본성에 따라 생각하고 선택하는 능력이 사라진다. 밀은 이렇게 말한다.

"사람들은 관습이라는 멍에에 고개를 숙이고, 자기 본성에 따라 결정하지 않다 보니, 이제는 자신이 어떤 본성을 따라야 할지도 모르게 되었다."[31]

우리는 각자가 스스로 생각하고 선택하는 자유를 지켜야 한다. 그것은 단지 권리가 아니라 공적인 책임이며, 자신의 삶을 살아가기 위한 기본 조건이기 때문이다.

밀은 《자유론》에서 타인에 의한 강제적 억압에 주목한다. 또한, 사람들이 스스로 자발적으로 자신의 자유를 포기하는 현상도 중요하게 다룬다. 그는 정치적 강압보다 더 위험한 억압의 형태로, 개인이 더 이상 자유를 원하지 않고 자발적으로 복종하는 태도를 지적한다. 그리고 이를 가능하게 하는 사회 분위기에 깊은 우려를 표한다. 즉, 자유의 상실은 단순히 외부의 강제 때문만이 아니라, 개인이 자신의 삶을 스스로 성찰하고 선택하려는 의지를 잃는 데서 비롯된다.

밀에 따르면, 많은 사람들은 자신에게 진정으로 적합한 것이 무엇인지에 대해 고민하지 않으며, 그저 익숙한 관습과 습관에 따라 살아간다. 그들은 자신에게 진정으로 어울리는 것이 무엇인지 깊이 고민하지 않는다. 대신 익숙한 방식에 따라 습관적으로 행동하며, 다른 가능성에는 거의 관심을 두지 않는다.[32] 이처럼 개인이 스스로 사유하고 선택하기를 포기할 때, 외형적 강제 없이도 자유는 사라진다. 오늘날의 억압은 전통적인 권위나 물리적 통제로 명확히 드러나지 않는다. 억압받는 이들의 자발적 동의 속에서 더욱 은밀하고 강력하게 작동하기 때문이다. 밀은 이러한 내면화된 복종과 자기 포기의 태도가 민주 사회에서도 자유의 진정한 위협이 될 수 있음을 경고한다.[33] 결국 자유는 단순히 외부의 억압에서 벗어나는 데 그치지 않는다. 그것은 자기 안에 자리한 무비판적 수용과 무관심을 인식하고 이를 극복하려는 성찰을 통해서만 지속될 수 있다.

얼굴이 없는 다수의 출현과 그것의 의미에 대한 논의

밀은 근대 사회에서 '다수'의 형성이 단순히 인구수의 증가나 정치 체제의 변화만으로 설명될 수는 없다고 보았다. 그는 민주주의의 확산과 함께 사회 전반에 평등주의 가치가 자리 잡으면서, 과거처럼 소수의 특권계층이 지식과 권위를 독점하던 구조가 점차 붕괴하기 시작했다고 진단한다. 전통 사회에서는 소수의 지식인과 재산가가 권력을 장악했다. 그들은 자신들이 대중보다 더 나은 판단력과 행정 능력을 지녔다고 주장했다. 이를 통해 자신의 지위와 권력을 정당화했다. 그러나 이러한 권위는 점차 도전받게 되었다.

밀에 따르면, 민주주의 확산은 단지 권력의 물리적 재분배를 의미하는 것이 아니다. '사람들의 마음을 사로잡는 능력'을 중심으로 사회적 권위의 재편을 의미한다.[34] 다시 말해, 현대 사회에서 실질적인 영향력을 행사하는 이들은 공식적 권위자라기보다 여론과 감정, 정체성 형성에 깊이 관여할 수 있는 '의견 형성자'들이다. 이러한 변화는 산업화, 도시화, 교육의 확대, 정보 매체의 발달과 긴밀히 연결되어 있다. 특히 교육과 언론의 발달은 개인들이 다양한 의견과 관점을 접하게 했고, 이에 시민들의 사고방식이 변화했다. 신문, 잡지, 팸플릿 등은 다양한 계층의 사람들에게 이전보다 훨씬 쉽게 정보와 담론을 전달했다. 이를 통해 독자들은 자신과 비슷한 감정을 가진 익명의 타자들과 연결되어 있다고 느끼게 되었다. 이러한 경험은 '상상의 공동체'라는 의식을 가능하게 만들었다.[35] 밀은 이 과정이 개인의 정치적 자율성과 판단력을 확장하는 긍정적인 면이 있다고 보았다. 그러나 그는 특정 여론이나 감정을 중심으로 획일적인 다수가 형성될 수 있음을 우려했다. 이러한 다수가 오히려 개인의 자유를 억압하는 새로운 권력으로 작용할 수 있다는 점을 경계했다.

신문과 일상 속 간접 경험 및 상호작용은 점차 집단적 의지 형성을 가능하게 하였고, 이는 주요 사안에 대한 공동 의견 형성의 기반이 되었다. 이러한 집단 의지는 사회 구성원의 판단 기준으로 작용한다. 이에 반하는 태도는 심리적이고 사회적인 압력에 의해 억제되는 경향이 있다.[36] 결과적으로 권력은 소수의 엘리트로부터 평범한 다수에게로 이양되었고, 이는 위계적 사회에서 평등한 민주 사회로의 이행을 촉진하는 요인이 되었다. 이러한 변화는 문화적 동질성을 강화하는 한편, 계층 간 문화적 분리를 점차 희석했다. 과거의 계급 사회에서는 서로 다른 계층이 독립적인 규범과 관습을 형성하였다. 그러나 평등주의의 확산은 다수의 선호가 사회적 기준이 되는 방향으로 나아가게 했다. 이에 개인은 점차 자신의 욕구보다 다수의 의견을 고려하는 선택을 하게 되었으며, 이는 다수의 횡포가 발생할 수 있는 토대를 제공했다.

밀은 다수의 횡포가 단지 평등이나 문화적 동질성 때문에 발생하는 것이 아니라고 보았다. 그는 인간 본성에 내재한 '자신의 신념을 타인에게 강요하려는 욕망'이 민주주의에서 더욱 증폭된다고 주장했다. 그는 이러한 욕망이 사회 전반에 확산할 때, 다수가 하나의 권위처럼 작동하게 되며, 사회적 규범의 형태로 포장된 억압이 개인의 사적 영역에까지 침투할 수 있다고 경고한다.[37] 이는 정치적 권력보다 더 은밀하고 강력한 통제 방식으로 작용할 수 있다. 민주주의의 평등 원리는 모든 시민에게 발언권을 부여한다. 그러나 다수의 견해가 곧 '공적 진리'로 여겨지는 상황에서는 소수 의견이 위축되고 성찰적 자율성이 상실될 위험이 있다.

밀은 이런 문제를 해결하기 위해 표현의 자유를 중요하게 여겼다. 그는 진리가 여러 의견의 충돌과 검토를 거칠 때 비로소 발견될 수 있다고 보았다. 결국 밀은 사회가 하나의 행위자로서 사적 영역에 과도하게 개입할 때, 개인의 다양성과 창의성은 위협받을 수 있음을 지적한다. 그는 사회적 관습이 단순한 제2의 자연을 넘어 도덕적 절대 기준으로 오인되는 것을 경계했다. 다수의 삶의 방식과 다른 존재들을 '비자연적' 또는 '비도덕적'으로 낙인찍는 태도가 자유에 대한 근본적 위협이라고 보았다.[38]

군주제의 해체는 지배자와 피지배자 간의 명확한 수직적 권력 구조를 해소함으로써 전통적인 형태의 억압을 소멸시켰다. 그러나 민주주의는 그와는 다른 양상으로 억압의 가능성을 내포한다. 민주주의 체제에서 시민들은 형식적으로는 평등한 정치적 주체이다. 그러나 실질적으로는 '여론'이라는 집단적 권위가 작동하며, 다수는 이 여론을 통해 소수의 의견이나 존재 방식을 정당하게 배제하거나 억압할 수 있다. 이때 '평등'이라는 정치적 이상은 억압의 구조를 가시화하기보다 오히려 그것을 은폐하는 기능을 수행하게 된다.

이러한 억압은 군주제처럼 명확한 권력 구조나 위계에 의존하지 않는다. 그래서 억압이 존재해도 이를 인지하거나 비판하는 것이 훨씬 더 어려워진다. "너와 내가 평등하다."라는 구호는 형식적 평등을 강조함으로써 실제 권력 불균형의 존재를 흐릿하게 만든다. 그 결과 억압을 경험하는 주체는 자신의 경험을 정당하게 인식하거나 문제를 제기하기 어렵게 된다. 이러한 상황은 피억압자가 자신에 대한 억압을 인지하지 못하게 하거나, 인지하더라도 저항할 수 있는 근거와 동력을 상실하게 만드는 구조로 작동한다.

불평등한 사회관계의 문제

순응을 원하는 자와 순응하는 자 사이에는 중요한 차이가 존재한다. 전자는 자신의 의견에 대한 타인의 동의를 강하게 요구하는 경향이 있다. 이들은 자신의 판단 능력을 과대평가하거나 현실을 왜곡하여 인식하기도 한다. 반면, 후자는 자신의 관찰력과 판단 능력에 대한 신뢰를 잃는다. 그 결과 타인의 영향 아래 축소된 정체성을 내면화하며 스스로 자율적 사유 능력을 제한하게 된다.

권력은 종종 신화화되며, 권력자들은 그러한 권력을 정당화하는 이데올로기를 당연하게 생각하는 경향이 있다. 밀은 《여성의 종속》에서 "권력을 가진 자들에게 있어서 부자연스러운 지배란 존재할 수 있는가?"[39]라고 반문하며, 권력자의 지배가 종종 '자연스러운 질서'로 오인되는 과정을 비판한 바 있다. 이데올로기는 권력자의 인식에 특정한 방향성을 부여하는 역할을 한다. 이에 사회 내 불평등이나 억압 구조를 명확하게 인지하는 데 한계가 생길 수 있다. 지식이 축적되고 민주적 평등이 실현되기 위해서는 공동체의 모든 구성원이 자신의 인식 능력에 대해 정당한 신뢰를 회복해야 한다. 각 개인의 능력이 존중받는 사회에서야 개인의 목소리가 온전히 드러날 수 있다. 이런 환경이 마련될 때 집단적 이성이 성장하게 된다. 결과적으로 이는 지적 진보의 기반이 된다.

우르비나티Urbinati는 밀의 '독재despotism' 개념을 히드라에 비유하여 설명한다. 독재는 환경 변화에 유연하게 적응하며, 인위적임에도 불구하고 그 모습을 은폐하여 쉽게 인지되거나 감지되지 않는 특징을 지닌다.[40] 그렇다면 왜 사람들은 히드라와 같은 횡포를 보거나 느끼지 못하는가? 밀은 이를 사회관계의 맥락에서 설명한다. 예를 들어, 남성과 여성 간의 사회적 불평등 관계는 각 개인이 자신의 이해관계, 영향력, 정체성 및 책임감에 대해 어떻게 인식하는지를 구조적으로 조작한다. 심리적 종속 상태에 있는 사람들은 인식의 불균형 속에서 자신이 타인의 판단에 크게 좌우되고 있음을 깨닫지 못한다. 오히려 그들로부터 인정받는 것을 더 중요하게 여긴다. 밀은 이러한 불평등한 사회관계의 문제를 해결하지 않는 한, 현대 민주주의 사회 내에서 새롭게 나타나는 횡포의 문제를 극복하기 어렵다고 경고한다.

불평등한 사회관계에서 발생하는 횡포는 종종 자연스럽고 정당한 것으로 받아들여진다. 이에 사람들은 저항하기보다는 마치 내면화된 신념처럼 수용하는 경향이 있다. 이러한 지배는 동의 없는 권력관계로서 제국주의적 통치와 유사한 구조를 지닌다. 대다수 개인은 법과 규범의 범주 내에서만 자신의 판단을 행사한다. 대륙 철학자들은 이를 자연스러운 현상으로 간주했다. 그러나 밀은 이러한 복종이 특정한 강제 기제에 의해 유도된 것이라 보고 비판하였다.[41] 이러한 맥락에서, 그는 《자유론》에서 직접적 지배뿐 아니라 은밀한 형태의 지배에도 주목하며, 평등한 관계를 전제로 한 자유의 가능성을 모색하였다.

밀은 전제정치를 명령권자의 절대적 재량과 피지배자의 배제라는 고전적 개념으로 정의했다. 동시에 그는 이 개념을 사적 영역까지 확장하여 현대적으로 재해석하였다. 그는 가정 내 권위를 전제적 권력의 모델로 제시하며, 이러한 관계가 법이 아닌 "자의적 차별arbitrary preference"[42]에 의해 형성된다고 보았다. 밀은 전제정치가 직장이나 가정 등 공적 비판이 어려운 사적 영역에서도 계속된다고 지적한다. 이러한 권력은 겉으로는 동의에 기반한 듯 보이지만, 실제로는 자유를 침해하는 형태로 작용한다. 이 권력은 여론에 의한 정신적 억압으로 나타나며, 때로는 신체적 지배로까지 확장될 수 있다. 밀은 자유를 단순히 외부 간섭의 부재로 한정하지 않았다. 그는 자유를 개인의 성숙, 자율성 그리고 공적 참여를 통해 완성되는 적극적 개념으로 재정의하였다. 자유란 단순히 타인의 간섭이 없는 상태가 아니라, 개인이 자신을 형성하고 합리적으로 선택하며 사회 속에서 자신의 개성을 발휘할 수 있는 조건과 과정이다. 따라서 밀의 자유는 자기 형성과 개성 실현의 토대이자, 동시에 공동체적 삶 속에서 이루어지는 실천적 덕목으로 이해된다.

밀은 평등하지 않은 사회관계가 남성과 여성의 권력, 정체성, 책임에 대한 인식을 왜곡한다고 보았다. 이러한 관계는 개인이 자율적 주체가 아닌 타인의 지배에 종속되는 과정을 낳는다. 그는 이를 '관계의 정치'로 보았다. 특히 가부장적 전제주의에서는 지배가 교육과 애정의 명목으로 정당화되며, 개인이 자발적으로 복종을 내면화하는 정신적 의존 상태에 빠진다고 보았다. 이는 개인이 "자신을 완전히 포기complete abnegation"[43]하게 됨으로써, 선택의 자유를 자발적으로 제한하는 결과를 초래한다. 밀은 전제주의가 사회적 합의를 통해 은폐된 형태로 재생산될 수 있음을 경고한다. 그는 이러한 정신적 억압을 '정신적 노예 상태'로 규정하며, 이에 대한 비판적 인식을 강조하였다.

개인의 선택과 의견의 중요성

밀은 개인이 자유를 타인에게 양도하게 되는 원인을 개인의 선택뿐만 아니라 사회 규칙, 관습, 성향 등 다양한 요인에서 찾는다. 그는 사회 기준에 의문을 제기하는 행위를 개인의 자율적 사고의 표현으로 보았다. 이는 기존 규칙을 단순히 부정하는 것이 아니다. 개인과 사회 간의 의미 충돌을 조정하려는 시도로 해석된다. 특히 관습에 대한 무비판적 순응과 맹목적 복종의 문제를 강조한다. 그는 사람들이 선택의 문제 자체를 인식하지 못하고, 사회 규범을 절대 진리로 수용하는 태도가 자유 상실의 핵심 원인임을 지적한다. 이러한 자유 상실은 외부의 강압보다 오히려 개인의 결단력 부족과 정신적 수동성에서 비롯된다고 본다. 밀에 있어 진정한 자유는 단순히 외부의 억압이 없는 상태가 아니다. 그것은 개인이 독립적이고 합리적으로 사고할 수 있는 능력을 갖추는 데서 실현된다.

밀은 단순히 법률이나 제도에 의한 억압보다 사회 압력과 여론의 힘이 개인의 정신을 억압하는 방식에 더 큰 우려를 보인다. 그는 "관습이 단지 관습이라는 이유로 따르는"[44] 태도를 지적하며, 이러한 무비판적 수용은 개인의 판단력과 도덕적 용기를 무력화시킨다고 비판하였다. 이는 오늘날 회자하는 심리 지배인 가스라이팅이나 권위주의적 문화에서 나타나는 '자발적 복종'과 밀접한 관련이 있다. 이를 극복하기 위하여 밀은 다수의 자유주의자와 달리, 집단 간의 이해관계 경쟁보다는 '의견 간의 경쟁'에 주목한다. 이는 단순한 권력의 충돌이 아니다. 사회가 더 나은 방향으로 나아가기 위해서는 다양한 관점과 비판이 자유롭게 교류되어야 함을 의미한다. 밀은 어떤 의견이 제시될 때, 그것을 표현한 인물의 권위나 지위가 아니라 그 의견의 타당성과 진리성이 논의의 핵심이 되어야 한다고 보았다. 이러한 맥락에서 《자유론》은 의견의 가치를 판단할 때 발화 주체보다 의견 자체의 정당성을 중심에 두어야 함을 강조하고 있다. 이는 개인이 표명한 사상이 단지 그 개인만의 것이 아니라, 사회 전체의 토론과 진리 탐구 과정에 도움이 되기 때문이다.[45] 밀에 있어 개인의 의견은 사회 전체를 위해 매우 중요한 가치를 지닌다. 다양한 의견이 자유로운 토론을 통해 교류될 때, 개인의 지적 능력과 판단력이 증진될 수 있기 때문이다. 이러한 이유로 밀은 의견 표현의 자유를 강력히 옹호하였다.

밀은 지식인의 침묵과 자기 검열이 사회 전체의 지적 퇴행으로 이어질 수 있음을 경고하면서, 개인의 독창성과 개별성을 자유의 본질로 규정하였다. 그는 민주주의 사회에서 개인을 단순한 정치적 주체가 아니라 인식의 주체로 보았으며, 인식의 자유 보장을 통해 사회와 개인 모두의 성장을 도모해야 한다고 주장했다. 지배적인 규범이나 관습에 도전하는 의견을 검열함으로써 가장 큰 피해를 보는 것은 단지 '이단자'뿐만이 아니다. 검열이나 제약에 대한 두려움은 외적인 억압을 넘어 개인의 내면에도 깊은 영향을 미친다. 이러한 환경에서는 개인의 정신적 주체성과 이성적 사고 능력이 점차 위축된다. 그 결과 자율적 판단과 비판적 사유의 가능성이 크게 제한되는 심각한 문제가 발생할 수 있다. 많은 유망한 지성들이 '불경스럽다'거나 '비도덕적'이라는 낙인을 두려워해 자신만의 창의적이고 비판적인 사유를 충분히 펼치지 못한다면, 그로 인한 부정적 결과는 분명하다.[46] 밀은 지적 세계에서의 평화 추구가 때로는 인간 정신이 지녀야 할 도덕적 용기의 상실이라는 대가를 초래할 수 있음을 경고하였다.

밀이 바라보는 지적 세계는 갈등과 논쟁이 필연적인 공간이다. 따라서 개인의 진정한 모습은 기존 질서에 대하여 과감히 도전할 수 있는 용기를 포함한다. 그러나 자신의 의견에 확신이 부족한 경우, 많은 이들은 사회적 권위를 빌려 자신과 다른 의견의 표현을 억압하려 한다. 이러한 태도는 자기 생각 외에는 다른 가능성을 인정하지 않는 폐쇄적인 확신으로 나타난다. 밀은 이러한 위험을 경고하며, 민주주의 사회의 개인은 단순한 정치적 주체를 넘어 인식론적 주체가 되어야 한다고 주장한다. 이를 위해 무엇보다 인식의 자유가 철저히 보장되어야 한다. 또한 다양한 의견과 비판적 사고가 자유롭게 교환될 수 있는 장이 마련되어야 한다. 이는 사회의 지적 풍요와 개인의 성장 모두에 필수적인 전제 조건이다.

밀은 개인의 의견이 과감히 표현되지 못하는 사회 분위기를 비판했다. 그는 각 개인의 개별성과 독창성을 강화하는 것이 자유의 본질이라고 보았다. 밀의 자유에 관한 논의를 온전히 이해하기 위해서는 그의 개별성 개념에 대한 체계적 논의가 필수적이다. 밀이 제시한 개별성 개념은 근대 합리주의의 자유 개념보다는 낭만주의에서 발전된 자아 이론의 영향 아래 형성된 측면이 크다. 이에 대해서는 제4장에서 상세히 다룰 예정이다. 밀은 자유를 단지 권리의 문제로 국한하지 않고, 그것이 인간과 사회의 진보에 어떤 역할을 하는지를 함께 살펴보아야 함을 역설한다. 따라서 제3장에서는 밀의 공리주의 이론을 중심으로 자유와 진보 그리고 행복 개념 사이의 관련성을 고찰하고자 한다.

3장

밀의 주관적 행복과
능숙한 판단자

밀의 주관적 행복과
능숙한 판단자

　밀은 《자서전》에서 자신이 아버지에 의해 "제조된 인간manufactured man"이었다고 개탄했다. 젊은 시절 그는 벤담과 아버지 제임스 밀이 주장한 '최대 다수의 최대 행복'을 위해 많은 글을 발표했다. 그러나 이후 그는 공리주의에 대해 벤담과 아버지가 주장한 내용에 반대하는 의견을 제시하였다. 그들이 상정한 행복 개념은, 개인의 다양성을 무시한 채 오로지 기쁨과 고통이라는 하나의 척도로 정의되었기 때문에 문제였다. 밀은 개인의 행복이 모든 사람마다 다양하듯이, 절대적인 행복 개념은 존재할 수 없다고 보았다. 그는 개인의 행복이란 본질적으로 주관적인 판단에 달려 있다고 주장한다.

　행복의 기준이 주관적이라면 과연 개인이 행복하기 위해서는 무엇을 해야 하는가? 이것을 밀은 찾고자 하였다. 벤담의 논리에 문제가 없다면, 개인이 행복을 경험하는 것은 그리 문제가 되지 않는다. 개인이 고통보다는 기쁨을 누릴 수 있는 외부 조건을 조성하는 것으로 해결될 수 있다. 그러나 밀의 행복 개념은 벤담 공리주의의 보편성이 아니라 개인의 주관적인 경험과 밀접한 관련이 있다. 밀은 자신에게 커다란 영향을 준 벤담의 양적 공리주의를 극복할 수 있는 무언가를 찾고자 하였다. 이를 위해 밀은 무엇보다도 개인이 행복을 경험할 수 있는 능력을 갖추는 것이 필요하다고 보았다. 밀이 논의하고 있는 개인의 능력을 이해하기 위해서는, 먼저 밀의 개인의 성격 형성에 관한 논의를 살펴볼 필요가 있다.

밀이 벤담의 공리주의와 결별한 이유는

성격 형성에 관한 논의: 오언의 기계론적 설명과 밀의 유기체적 설명의 대립

　제레미 벤담Jeremy Bentham의 공리주의는 보편적인 인간 본성을 전제한다. 보편성을 지나치게 강조하는 관점은 개인이 지닌 고유한 역량과 독창적인 행위 양식을 충분히 반영하지 못한다. 18세기 말에 시작하여 19세기 내내, 인간의 본성은 항상 일정하며 변화하지 않는다는 사상에 대한 회의가 나타나기 시작하였다. 이러한 사상사적 분위기 속에서, 모리스 만델바움Maurice Mandelbaum은 밀을 진보적인 생각을 이론적으로 설명한 철학자로 평가한다. 밀은 단순히 개인의 즐거움을 추구하는 것을 넘어서, 사람들의 감정과 공감 능력을 넓히고자 하였다. 감성의 범위를 넓히면 사람들은 서로를 더 잘 이해할 수 있다. 또한 더 많은 종류의 행동에서 기쁨을 느끼게 된다. 결과적으로 이는 사람들을 더 나은 방향으로 이끌고, 사회 속에서 조화롭게 어울리도록 돕는다.[1]

　밀은 인간 본성이 항상 일정하고 변화하지 않는다는 전제를 가진 공리주의에 많은 결점이 있다고 보았다. 그는 이러한 입장이 인간을 지나치게 단순화했다고 평가했다. 인간의 본성은 각 나라의 문화에 따라, 심지어 시대에 따라 매우 다양하다. 많은 이론가는 오랜 시간에 걸쳐 인간 본성에 대한 보편적인 법칙을 밝혀내고자 시도해 왔다. 그러나 그들이 제시한 주장이 실제로 인간 본성을 설명하는 근본 원리인지에 대해서는 신중한 재고가 필요하다. 이러한 이론들은 어쩌면 인류가 역사적으로 우연히 처하게 된 특정한 환경 속에서 형성된 결과일 수도 있기 때문이다.[2] 인간 행동에 대한 경험적인 일반화가 아무리 지속적으로 관찰되더라도 그것이 인간 행동의 궁극적 법칙이 될 수는 없다. 인간 본

성에 관한 이론들은 보편적이거나 변하지 않는 진리를 반영하지 않는다. 대신, 그것들은 특정한 역사적·사회적 맥락의 영향을 받아 형성된 산물에 불과하다. 다시 말해, 이러한 이론들은 시대와 사회의 조건에 따라 달라질 수 있는, 우연적이고 조건적인 결과라고 볼 수 있다.

밀은 토마스 홉스Thomas Hobbes, 로버트 오언Robert Owen, 그리고 그의 스승인 제레미 벤담Jeremy Bentham이 제시한 성격 형성에 대한 기계론적 설명을 강하게 비판했다. 대신 인간을 이해하기 위한 대안으로 유기체적 관점을 제안하였다. 기계론적 입장을 가진 사상가들은 인간을 중력에 따라 움직이는 냇물에 비유했다. 그들은 주어진 조건 아래 방해가 없으면 인간은 자유롭게 활동한다고 보았다. 그러나 인간은 그 조건을 스스로 극복하거나 변화시킬 수 없는 존재로 간주하였다. 이에 반해 밀은, 인간이 사회 속에서 도덕적으로 자유롭고 자율적으로 발전하는 단순한 "증기 기관steam engine"[3]과 같은 기계가 아닌, 자율성을 지닌 살아 있는 유기체라고 보았다. 인간의 본성은 특정한 모델에 따라 구성되어 정해진 기능을 수행하는 기계와 달리, 내적인 힘inward forces에 의해 다양한 방향으로 성장하고 변화하는 생명체로 이해되어야 한다. 밀은 이러한 유기체적 비유를 통해 기존 성격 이론이 지닌 한계를 지적하며, 인간의 성격은 살아 있는 나무처럼 자율적으로 발달하고 형성된다는 점을 강조하였다.[4]

오언은 인간의 성격이 형성되는 데 있어 환경이 결정적인 역할을 한다고 본다. 그는 개인의 성격이 유전적 요인보다는 성장 과정에서 경험하게 되는 사회적·문화적 환경에 의해 주로 형성된다고 주장한다. 이러한 입장은 성격의 발달을 후천적 경험과 상호작용의 결과로 이해하려는 환경 결정론적 관점을 반영한다.

"인간의 성격은 예외 없이 사전에 발생한 원인에 의해 형성되며, 인간 행위 방향에 절대적인 영향을 준다. 따라서 인간은 절대적으로 스스로 자신의 성격을 만들어 갈 수 없다."[5]

오언의 성격 형성론은 마음을 환경이 빚어낸 결과로 파악한다는 점에서 로크^{Locke}의 백지상태$^{Tabula-Rasa}$론과 유사성을 지닌다. 오언은 성격의 형성과 발전이 개인의 자유로운 선택에서 비롯되지 않고 외적인 힘으로 규정된다고 본다. 다시 말해, 성격은 개인이 의도적으로 만든 결과라기보다, 개인이 환경에 적응하면서 자연스럽게 형성된다는 것이다.[6] 밀은 오언의 주장처럼 사전에 발생한 원인의 영향을 부정하지 않았다. 하지만 그는 인간이 자신의 의지를 바탕으로 스스로 성격을 형성할 수 있는 능력을 갖추고 있다고 보았다.[7]

오언과 밀의 성격에 관한 논의를 살펴보면, 오언의 결정주의는 자유를 허용하지 않는다. 반면에, 밀의 논의는 인간 마음의 자유, 구체적으로 '의지의 자유'를 강조한다. 오언의 논의에 의하면, 인간은 외부 환경에 의해 지배를 받기 때문에 자신의 행위에 책임을 질 필요가 없음을 의미한다. 그런데 홉스, 오언 그리고 벤담은 인간의 자유에 지대한 관심을 보이고 있고, 인간은 자유로워야 한다고 주장한다. 여기서 문제가 발생한다. 자신의 의지가 아니라 타율적으로 성격이 형성되고 행동이 환경에 의해 결정된다고 간주하였는데, 그렇다면 그들에게 인간의 자유는 무엇인가? 이를 해결하기 위해서는 홉스의 《리바이어던^{Leviathan}》을 참고할 필요가 있다. 홉스는 인간의 자유를 '언덕을 내려가는 물'에 비유하여 설명한다. 비록 물이 중력에 의해 영향을 받지만, 물이 방해 받지 않고 움직이는 한 자유롭다는 것이다.

홉스에 따르면, 자유는 외부의 방해 없이 움직일 수 있는 상태를 의미한다. 이는 물이 흐를 때 댐과 같은 장애물이 없는 경우 자유롭게 흐를 수 있는 것에 비유될 수 있다. 마찬가지로 인간도 자신의 보편적인 욕구와 목적에 따라 외부의 간섭 없이 행동할 수 있을 때 자유롭다고 본다. 홉스의 자유는 외부적인 방해가 없는 '운동'의 자유이며, 이는 의지의 자유와는 구별된다. 그는 자유를 "방해받지 않은 움직임"[8]으로 정의하며, 이는 행위 자체에 초점을 둔다. 반면, 밀은 자유의 개념을 외적인 제약의 부재뿐만 아니라 본질적으로 개인의 내면적 자율성과 자기결정의 능력이라는 차원에서 이해하고 있다. 그는 인간의 판단과 선택, 즉 내적 결정 능력에서 자유의 본질을 찾고자 하였다. 따라서 밀의 자유는 외적 조건보다 개인의 자율성과 이성적 숙고를 강조하는 개념이다. 내적 자유의 실현이 진정한 인간 발전의 핵심이라고 본다.

인간의 행동과 성격을 외부의 환경적 요인이나 필연성에 의해 결정된다고 보는 환경 결정론 관점은, 인간의 자율성과 도덕적 능력을 지나치게 축소한다. 이는 인간을 수동적이고 무기력한 존재로 만들어, 결국 인간의 자유 의지를 부정함으로써, 결과적으로 개인이 권위에 쉽게 복종하게 되는 길을 열어준다고 밀은 비판한다.[9] 나아가 밀은 이러한 입장이 도덕적 자율성과 비판적 사고의 기반을 약화한다고 지적한다. 하지만 밀은 한편으로 환경이 인간에게 영향을 미친다는 점을 부정하지 않는다. 그는 인간이 자신에게 유리한 환경을 선택하고 조성해 나갈 수 있는 능력을 지닌 존재라고 본다. 즉, 인간은 단순히 환경의 산물이 아니라 의지를 통해 자신의 성격을 형성하고 삶을 주도할 수 있는 주체적 존재이다.[10] 이처럼 밀은 인간 행위에 영향을 미치는 외적 요인을 인정하면서도, 동시에 내적 자유 의지의 가능성을 중시하였다. 그는 이러한 이중적 관점을 통해 개인의 자율성과 도덕적 책임의 정당한 기반을 마련하고자 하였다.

밀의 성격 형성에 있어서 개인의 자율성에 관한 논의는 벤담의 양적 공리주의와의 결별을 의미한다. 오언의 숙명론은 우리가 무엇이고 무엇이 되기를 바라는지에 대해 우리 스스로 결정할 수 없다고 본다. 우리들의 욕구는 환경에서 비롯되기 때문에 자신이 통제할 수 없다. 그러나 밀은 의지의 자유를 이용하여 숙명론 논의를 부정하고 있다. 사람의 욕구는 개인의 성격 혹은 사회 환경 등의 인과 관계로 인해 나타난다. 그렇지만, 인간은 자신의 의지로 환경을 선택할 수 있다. 밀은 이 주장을 통해서 벤담의 공리주의에 근거한 자유와 공리주의 전제를 재구성하고자 하였다.

벤담이 발전시킨 공리주의는 과학적 합리성을 중시한 계몽사상에서 직접 비롯되었다. 과학적인 방법이 어떻게 철학에 이용될 수 있는가? 밀은 벤담이 새로운 합리적 계산 방법을 도입한 것을 찬양하였지만, 경험, 미학, 사랑, 혹은 영적인 관심 등과 같은 인간의 마음에 영향을 주는 다른 영향력들을 간과하였다고 지적하였다. 밀은 벤담의 가장 큰 업적이 철학을 단순한 사색이 아니라, 과학처럼 체계적으로 탐구하는 방법을 도입한 데 있다고 설명한다.[11] 이러한 측면에서 벤담의 업적 중 하나는 바로 양적 개념의 쾌락 계산felicific calculus에 근거한 '최대 다수의 최대 행복'이라는 생각이다. '최대 다수의 최대 행복' 원리는, 인간은 본질적으로 합리적인 피조물이기 때문에 어느 특정 행위에서 비롯되는 잠재적 기쁨과 고통을 계산하고, 이에 근거하여 행위를 결정한다고 본다. 벤담의 체계적이고 실증적인 공리주의 사상은 제임스 밀James Mill에 의해 그의 아들인 존 스튜어트 밀John Stuart Mill에게 주입되었다.

벤담의 공리주의는 행복의 최대화를 사회의 궁극적 목표로 삼는 철학적 체계로 잘 알려져 있다. 그러나 그의 이론은 몇 가지 전제에 기반하고 있다. 그중 하나는 인간의 성격과 의지를 획일적이고 보편적인 것으로 간주한다는 점이다. 벤담은 인간의 욕구와 선택이 본질적으로 동일하다고 가정하였다. 이에 인간 행위는 정량적이고 계산이 가능하다. 이러한 관점에서 볼 때, 그의 이론은 인간의 다양성과 개별성을 충분히 고려하지 못한다. 이러한 전제 아래에서 벤담이 상정한 이상적 사회는, 자율성과 창의성보다 질서와 예측 가능성에 바탕을 둔 '정적인 세계'이다. 그는 사회 전체의 행복을 극대화하기 위해 안정된 사회 구조와 통제된 질서를 강조하였으며, 이는 결과적으로 인간을 변화하고 개방적인 존재로 보기보다는 조정 가능한 존재로 간주하는 경향을 드러낸다. 이러한 사상은 벤담의 대표적인 사회 통제 모델인 '패놉티콘Panopticon' 감옥 설계에서 극명하게 나타난다. 이 모델은 모든 개인의 사적 공간과 자발적인 행위까지 감시하고 규율하는 구조를 특징으로 한다. 또한 효율성과 질서 유지를 위해 개인의 자유를 체계적으로 제한하는 메커니즘을 포함한다.

벤담은 인간을 기계처럼 작동하도록 설계된 존재로 보았고 이에 대해 그는 다음과 같은 언급을 남기기도 했다. "사람들을 기계라고 부르자. 그들이 행복하다면 그것으로 충분하다."[12] 이 인용문은 벤담이 인간의 자유로운 내면성과 윤리적 주체성보다 외적 결과와 효율성에 중점을 둔 공리주의 사상을 잘 드러낸다. 그의 관점은 도덕적 판단을 주로 결과 중심으로 바라보는 특징이 있다. 그의 사상은 자율적 판단이나 도덕적 성숙, 개성의 발현을 소홀히 하고, 인간을 다양한 가능성을 지닌 주체로서가 아니라 단지 행복을 달성하기 위한 기능적 존재로 한정하는 면이 있다. 이러한 점에서 벤담은 '열려 있는 인간', 즉 변화하고 발전하며 자기 자신을 형성할 수 있는 존재로서의 인간상을 수용하지 않았다고 볼 수 있다.

밀은 벤담의 인간 본성에 대한 이해와 공리주의적 접근을 강하게 비판하였다. 벤담이 인간의 행동과 동기를 지나치게 단순화한 관계로 도덕성과 정서적 측면을 간과했다고 밀은 주장한다. 그는 다음과 같이 피력한다. "인간의 본성에 대한 벤담의 지식은 한정되어 있다. 경험이 적은 사람의 경험주의에 불과하다."[13] 이는 벤담이 인간의 복잡한 내면과 도덕적 동기들을 충분히 이해하지 못한 채, 협소한 경험과 논리적 추론에만 의존했다는 밀의 평가를 보여준다.

밀에 있어 인간은 이성, 감정, 도덕성을 조화롭게 활용하여 스스로 완성해 나가는 존재이다. 그는 인간이 자신의 내적 가능성과 도덕적 이상을 실현하려는 성향을 지닌다고 보았다. 이는 획일적인 도덕 기준이나 인간 모델로는 설명할 수 없는 부분이다. 인간은 다양하고 복잡한 사회 환경 속에서 살아간다. 그러한 환경의 영향을 받으면서도 자신의 삶을 주체적으로 구성하고, 다양한 방식으로 자아를 실현하려는 능동적인 존재이다.

이러한 관점에서 밀은 벤담의 주장과 달리, 성격의 보편성을 부정한다. 그는 인간의 성격이 개인이 속한 사회와 문화적 조건에 따라 다양하게 형성된다고 본다. 어떤 사람도 정해진 하나의 유형으로 환원될 수 없다. 따라서 사람은 자신이 속한 사회의 구조와 맥락을 인식해야 하며, 그 안에서 자신의 정체성을 주체적으로 형성하며 잠재력을 최대한 실현하려는 존재로 이해되어야 한다.

개인 개념의 형이상학적 오류: 실체론에서 관계론의 개인으로

18세기 자유주의자들은 자연 상태에 존재하는 인간을 상정하고, 이를 바탕으로 정부와 신념 체계를 설계했다. 그러나 밀은 이러한 자연 상태를 단지 편리한 환상으로 보았다. 그는 이것이 인간이 마치 모두 동일한 존재라는 잘못된 가정을 정당화하기 위한 수단에 지나지 않는다고 비판했다. 그는 다음과 같이 말했다.

> "이 자연 상태는 단지 편리한 환상일 뿐이며, 이를 통해 영국인, 중국인, 북미 원주민, 해방된 노예들이 모두 동일한 욕구로 인해 동기 부여되고 동일한 방식으로 상황을 인지한다는 가정으로 가능하게 한다."[14]

이는 밀과 토크빌 모두 인간과 사회를 단순화된 추상적 관점이 아닌 역사, 문화, 사회 맥락에서 이해해야 한다고 주장한 점을 강조한다.

벤담의 사회 이론은 인간 개인에 대한 추상적이고 고정된 개념을 중심으로 구성되어 있다. 그는 인간의 욕구와 필요가 이미 고정된 정태적인 성질을 지닌 것으로 간주하였고 이를 바탕으로 인간 본성을 분석하였다. 그리고 어떠한 사회적 제도나 정치적 장치가 인간의 욕구를 가장 효과적으로 충족시킬 수 있는지를 탐구하고자 하였다. 벤담은 인간을 변화 가능성을 지닌 존재라기보다는 예측이 가능한 심리적 본성을 지닌 존재로 이해하였다. 이에 사회 제도는 이러한 고정된 본성을 효율적으로 조율하는 방향으로 설계되어야 한다고 보았다.

벤담의 인간관은 선험적 자연권을 강조한 계몽주의 사상가들의 입장과 일정 부분 맥을 같이한다. 이들은 개인의 자유를 논의할 때 자연스럽게 선험적 자연권의 개념을 전제하며, 그것을 인간 본성에 근거한 보편적 권리로 간주하였다. 그러나 밀은 이러한 자연권 담론이 실제로는 역사적이고 사회적인 권력 관계 속에서 형성된 결과임에도 불구하고, 그것을 마치 변하지 않는 본질로 오인하는 태도를 비판한다. 그는 자연권 개념이 '존재하지 않는 가상의 자연 상태 the imaginary being nature'를 전제로 인간을 설명하려는 시도에 근거하고 있으며, 이는 비현실적일 뿐 아니라 철학적으로도 문제라고 보았다.[15] 이에 밀은 다음과 같이 지적한다. "만약 우리가 외부 대상에 대해 갖는 유일한 관념이 감각에 기초한 것이라면, 감각에 의존하지 않는 개념화 자체가 불가능하며, 그러한 대상을 지각한다고 상상하는 것 또한 불가능하다."[16] 이 발언은 그가 경험론적 인식론에 근거하여 인간 존재와 권리의 문제들이 구체적 경험과 감각을 기반으로 이해되어야 한다는 견해를 분명히 보여준다.

따라서 인간 행위를 '보편적인 인간 본성'이라는 하나의 형이상학적 잣대로 설명하려는 시도는 한계가 있다. 이는 개별 개인들의 역사적 · 사회적 맥락을 무시하여 경험적 근거를 간과하기 때문이다.[17] 현실의 인간은 결코 추상적이고 보편적인 존재가 아니다. 상호 관계망 속에서 역사성을 지닌 복합적 존재이다.[18] 밀에 있어서 '인간 본성'은 사회와 역사의 발전 과정에서 부수적으로 나타나는 결과이다. 이를 독립적이고 변하지 않는 실체로 보는 것은 부적절하다.

이에 밀은 보편적이고 추상적인 권리 개념에 머무르지 않고 개인과 사회의 발전에 실제로 도움이 되는 '진보하는 인간의 영원한 이익'을 공리(功利)의 중심에 두었다. 또한 사람들 간의 관계적 역학을 강조하였다. 그의 논의는 무엇보다도 인간의 경험과 실천에 근거한다. 밀은 신학적, 종교적, 초자연적 설명을 거부한다. 형이상학적인 선험적 논의가 더 이상 생산적인 철학적 논의를 가능케 하지 못한다고 판단하였기 때문이다. 그는 형이상학적 접근을 지양하고, 공리주의에서 말하는 행복 개념과 연관하여 인간 본성을 경험적 차원에서 설명하고자 하였다. 특히 밀은 사회계약론자들이 상정한 선험적 자아, 즉 신으로부터 부여된 독립적인 개인 실체론을 비판했다. 저자는 개인 간의 관계를 중시하는 관계론의 입장에서 인간의 자유를 논의하는 밀의 접근을 강조한다.

사회계약론자들은 모든 인간이 보편적인 본성을 지니고 있으며, **그림 1**과 같이, 상호 안전과 이익을 위해 계약을 맺어 사회와 국가를 형성한다고 보았다. 이 관점에 따르면, 개인은 본질적으로 독립적인 존재이며, 개인과 개인이 서로 맺는 관계는 시간과 문화적 맥락에 따라 다양한 형태로 나타난다. 사회계약론은 개인과 사회를 분리된 실체로 파악한다. 그러다 보니 개인의 자유와 사회 질서 간에 본질적인 긴장과 갈등이 존재함을 전제로 한다.

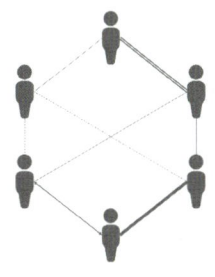

그림 1 홉스, 로크, 루소의 계약론[19]   그림 2 존 스튜어트 밀의 인간관[20]

　사회계약론자들과 달리 밀은, 개인은 이기주의자가 아니라 자신과 타인의 발전을 동시에 도모하고자 노력하는 사람이며, 다양한 삶의 방식을 받아들이면서 서로서로 격려하고 자극을 주는 삶을 추구해야 한다고 보았다.[21] 사회는 계약에 따라 형성되는 것이 아니고 '사람들 간의 관계'에 의해 나타난다. 사람들은 자신의 삶을 살면서 수많은 사람들과 관계를 맺는다.[22] 그림 2에서 보듯이 사람들은 계약론에서 주장하는 것과 달리 각자 다른 모습을 갖고 있으면서 각자가 추구하는 자신의 삶을 영위한다. 사람들은 다른 사람들과 관계를 맺으며 자연스럽게 각자의 사적 공간이 중첩된다. 이에 타인에게 해를 끼치는 경우가 발생하기도 한다. 각자의 모습이 다르듯이, 개인들이 추구하는 행복의 모습은 다양할 수밖에 없다. 밀의 사회는 자유스러운 환경 속에서 개인들이 자신의 행복을 위해 노력하며 나타나는 관계의 망이다.

낭만주의자들의 논의 재구성

　밀은 대륙의 합리주의와 영국의 경험주의에 영향을 받았다. 밀은 합리주의와 경험주의 논의에 문제가 있음을 지적하면서 자신의 논리를 만들고자 노력하였다. 이를 위해 밀은 낭만주의자들의 개인에 관한 논의를 참고하였다. 이러한 작업을 통해 밀은 개별성을 중요하게 생각했다. 밀은 《자유론》에서 사람들이 자신의 개별성을 발전시키는 데 필요한 사회적·심리적인 공간의 필요성에 대해 논의하고 있다. 자기 발전과 자신의 독특한 성격을 계발하는 것은 밀이 중요하게 생각하는 부분이다. 개별성 추구는 자신뿐만 아니라 사회 발전을 위해서도 매우 중요하다. 밀은 환경에 의해 모든 성격이 형성되고 발전한다는 필연성을 부정했다. 이를 근거로 그는 자신의 논의를 전개했다. 인간 내부의 힘이 과연 무엇이고, 내부의 힘이 자유롭게 작동하기 위해서는 무엇이 필요한지에 대한 논의를 위해 노력하였다. 인간의 심리적 자유를 가능하게 하는 내부의 힘을 간과한 벤담의 공리주의를 편협하다고 헐뜯는 이유이다.

밀은 인간 본성에 대한 이해에 있어 낭만주의자들의 작품들로부터 큰 영향을 받았다. 낭만주의자들은 인간 본성을 고정된 실체가 아니라 끊임없이 변화하고 다양한 특징의 유동적인 존재로 보았다. 이들은 각 개인이 독특하고 개별적인 개성을 지녔으며 그 다양성과 활력이 인간 본성의 본질적인 부분이라고 보았다. 낭만주의적 관점에서 인간은 서로 비교 불가능한 존재이다. 재능과 성향의 차이가 매우 크기 때문에 개인은 자신의 고유한 잠재력을 실현하기 위해 끊임없이 노력해야 한다는 점이 강조되었다.[23] 밀은 이러한 낭만주의적 통찰을 자신의 사상 목적에 맞추어 재해석하고 각색하였다. 그는 인간 본성의 변화 가능성과 개별성에 대한 낭만주의의 강조를 수용했다. 동시에 이를 개인의 자기실현과 자유 문제에 대한 자신의 공리주의 및 자유주의 논의와 연결하였다. 즉, 밀은 인간의 다양성과 개성을 존중하는 낭만주의적 시각을 바탕으로 개인의 차별성과 자기표현을 중시하는 복합적이고 유연한 인간 이해를 제시하고자 하였다.

밀은 낭만주의자들의 논의를 참고하여, 사람은 열려 있는 성격을 갖고 있고, 다양한 욕구와 동기가 있는 사람[24]이라는 자신의 논의를 발전시켰다. 인간의 본성을 알기 위해서는 탐구하고자 하는 주제에 친숙해야 한다. 인간은 자신이 처한 환경의 논리에 영향을 받기도 하지만 자신이 적극적으로 환경을 만들어 가기도 한다. 인간을 에너지, 욕구 그리고 기질들tendencies의 조합으로 밀은 설명하고 있다. 자신의 능동성으로 자기 내면의 모습을 끊임없이 만들어 가는 과정이 인간의 진정한 모습이다. 밀은 내면의 모습을 자신만의 문화self-culture[25]라고 하였다.

밀은 인간의 무한한 능력에 커다란 관심이 있다. 인간이 갖고 있는 가능성, 즉 능력 외에 가치가 있는 것은 없다. 인간의 능력은 훈련으로 강화될 수 있다. 밀은 인간 본성의 유연성을 강조하면서 인간 스스로 자신을 변화시킬 수 있는 능력이 있다고 믿었다. 이러한 믿음이 밀이 개별성 계발을 중요하게 강조한 이유이다. 사람들이 자신의 본성과 사회적 존재를 변화시킬 수 있는 능력들이 축적되면서 결과적으로 인간 문명의 진보가 가능하다. 밀은 무엇보다도 개인 능력의 발전이 사회 발전을 가능하게 한다고 보았다. 벤담과 제임스 밀은 태어날 때 주어진 인간 능력을 발휘할 수 있는 제도적 장치를 강조하였다. 반면에 밀은 인간 능력의 계발에 초점을 두고 있다. 바로 이러한 맥락에서 밀은《자유론》을 통해 개별성의 중요성을 언급하고 있다.

밀은《여성의 종속》에서 빅토리아 시대의 강압적인 남녀 관계의 전통으로 인해 여성의 능력이 제대로 발전될 수 없음을 개탄하였다. 그렇다고 해서, 밀은 사람들이 어떠한 종류의 삶을 목적으로 해야 하는가에 대한 명료한 해답은 제시하지 않았다. 다만, 밀은 인생의 목적이 개인에 따라 다양하다고 보았다. 갖고 있는 다양한 잠재력에 따라, 모든 사람은 자신의 잠재성을 발전시킬 수 있는 자신만의 삶의 계획을 세우지만, 모든 사람이 몇몇 혹은 소수의 패턴에 따라 자신의 삶을 꾸려가야 할 이유는 없다.[26]

사람들은 신중하게 선택하고 목적을 설정하고 그것을 성취하고자 노력함으로써 자신을 발전시킨다. 세상에 대한 지식이 증가함에 따라 사람들은 새로운 목적을 설정하게 된다. 또는 자신의 기존 목적을 새로운 형태로 재정비한다. 환경을 변화시키며 자신과 다른 사람들의 경험으로부터 학습하면서 자신의 삶의 계획을 조정한다. 인간의 발전은 고립되어 있고 서로 간의 관계가 없는 일련의 행위에서는 가능하지 않다. 수많은 사람들과 관계를 맺으면서 자신과 다른 혹은 유사한 삶을 관찰한다. 인생에서 수많은 실험experiences of life을 직·간접적으로 경험하면서 무엇이 옳고, 무엇이 자신에게 좋은지를 스스로 결정한다. 밀의 개인은 독립적인 존재이고 자신 삶에 책임을 지고 있는 관계의 개인이다. 따라서 밀의 개인은 다른 사람들, 나아가 사회에 무엇이 도움이 되는지를 생각한다.

밀이 생각하고 있는 사회는 무기력하고 게으른 것보다 활동적인 사람들이 있는 곳이다. 이는 훔볼트Humboldt의 그것과 유사한데, 정치적인 공동체는 "무기력한 행위가 특징인 대중의 삶의 집합체가 아니다. 활발하고 기쁨이 넘치는 활력이 충만한 집단이어야 한다."[27] 라고 훔볼트는 서술한다. 훔볼트가 생각하고 있는 사회는 동료애가 풍부한 곳이다. 개인들이 다른 사람들과 얽혀 살면서 자신과 다른 사람들의 삶을 풍부하게 하는 그곳이 사회의 모습이다. 사람들은 자신들의 개별성을 포기하기 위하여 서로 결합하여 있는 것이 아니다. 자신들의 고립을 감소시키기 위하여 그들 간의 열린 커뮤니케이션을 추구해야 한다.[28] 다양한 결합체를 위한 사회 교류는 다른 사람들의 내면 깊숙하게 자리하고 있는 개별성을 파악하고자 하는 노력의 일환이다. 나아가 다른 사람들의 개별성을 내면 깊은 곳에서 우러나오는 마음으로 존경하기 위함이다. 밀은 훔볼트와 유사하게 《자유론》에서 다음과 같이 주장하고 있다. "자신의 개별성이 발전할수록 각 개인은 자기 자신에게 매우 소중해진다. 따라서 그들은 다른 사람들에게도 매우 중요한 존재가 된다."[29] 밀은 인식하기를, 사람은 관계적 존재로서 다른 사람들과 경쟁하고 협조하기도 하고 갈등하면서 궁극적으로 자기 인생의 계획을 스스로 계획하고 바꾼다. 밀은 사람을 관계의 존재로 간주하였기 때문에 자연스럽게 그의 공리주의에서 인간의 도덕성, 즉 사회성을 강조하였다.

행복 개념의 재구성

토마스 칼라일의 반(反)자아 이론

밀은 《자서전》에서 정신적인 위기를 거치며 다음의 두 가지를 절실하게 깨달았다고 서술한다. 첫째, 행복은 인지하는 것이 아니라 경험하는 감정이다. 둘째, 공감의 능력을 계발하여 자신의 자아를 초월할 필요가 있다. 벤담의 공리 원칙은 "모든 사람을 한 사람으로 간주하고, 누구도 한 사람 이상으로 간주하지 않는다."는 것이다.[30] 따라서 개인들의 이익을 동등하게 고려해야 한다. 밀은 벤담의 공리주의를 포기하지 않았다. 다만 기존의 공리주의 원리를 재구성하고자 하였다. 행복은 모든 행동의 적절성을 평가하는 기준이며, 궁극적으로 인간 삶의 목적을 규정하는 핵심 원리이다.

그러나 행복을 목적으로 해서는 도달할 수 없음을 밀은 강조한다. 행복 자체보다는 다른 것들을 목적으로 했을 때만이 행복할 수 있다.[31] 밀은 벤담과 달리 행복을 객관적인 기준으로 정의를 내릴 수 없다고 보았다. 행복은 개인의 주관적인 감정이다. 자신이 행복하다고 인지하는 것이 아니라 행복의 감정을 경험하는 것이다. 따라서 밀은 질문한다. "당신은 행복한가? 행복의 정의가 무엇인가?"[32] 사람들은 이러한 질문을 받으면, 대부분 행복을 감정이 아니라 인지 차원에서 설명하고자 한다. 바로 이 점을 밀은 지적하고 있다.

밀이 정신적인 위기를 느끼기 전에는 벤담의 주장을 받아들여서 행복 추구가 바로 사회 개혁이라는 등식을 갖고 사회 제도를 개혁하고자 하였다. 그러나 단순히 외부 환경을 개혁한다고 해서 개인의 행복이 보장되는 것이 아님을 깨달았다. "당신의 모든 목표가 이루어진다고 가정해 보라. 당신이 기대하는 모든 제도와 의견의 변화가 이 순간 완전히 이루어질 수 있다면, 이것이 당신에게 큰 기쁨과 행복이 될 것인가?"라는 질문이 떠올랐다. 하지만 거부할 수 없는 자기 인식이 뚜렷하게 "아니!"라고 대답했다. 이 대답에 밀의 마음은 무너졌고, 그의 인생을 지탱하던 모든 기초가 무너졌다. "나의 모든 행복은 이 목표를 지속적으로 추구하는 데서 발견될 것이었다. 그러나 그 목표는 더 이상 매력을 잃었고, 나는 더 이상 살 이유가 없다."[33] 밀이 매력을 잃은 목표는 세상의 개혁을 통해 달성할 수 있는 행복이었다. 그는 자신의 행복 개념이 전적으로 이 목표와 동일시되었다고 주장했다. 그러나 그 목표의 정의가 모호하다. 과연 세상의 개혁은 무엇이고 어디까지인지를 명확하게 파악하기가 어려웠다. 세상을 개혁하기 전에 개인이 변화해야 한다는 것을 깨달았다.

밀은 개인의 내면적인 세계가 중요함을 인식하였다. 이를 위해 그는 토마스 칼라일Thomas Carlyle의 반(反)자아 이론anti-self consciousness theory을 강조하고 있다. 밀이 반자아 이론을 높이 평가한 이유는 바로 자아 개념의 변화와 밀접한 관련이 있다. 벤담의 철학은 개인의 이익에 초점을 맞추고 사회를 단순히 개인들의 총합으로 간주한다. 이에 그는 개인의 자아가 무엇보다도 중요하다는 인식에 기반을 두고 있다.[34] 반면에, 반자아 이론은 벤담이 개인의 이익에만 초점을 맞춘 접근의 한계를 보완하고자 등장했다. 이 이론은 이기적 자아를 넘어서 타인에 대한 진정한 이해와 배려, 즉 사적 이해관계를 초월한 '공감'의 능력을 함양하는 데 적합한 관점으로 간주한다.[35]

행복은 주관적인 감정이다. 자신이 행복한지를 의식적으로 인지하고 판단하는 행위는 어불성설이다. 이러한 측면에서 밀은 칼라일의 반자아 이론을 근거로 하여, 행복을 인식하고 판단하지 말아야 한다고 주장하고 있다. 즉, 밀은 인간이 행복을 추구해야 한다고 보면서도, 행복 자체가 최종 목적이 되어서는 안 된다고 주장한다. 행복을 추구하기 위해서는 행복을 인생의 목적으로 하지 말며, 다른 무엇을 인생의 목적으로 해야 한다. 행복은 인지하는 것이 아니라 본인 자신이 지나가는 길en passant에 느끼는 감정이다.[36] 궁극적인 목적은 직접 증명할 수 없다. 어떤 것이 선good이라는 사실을 증명하고자 할 때, 그것이 선이라고 증명하는 대신에 선을 얻는 데 도움되는 수단을 증명함으로써 선의 목적을 증명할 수밖에 없다. 예를 들면, 의학이 건강을 증진하기 때문에 선이라고 증명되지만, 건강이 선이라는 것을 직접적으로 증명할 수 있을까? 음악이 여러 이유 중에서 즐거움을 가져다주기 때문에 선하다고 증명할 수 있다. 그러나 즐거움이 선이라는 것을 어떻게 증명할 수 있을 것인가.[37] 밀은《공리주의》에서 행복이라는 제1차 원리를 가능하게 하는 제2차 원리에 대해 논의하고 있다.

밀은 반자아 이론이 사회적 도덕을 개혁하려는 시도에 도움이 될 수 있다고 판단했다. 그는 이 이론이 사회에 깊이 자리한 이기심을 완화하고 인간의 행위를 도덕적으로 이끌 수 있다고 보았으며, 나아가 이를 인간의 이기심을 치유하는 일종의 해독제로 이해했다.[38] 밀은《자서전》에서 개인의 행복과 사회의 진보를 위해 다음의 두 가지 요소가 필수적이라고 보았다. 첫째, 개인은 자기중심적 관심을 넘어서 보다 넓은 차원의 목적과 가치를 추구함으로써 자아를 초월할 필요가 있다. 둘째, 타인의 감정과 관점을 이해하고 공감하는 능력을 함양함으로써, 사회적 연대와 도덕적 성숙을 끌어내야 한다. 이를 위해 밀은 칼라일의 반자아 이론을 채택하였다.

밀은 청년기에 벤담의 공리주의, 즉 이성과 계산에 기초한 쾌락주의 윤리를 철저히 교육받았다. 그러나 그는 "인류의 행복을 증진해도 내가 기쁘지 않다면?"이라는 의문을 통해 실존적 위기를 경험하게 된다. 이 위기는 단순한 심리적 좌절이 아니라, 공리주의 윤리의 한계를 자각하는 계기가 되었다. 이후 밀은 토머스 칼라일의 반자아 이론을 통해 자아중심적 개인주의를 넘어서 더 넓은 도덕적 세계와의 관계를 사유하기 시작한다. 칼라일은 자아를 해체하거나 소멸시켜야 할 대상으로 보지 않았다. 오히려 그는 자아를 윤리적이고 역사적인 질서에 헌신하게 만드는 자기 초월의 태도를 중요시했다.

밀 또한 자아를 완전히 없애거나 부정해야 한다고 보지 않았다. 오히려 그는 개인이 스스로 성찰하고 도덕적으로 성장해 나가는 과정을 매우 중요하게 여겼다. 단순히 자신을 내려놓는 것이 아니라, 자신의 삶과 선택을 깊이 있게 되돌아보며, 그 안에서 더 나은 사람이 되려는 노력이 필요하다고 간주하였다. 그에게 자유란 단지 '하고 싶은 것을 할 수 있는 권리'만을 뜻하지는 않았다. 그는 자유를, 스스로 생각하고 판단할 수 있는 능력을 갖춘 성숙한 존재로 자라나는 과정으로 이해했다. 다시 말해, '선택할 수 있는 자유'보다 더 중요한 것은 '무엇을 선택해야 할지 판단할 수 있는 내면의 힘'이다. 이러한 생각은 밀의 대표 저작인 《자유론》과 《공리주의》 속에서 잘 드러난다. 두 책 모두 개인의 자유와 책임 그리고 사회적 선을 연결하려는 그의 철학이 담겨 있다. 밀은 칼라일의 '자아를 넘어서 더 큰 목적에 헌신하라'는 반자아 이론에서 영감을 받았다. 밀은 칼라일의 사상을 수용하여 개인의 자유, 자율성, 민주주의의 가치와 결합했다. 그 결과 그는 자기 초월의 윤리를 보다 자유주의적인 방향으로 재구성하였다. 이를 통해 자신만의 고유한 실존 윤리를 확립하고자 하였다.

밀은 행복은 모든 행위의 시금석이자 목적이라는 벤담의 공리주의를 (완전히) 포기하지는 않았다. 다만, 행복이 직접적인 목적이 되어서는 안 되며, 다른 목적을 이루고자 노력하는 과정에서 행복을 경험할 수 있음을 알게 되었다. 예를 들면, 자신의 행복이 아니라 타인의 행복, 인류의 발전, 혹은 예술과 같은 가치를 수단이 아닌 목적으로 삼아 진정성 있게 추구하는 사람들이 행복을 경험한다고 보았다.[39]

밀이 반자아 이론을 중요하게 고려한 이유는, 그가 개인을 고립된 실체로 간주하기보다는 사회적 맥락 속에서 구성되는 관계적 존재로 이해했기 때문이다. 개인은 고정된 본질이나 자족적인 실체가 아니라, 타인과의 상호작용, 사회적 제도, 문화적 조건 속에서 끊임없이 형성되고 변화하는 존재이다. 이러한 관점은 전통적 자유주의에서 나타나는 자율적이고 독립적인 '자아' 개념과는 구별되며, 인간 주체를 사회와 도덕의 관계망 안에서 이해하고자 하는 밀의 사상과 맞닿아 있다.

1826년 이전[40], 밀은 자신을 벤담주의자로 규정하며, 사회를 개혁하는 행위 자체를 자신의 행복과 동일시하였다. 이는 밀이 당시 공리주의의 기본 원칙에 따라 사회 진보와 개인 행복을 긴밀히 연결하여 이해했음을 시사한다. 밀 역시 개인의 이익이 행동의 중요한 동기임을 인정하면서도, 벤담이 간과한 타인과의 관계와 상호작용의 중요성을 부각하였다. 이와 관련하여 밀은 자아를 초월하여 타인과의 유대와 협력을 가능케 하는 이타적 공감, 즉 '사심 없는 공감'을 강조하였다.[41]

밀의 관점은 개인주의와 사회적 유대 간의 균형을 모색하는 데에 있다. 이는 인간 행위의 복합적 동기를 풍부하게 이해하려는 시도로 해석할 수 있다. 밀은 공리주의 목적을 포기하지 않았다. 나아가 개인 행위의 주요한 동기로서 개인 이익의 중요성을 부인하지 않았다. 그러나 개인 이익의 중요성을 강조하는 과정에서 도덕성을 충분히 설명하지 못하는 한계가 드러났다. 이러한 점에서 밀은 벤담의 공리주의를 수정하기에 이르렀다. 벤담의 사회 철학을 수정하기 위하여 밀은 공감의 중요성을 기존의 공리주의에 적용함으로써 자신만의 도덕성 논의를 전개하였다.

쾌락의 질의 개념

밀은 벤담의 공리주의를 수정하고자 노력하였다. 행동의 동기로서 개인 이익의 역할을 부정하지 않았다. 다만, 사람들의 공감 능력을 공리주의의 도덕 철학에서 구체화하는 방안에 대해 모색하기 시작하였다. 밀은 진정한 행복은 사람들의 "동물의 욕망appetites이 아닌 고도의 세련된 능력elevated faculties"[42]을 활용하는 데서 비롯된다고 주장한다. 이러한 맥락에서 공리주의의 궁극적인 목적은, 사람들이 자신들의 능력 중에서 최상이라고 생각하는 능력을 계발할 수 있도록 하는 것이다. 이때 밀이 주장하는 최상의 능력을 파악하기 위해서는 밀이 제시하고 있는 "능숙한 판단자competent judges"[43]의 의미를 이해할 필요가 있다.

밀은 벤담과 같이 일반화의 공리를 계산하는 방법을 제시하지 않고, 자기 행복을 위해 무엇이 도움 되는지를 스스로 판단할 수 있는 능력을 강조한다. 밀의 공리주의는 사람이 자신의 발전을 위해 무엇을 추구해야 하는지 스스로 판단할 수 있는 능력을 발전시키는 방법[44]을 제공하고 있다. 기존 공리주의가 쾌락을 유쾌한 감각으로 환원하여 이를 수량화하려 했던 반면, 밀은 행복을 단순한 '환희의 생활'로 보지 않았다. 오히려 행복은 소수의 일시적인 고통과 다양한 쾌락이 복합적으로 어우러진 상태이다. 이 가운데 수동적인 쾌락보다 능동적인 쾌락이 훨씬 더 중요한 역할을 차지한다는 점을 강조하였다.[45] 이는 행복의 개념에 질적인 깊이를 더하는 역할을 한다. 그 결과 단순히 쾌락의 양을 계산하는 방식을 넘어, 풍부하고 다층적인 관점에서 행복을 이해하게 된다. 개인의 행복은 자신의 삶을 자신이 스스로 설계하고 판단하고 행동함으로써 가능하다. 밀의 《공리주의》에서의 능숙한 판단자 개념은 《자유론》의 개별성 논의와 맥을 같이한다. 밀이 《공리주의》에서 제시한 질 높은 쾌락은 밀의 개별성에 관한 논의와 연결하여 고려할 때 의미가 있다.

인간은 자신의 삶에 대해 책임지는 목적성을 가진 행위자이다. 따라서 자신에게 도움이 되는 것이 무엇인지를 스스로 결정해야 한다. 이러한 점에서 밀의 공리주의는 벤담의 공리주의와 전혀 다르다. 벤담의 공리주의는 인간의 행복에 대해서 최종적인 해답final answer을 제공하고 있으나, 밀은 그렇지 않다.[46] 밀이 강조하고 있는 '스스로 결정하는 능력'을 고려할 때, 밀에 있어서 행복이란 결코 최종적인 해답이 없다. 인간의 발전은 사회 발전을 위해 필요하다. 그러나 인간의 발전은 하나의 모습을 갖고 있지 않고 다양하며 각각의 가치가 있다. 사람이 스스로 자신이 선택한 가치와 행위가 자신에게 도움이 된다고 하면 그것으로 충분하다. 그러다 보니, 밀에 있어서 행복은 벤담과 같이 양적으로 환산할 수 없다. 벤담의 공리주의는 인간의 개인 이익을 인위적으로 동질화시켜 개인 이익이 일반적인 이익이 될 수 있도록 교육해야 함을 강조하고 있다.[47] 이를 통해 개인의 이익 만족을 수량화하여 총량으로 행복의 극대화를 도모하였다. 밀은 주장한다. 행복을 구성하고 있는 요소들은 다양하고, 각 요소는 다양한 요소들이 하나로 뭉쳐 있을 때만 바람직한 것이 아니라, 그 자체로도 바람직하다.[48]

의도한 판단, 고도의 쾌락, 능숙한 판단자

밀의 공리 개념은, 현대 경제학에서 사용하는 '인간의 욕구를 충족시키는 사물의 속성'으로서의 효용성 개념과는 본질적으로 다르다는 점에 주목할 필요가 있다.[49] 경제학의 효용성은 사람들의 욕구와 깊은 관계가 있다. 인간은 만족을 극대화하는 반면에 노력을 최소화하고자 노력한다. 이러한 의미의 효용성은 인간은 자기 이익에 의해서만 행위를 한다고 간주하면서, 경제학에서의 '효용성'이라는 개념이 '공리'와 혼동되는 경우가 많다. 그러다 보니 오늘날 밀의 공리주의에서 '공리'를 '효용성'으로 번역하는 사례가 자주 나타난다.

공리를 경제학적인 용어인 효용성으로 번역하다 보니, "찰나적인 쾌락"을 의미하는 것으로 오해하기도 한다.[50] 이로 인해 밀의 도덕성 강조를 간과하는 결과가 나타난다. 밀의 공리주의는 인간의 욕구 충족을 궁극적인 목표로 삼고 있지만, 이는 고립된 개인이 아닌 타인과의 상호 관계 속에서 자신의 욕구를 최대한 실현하고자 한다는 점을 분명히 인식할 필요가 있다. 이런 의미에서 밀의 공리주의의 핵심은 바로 인간의 도덕성에 대한 논의이다.

나아가 밀은 인간의 욕구 충족을 양이 아니라 질의 차원에서 논의하면서 자신의 공리주의를 다음과 같이 제시하고 있다. 행위가 도덕적으로 옳은지 그른지는 그것이 얼마나 행복을 증대시키는지에 달려 있다. 행복은 고통이 없고 의도된 쾌락을 경험하는 상태로 정의된다. 반면 불행은 쾌락이 부족하고 고통이 수반되는 상태로 이해된다.[51] 따라서 도덕적 판단은 궁극적으로 행위가 개인이나 사회의 행복에 미치는 영향을 기준으로 이루어진다.

밀의 공리주의를 말하면, 거의 모든 사람이 다음의 말을 읊조린다. "만족한 돼지보다 불만족한 인간이 낫고, 만족한 바보보다는 불만족한 소크라테스가 되는 것이 낫다."[52] 많은 사람들이 밀의 이 말에서 육체적인 쾌락과 정신적인 쾌락을 구별하여, 자연스럽게 정신적인 쾌락을 추구하는 것이 인간이라고 이해한다. 이러한 태도는 밀이 다음에 서술한 문장을 생각하지 않은 결과라고 저자는 주장한다. 밀은 앞의 비유에 이어서 다음과 같이 서술하고 있다. "바보나 돼지도 타인과 다른 자기 의견을 제시할 수 있다. 그러나 이러한 의견은 단지 자신만의 관점에 국한된 인식에 불과하다. '바보와 돼지'에 대비되는 다른 사람들은 자신뿐만 아니라 타인의 관점까지도 인지하고 있다는 점을 간과해서는 안 된다."[53] 이는 도덕적 판단과 행복의 개념을 이해하는 데 있어 다양한 관점 수용이 필수적임을 시사한다.

밀이 주장하고 싶은 요지는 단지 정신과 육체의 쾌락을 구별하는 것이 아니다. 사람이 쾌락과 고통 모두를 알고, 쾌락의 질의 수준을 알기 때문에 스스로 선택할 수 있음을 강조하고 있다. 이러한 맥락에서 밀은 《자유론》에서 제시한 개별성과 맥을 같이하고 있는 능숙한 판단자를 강조하고 있다. 정신과 육체를 이분법으로 구분하지 않고, 저자는 밀이 사용한 "의도하였던intended"이라는 개념에 논의의 초점을 맞추어야 한다고 강조한다.[54] 이는 행위의 도덕적 평가에서 행위자가 의도한 결과가 핵심적인 판단 기준임을 의미한다. 단순한 결과주의를 넘어서 의도의 중요성을 강조하는 부분이다. 정신적인 쾌락과 육체적인 쾌락이 따로 존재하는 것이 아니다. 비록 사람이 육체적인 활동을 하였지만, 자신이 의도하였던 쾌락을 얻는다면 그것 또한 밀이 구분한 고도의 쾌락이다. 예를 들어, 달리기를 통해 기분이 상쾌해지기를 원하였다면 이는 의도된 쾌락을 추구하는 행위이다. 비록 육체적인 활동일지라도 자신이 의도한 쾌락을 위한 행동이라 할 수 있다. 이 부분에서 사람의 주체적인 판단의 중요성을 강조한 밀의 의도를 주지할 필요가 있다.

다음의 예를 생각해 보자. 인간 고유의 능력에서 비롯된 쾌락은 때로는 육체적 쾌락으로 나타날 수 있다. 이는 인간의 정신적·지적 능력이 신체적 감각과 서로 작용함을 보여준다. 그 결과 쾌락은 단순한 감각적 차원을 넘어 다양하고 복합적인 형태로 경험될 수 있다. 그네에 앉아서 그네를 아무런 목적이 없이 흔들흔들 타면서 얻는 쾌락과 체조의 고난도 기술을 연마하기 위해 노력하면서 경험하는 쾌락은 전혀 다를 것이다. 이는 분명히 육체적인 움직임이다.

  한 고객이 음식점에서 자신의 허기를 달래려고 음식을 먹고 있고, 다른 손님은 미식에 대한 글을 쓰기 위해서 동일한 음식을 먹고 있다고 하자. 동일한 음식을 먹고 있지만, 분명히 두 사람은 전혀 다른 만족을 추구하고 있다. 그들이 느끼는 만족이 완전히 다르다. 두 경험의 본질적 차이는 쾌락을 수동적으로 받아들였는지, 아니면 자율적이고 의도적인 행위를 통해 창출했는지에 있다. 전자의 경우, 쾌락은 외부 환경이 제공하는 자극에 단순히 반응하는 과정에서 얻어진다. 반면, 후자의 경우에는 개인이 자신의 판단과 선택을 바탕으로 쾌락을 의도적으로 형성한다. 따라서 경험의 가치는 그것이 수동적 반응의 결과인지, 능동적 의도의 산물인지를 가르는 지점에서 달라진다. 의도적인 행위는 자신이 무엇을 하고 있는지를 의식한다. 사람은 자신이 '선택하고 의도한 행동'을 통해 쾌락을 얻는다. 음식점의 예에서, 첫 번째 손님은 단지 자신의 육체 욕구를 만족하기 위함이다. 두 번째 손님은 음식 맛의 질을 검사함으로써 과연 이 음식을 다른 사람들에게 추천할 수 있을지를 결정하기 위함이다. 밀의 견지에서는 망설임 없이 두 번째 손님이 느끼는 만족이 자신의 세련된 능력을 사용하고 있기 때문에 첫 번째 손님의 그것보다 우월할 것이라고 평가할 것이다. 인간의 고도로 세련된 능력에 근거하여 선택하고, 그에 따른 다른 행위를 하고 있기 때문이다.

  고급 쾌락은 선험적으로 주어지는 것이 아니다. 사람들의 평가에 따라 결정된다. 모든 종류의 쾌락을 경험해 본 능숙한 판단자의 판단이 기준이다. 특정 쾌락의 우월성을 객관적으로 입증할 수 있는 별도의 권위 있는 근거는 존재하지 않는다. 이는 쾌락의 가치를 평가하는 기준이 본질적으로 주관적이기 때문이다. 따라서 그러한 기준은 보편적인 권위로 확립되기 어렵다. 능숙한 판단자가 고급 쾌락을 선호하는 이유는 바로 사람의 "존엄감sense of dignity"[55]에 있다. 주요 핵심은 행복이 선험적이 아니라 인간의 삶 안에서 발생한다는 것이다. 인간으로서 우리는 더 큰 만족을 제공한다고 하더라도 행복한 돼지로 전락하기를 원하지 않는다. 높고 세련된 능력을 사용함으로써 우리는 단순한 존재가 아니라 능동적인 인간이 된다. 우리가 얼마나 인간적인가는 높은 능력의 발달 정도에 비례한다.

《자유론》의 개별성과 《공리주의》의 능숙한 판단자가 동일하다는 것을 인식하는 것이 밀의 주장을 이해하는 데 귀중한 열쇠가 된다.[56] 진정한 행복은 높은 능력을 적극적으로 사용하는 데서만 찾을 수 있다. 이를 통해 사람들은 '삶을 살아가는 것'이 단순히 '살아 있는 것'보다 질적으로 우수함을 경험한다.[57] 밀은 고급 쾌락이 저급 쾌락보다 질적으로 우수하다고 보았다. 이러한 고급 쾌락은 단순한 양적 측면에서의 저급 쾌락으로는 대체할 수 없는 가치를 지닌다. 따라서 공리주의가 추구하는 '최대 다수의 최대 행복'은 단순히 쾌락의 총량을 늘리는 것이 아니다. 질 높은 쾌락을 경험하는 삶을 확장하는 것을 의미한다. 밀은 가능한 한 많은 사람들이 주체적이고 의미 있는 삶을 영위할 수 있도록 이러한 고급 쾌락을 경험해야 한다고 주장하였다. 이는 높은 능력의 발달을 전제로 한다. 《공리주의》에서도 도달해야 할 기준에 관한 논의가 있다. 밀은 마음과 정신이 충분히 발달하지 못하면, 그것이 이기심이나 불행을 낳는 원인 중 하나가 된다고 생각했다. 그는 개인이 어느 정도 자신의 능력을 발휘할 수 있도록 교육받은[58] 계발된 마음을 갖추어야 한다고 주장했다. 이렇게 "도덕적이고 지적 요구가 어느 정도 충족된" 사람이 "부러움의 대상이 되는 삶"을 살 수 있다. 밀은 그러한 사람이 진정한 행복을 경험하지 못하게 하는 유일한 것은

"행복의 원천을 사용할 자유가 부여되지 않는 것"[59]이라고 덧붙인다. 이는 《공리주의》의 메시지가 《자유론》의 내용과 긴밀히 연결됨을 보여준다. 《자유론》이 주로 진리와 사회 발전의 문제를 다룬다면, 《공리주의》는 사람들이 어떻게 행동해야 하는지를 논한다. 특히 미덕과 같은 실천적 문제에 대한 진리는 공리, 즉 최대 행복 원리에 의해 판단된다. 따라서 두 저작은 이러한 주제와 관점에서 상호 보완적인 관계를 형성한다.

행복에 대한 보편적인 접근에 대해 밀은 행복은 하나의 동일한 잣대를 갖고 설명할 수 없다고 주장한다. 관계 내의 존재로서 자신의 능력을 마음껏 발휘하여 자신의 지적이고 도덕적인 능력을 계발하고, 자신의 행복만이 아니라 타인의 행복도 동시에 추구해야 한다. 인간은 타인과 일체감을 느끼고자 하는 본능을 가지고 있다.[60] 이러한 맥락에서 밀의 공리는 "진보적인 존재의 영구적인 이익the permanent interests of man as a progressive being"[61]에 근거를 두고 있다. 밀은 벤담이 제시한 기쁨과 고통의 수량적 잣대를 넘어설 필요가 있다고 보았다. 그는 개인이 자신의 능력을 계발하여 인류의 진보를 촉진할 수 있는 사회 분위기를 조성해야 한다고 주장했다. 밀은 관습과 지배적인 도덕 감정이 다수의 이름으로 개인의 자유를 억압하는 현상을 목격했다. 이에 따라 사람들은 자신의 다양한 능력을 발휘할 기회를 잃게 된다.

인간이 가진 존엄성을 지키기 위해서는 스스로 판단하고 행동할 자유가 필요하다. 이는 자신의 가치를 높이고 인류 발전에 도움을 주는 데 필수 조건이다. 인간의 행복은 그것이 무엇이든지 간에, 자신이 바라는 것을 실현하는 것이다. 이러한 밀의 견해는 벤담과 달리 명료한 기준이 없다 보니, 허무맹랑하게 들릴 수 있다.

인간에게 자유는 자신의 발전을 도모할 수 있는 공간을 확보하여 자신의 욕구를 자신이 스스로 만들어 가는 데 의미가 있다. 자신이 아니라 타인이 자신의 삶을 결정함은 바로 인간을 원숭이와 같은 존재로 전락하게 한다. 이는 인간의 행위와 성격을 고정된 틀에 가두려는 시도이다. 그 결과 인간의 자율성과 역동성이 약화하는 효과가 나타난다. 밀은 벤담과 같은 방식으로 인간에게 일률적인 기준을 적용하는 것이 개인의 다양성과 잠재력을 억압할 수 있음을 경고하였다. 보편성의 이름으로 강요되는 도덕적 또는 사회적 잣대에 대해 비판적인 태도를 보였다.

밀은 "개인의 의견이 자유를 점진적으로 침범하고 있다. 사회를 개혁한다고 하는 사람들 대부분이 자유를 해치고 있다. 특히 사람의 영혼을 잠식 liberticide하는 콩트가 그렇다."[62]라는 도발적인 말도 서슴지 않았다. 오귀스트 콩트Auguste Comte는 사회학을 창시하고 인간의 실천성을 강조하는 실증주의를 주장했다. 그러나 밀은 실증주의만이 모든 현상을 설명할 수 있다는 콩트의 주장이 사람들의 자유를 억압한다고 강조했다. 밀은 표준화라고 하는 외부적인 잣대를 증오하였다. 인간이 자기의 행복을 위해 필요한 자질을 계발하고 발전시키려면, 개인이 능동적이고 활발한 존재가 되어야 한다. 밀은 《자유론》에서는 능동적이고 활발한 인간이 되기 위한 조건으로서 개별성을, 《공리주의》에서는 능숙한 판단자를 제시하고 있다.

도덕 감정으로서 공감의 중요성

밀에 의하면, 벤담이 인간 제도의 적절한 목적에 대한 설명에서 저지른 가장 큰 실수는 "인간 활동의 실무직business 측면이 인간 존재의 전부라고 가정한 것"[63]이었다. 관계론의 인간은 벤담이 간과하였던 중요한 정신적인 감정들인 "명예심, 인간의 존엄성, 아름다움에 대한 갈망, 질서에 대한 갈망, 모든 것들에서의 조화와 일관성, 권력욕, 행위와 사랑에 대한 욕구"[64]들을 갖고 있다.

인간의 보편적인 특성을 강조한 벤담과는 달리, 밀이 제시하고 있는 인간의 다양한 감정을 인간관계 측면에서 고려해야 한다. 벤담은 인간 도덕성의 중요한 원천뿐만 아니라, 인간 본성의 심미적aesthetic・공감적sympathetic 요소를 간과했다.[65] 이 지점에서 밀이 인간의 다양한 감정 중 어떤 것을 구체적으로 언급했는지는 그리 중요하지 않다. 오히려 우리가 주목해야 할 것은, 밀의 사유가 인간의 마음속 다양한 감정과 정서들을 어떻게 이해하고 있는지, 그리고 그것이 그의 철학적 논의 속에서 어떤 방식으로 반영되고 있는지를 고려하는 일이다.

밀은 〈마르몽텔의 아버지 죽음에 대한 글Marmontel's Memoirs〉을 읽으며 어린 소년이 가족의 고통을 덜어주려 노력한 이야기에 감동했다. 그는 자신이 눈물을 흘린 사실에 적지 않게 놀랐다.[66] 그 장면을 생생하게 상상하며 소년과 가족의 감정을 공감함으로써, 자신도 그러한 감정을 가질 수 있음을 깨달았다. "내 삶에서 강렬하지는 않지만 기쁨을 다시 찾을 수 있었다."[67] 자신의 아버지에 대한 오이디푸스 콤플렉스를 극복할 수 있었고, 공감의 중요성을 알게 되었다.[68] "그 장면과 그 감정에 대한 생생한 생각이 나를 덮쳤고, 그리고 나는 눈물을 흘리게 되었다. 이 순간부터 내 짐은 가벼워졌다."[69] 사회적 감정은 개인과 타인을 잇는 끈끈한 유대를 형성하게 하며, 동시에 자아를 넘어 타자와 함께하는 공동체적 삶을 가능하게 한다.

밀은 벤담이 주창한 공리주의의 한계를 지적하며 자신의 방식으로 수정하였다. 《자유론》은 최대한의 행복을 이루기 위해 사람들이 자신의 잠재력을 자유롭게 발휘해야 한다고 강조한다. 특히 개인이 스스로 원하는 만큼 능력을 최대한 발휘하는 것이 중요하다고 일관되게 주장한다. 생각하는 인간의 행복은 바로 '심리적인 행복'이다. 이를 위하여 지적으로 자유로워야 하고 활동적인 사람이 되어야 한다.[70] 인간이 행복하기 위해서는, 끊임없이 자기 능력을 자신의 방식으로 계발하여 자신이 원하는 삶을 영위해야 한다. 이러한 삶을 영위하기 위해 필수적인 자질이 바로 '개별성'과 '능숙한 판단자'이다. 이는 자율적인 삶과 도덕적 성숙을 가능하게 하는 핵심 역량으로, 밀은 이를 통해 개인이 사회적 규범에 무비판적으로 순응하기보다는 스스로 삶을 능동적으로 형성할 수 있어야 한다고 보았다.

타인의 도움 없이 스스로 결정할 수 있는 능력이 있어야 한다. 무엇보다도 스스로 판단할 수 있는 능력을 증진해야 한다. 밀은 소수자들의 이해관계가 다수를 위해 희생당하는 그 어떠한 체계를 용납하지 않았다. 개인이 자유롭게 자신의 발전을 추구하고, 결과적으로 개인의 발전이 사회 발전을 가능하게 한다. 이를 위해 사람들이 자신의 방식대로 자신이 원하는 선(善)을 추구할 수 있도록 해야 한다. 사람들이 남에게 해를 주지 않는 범위에서 자신의 고유한 방법으로 자신들의 행복을 추구할 수 있도록 자유가 보장되어야 한다. "인류는 각자가 다른 사람들에게 이익이 되게 사는 것보다 각자가 자신의 이익을 위해 사는 것이 인류를 위해 더 많은 이익을 갖고 온다."[71]

밀의 자유는 개인만의 자유가 아닌 모두를 위한 자유다. 밀은 벤담의 모순을 극복하기 위하여 인간 본성의 다른 하나의 능력을 강조하였다. 그것은 바로 타인에 대한 공감 능력이다. 공감은 사람들 간의 중요한 연결 고리를 가능하게 한다. 타인을 공감한다는 것은 바로 타인이 느끼는 쾌락과 고통을 마치 자신의 그것처럼 느끼는 것이다. 개인의 도덕과 사회 철학의 핵심이 될 수 있도록 공감이 발전되고 확장되어야 한다. 이와 같이 밀은 벤담의 공리주의 이론을 수정하는 과정에서, 자신을 우선시 self-preference 하는 태도를 부정하고, 개인의 이익들이 조화를 이루는 방법을 모색하고자 하였다. 그는 벤담의 공리주의를 견지하면서도 그 한계를 극복하고자 하였다. 그럼으로써 실행이 가능한 도덕 그리고 사회 철학으로 공리주의를 옹호하고자 하였다. 사람들이 타인의 기쁨과 슬픔을 자신의 것처럼 느끼는 공감 능력을 지닐 때, 개인들의 서로 다른 이익들이 억지로 조정되지 않아도 자연스럽게 조화를 이루게 된다.

공감은 18세기의 도덕 철학자들 간에 매우 중요한 부분을 차지하였고, 이를 통해 그들은 홉스의 이기주의 인간관을 부정하였다.[72] 공감에 대한 논의는 데이비드 흄David Hume과 1759년에 출판된 애담 스미스Adam Smith의 《도덕 감정론Theory of Moral Sentiments》에서 절정을 맞았다. 공감을 통해 다른 사람들의 행복에 도움이 되는 것을 상상하고 공유하는 감정을 인식할 수 있다. 이로써 사람들은 삶의 중요한 기쁨을 함께 누리고자 한다. 모든 사람은 공감에 대한 능력이 있다는 신념, 즉 다른 사람들의 상황과 마음을 상상으로 이해하면서 사람들 간의 동료애를 갖게 된다. 밀은 프랑스를 여행하던 중, 프랑스와 자신의 고국인 영국 사이의 문화적 차이에 깊은 인상을 받았다. 그는 프랑스 사회에서 사람들 간의 따뜻한 상호작용과 공감의 태도를 목격하였다. 이를 영국 사회의 냉담하고 개인주의적인 태도와 대조적으로 인식하였다.[73] 프랑스인들이 상호 간의 애정과 친절을 중시하며 공동체적 유대를 유지하려는 반면, 영국인들은 타인을 잠재적 경쟁자나 이해관계의 대상으로 바라보는 경향이 강하다고 보았다.

밀은 이러한 문화적 차이를 경험하면서 영국 사회가 주로 이기심을 기반으로 인간관계를 형성한다고 보았다. 반면, 프랑스 사회는 타인의 감정에 대한 민감성과 공감 능력에 중점을 둔다고 평가했다. 즉, 프랑스 사회는 도덕적 상상력을 바탕으로 관계를 구축한다고 보았다.[74] 밀은 이와 관련하여 인간은 단순히 외부로부터 도덕적 규범을 배우는 존재가 아니며, 타인의 아픔을 마치 자신의 아픔처럼 느끼고, 타인의 행복을 자신의 행복처럼 소중히 여기는 이타적인 도덕 감정을 가진 존재[75]라고 보았다. 이러한 통찰은 밀의 도덕 철학에서 핵심적인 공감과 연대의 개념 그리고 도덕성의 내재적 근거에 대한 이해로 이어지며, 공리주의의 감각적이고 이기적인 해석을 넘어서려는 그의 노력을 증명한다.

밀에 있어서 이러한 공감이 사람과 사회를 연결하는 고리가 되며 궁극적으로 개인들의 고립을 극복할 수 있게 한다. 사람은 태생적으로 다른 사람들과 사이좋게 지내고자 하는 동료애를 갖고 있다. 이러한 동료애가 바로 인류의 사회적 감정social feelings의 기초가 된다.[76] 문명의 발전과 함께, 인간은 점차 모든 개인이 동등한 존엄을 지닌 존재라는 인식을 갖게 되었다. 이에 따라 사회는 모든 사람의 이익이 공정하고 평등하게 고려되어야 한다는 의식을 점차 공유하게 되었다. 나아가 자신이 문명화된 사람이라면, 자신이 독립한 존재가 아니라 집단의 구성원a member of a body의 하나라고 인식하게 된다.[77]

결과적으로 인간은 타인의 이익을 무시한 채 살아갈 수는 없다. 또한 인간은 혼자 살아가기 어렵기 때문에 서로 협력하면서 자신의 목표뿐만 아니라 타인의 목표 역시 중요하다는 사실을 깨닫게 된다. 이러한 깨달음은 타인의 목적이 곧 자신의 목적처럼 느껴지는 자연스러운 인식의 전환으로 이어진다. 밀에 따르면, 문명의 발전과 함께 인간은 타인과 협력하는 과정에서 점진적으로 타인의 선을 고려하는 태도를 내면화한다. 마침내 자신을 '타인을 배려하는 존재 pays regard to others'[78]로 의식하게 된다. 이러한 도덕적 감수성은 단순한 본능이 아니라 사회적 진화와 교육의 산물로서 이해되어야 한다. 특히 타인을 이해하고 배려하는 능력, 즉 공감은 자연적으로 발생하는 정서가 아니다. 적절한 교육과 사회 분위기를 통해 길러져야 하는 도덕적 능력이다. 따라서 공감과 도덕적 미덕은 개인이 공공선을 인식하고 실천하는 데 있어 필수적인 기반으로 작용한다. 밀은 사람들이 문명화되면서, 자연스럽게 다른 사람들을 위한 선을 생각한다고 논의한다.

밀은 《공리주의》에서 공리주의 윤리에 대한 일반적인 오해를 바로잡고자 하였다. 그는 특히 신문, 정기간행물 그리고 영향력 있는 저작물에 등장하는 필자들을 비판하면서, 이들이 공리주의를 단순히 쾌락을 극대화하는 쾌락주의적 윤리라고 오해하고 있음을 지적한다.[79] 밀은 공리주의가 개인의 사적 욕망을 억제하고, 사회 구성원으로서 공동의 목적을 추구하기 위해 타인과 협력할 것을 요구한다는 점을 강조한다. 공리주의는 단순히 개인의 행복만을 지향하는 것이 아니다. 다수의 큰 행복을 추구하는 윤리 체계임을 분명히 하며, 공리주의가 이기심을 조장한다는 비판에 대해 밀은 반박한다. 오히려 그는 이기심이야말로 협력적이고 도덕적인 행동을 가로막는 주요 장애물이라고 주장한다. 밀은 인간이 변화할 필요가 있다고 보았다. 자신의 의지와 욕망이 자아 중심에서 벗어나 사회 전체 또는 최소한 타인을 향하도록 스스로 단련해야 한다고 주장한다. 다음 장에서는 밀의 자유 논의에서 핵심적인 위치를 차지하는 낭만주의적 개인 정체성 개념에 근거한 '개별성'에 대해 살펴보고자 한다.

4장

밀의 개별성과 토론
개인성과 사회성의 만남

밀의 개별성과 토론
개인성과 사회성의 만남

밀은 근대 사회에 적합한 정치와 사회 문화를 정립하고자 하였다. 이를 위해 밀은 민주주의 사회에서 지향해야 할 인간상을 강조하였다. 국가가 안정을 도모하기 위해서는 성문법 이외에 영원한 무엇something permanent이 있어야 한다.[1] 밀이 지적하고 있는 영원한 무엇은 바로 성문법이 작동하기 위한 사회 분위기를 의미한다. 성문법에서는 개인의 주권을 명시하고 있다. 그러나 개인의 주권을 실질적으로 보장하려면 사람들의 도덕성과 윤리가 필요하다. 만약 이러한 윤리적 기반이 없다면, 개인의 주권 조항은 실효성이 없는 공염불에 지나지 않는다. 밀이 중요하게 생각하는 점은 법으로 명시한 추상적인 원칙이 아니다. 시간이 흐르면서 개인의 주권이 왜 중요한지를 설명하는 원칙이 사람들의 심리에 점진적으로 깊게 자리 잡으며 습관 혹은 상식이 되어야 한다는 점이다. 개인의 주권을 가능하게 하는 밀의 개별성 개념은 밀의 자유 논의에서 매우 중요한 역할을 한다.

밀의《자유론》을 읽지 않았어도 모르는 사람들은 별로 없다. 밀의《자유론》

이 마치 표현 자유의 성전으로 여겨지고 있다. 어느 대상에 대해 너무 익숙하면 간혹 대상의 숨겨진 의미를 파악하지 못하는 경우가 있다. 밀의《자유론》도 마찬가지다. 많은 사람들이《자유론》에 익숙하다 보니 밀이 주장하는 세세한 부분들을 놓치는 경우가 종종 있다. 나아가 세부 사항들의 근거도 파악하지 못한다. 그중 하나가 밀의 개별성 개념이다. 혹자는 개성으로 번역하지만, 개성과 개별성 개념은 전혀 다르다. 개별성은 능력을 의미하지만, 개성은 상태를 의미한다. 개별성은 개성과 달리 관계론의 인간과 깊은 관련이 있다. 밀이 개별성을 중요하게 고려하는 이유는, 인간이 무기력해지거나 외부 세력에 의해 인식이 지배되는 상태를 지양하고 자신이 스스로 판단하고 행동할 수 있는 민주주의 인간이 되기 위함이다. 타인의 영향을 받지 않고 주체적인 행위자가 되기 위해서는 반드시 갖추어야 할 덕목이다. 밀의 개별성은 낭만주의의 개인 개념을 수정하여 자신의 자유 이론에 접목하였다. 루소의 일반의지와 칸트의 정언명령과 같이 밀의 개별성 개념은 밀의 자유 논의에서 무시할 수 없는 중요한 개념이다.

밀은 왜 개별성을 주장하는가

주체적인 행위자와 개별성

밀의 개별성에 대한 논의는《자유론》제3장의 "개별성, 행복한 삶을 위한 중요한 요소 Of Individuality, as one of the Elements of Wellbeing"에서 시작한다. 이 부분에서 밀은 인간 최고의 정신적인 능력과 덕목을 발전시키고 실행하는 것이 주체적인 인간으로 성장하는 데 필수적이라고 주장한다. 밀의 관점에서 개별성은 단순한 차이가 아니라 정체성 형성의 핵심 조건이다. 개인은 자신이 바람직하다고 여기는 가치를 실천 속에서 드러내고, 그 가치에 기초하여 삶의 방향과 목적을 설정함으로써 진정한 자기 자신으로 살아가게 된다. 이를 위해서는 사람들이 성찰과 사색을 통해 자신의 가치와 타인에 대한 의무가 무엇인지를 끊임없이 고민해야 한다.

사람들은 친한 사람들과 사회의 이해와 욕망을 존중하고 감응하면서 자신의 성격을 형성·발전시킨다. 그러나 마지막 선택은 행위자 자신이다.[2] 자신의 성격을 유지하는 데 있어서 타인에게 심각한 해를 끼치지 않고 '관습의 폭정', 심지어 자신과 친한 사람들로부터의 억압으로 자율성이 질식당하지 않기 위해 스스로 노력해야 한다.[3] 그렇지 않으면, 자신의 삶이 수동적이고, 외부 세력에게 인식적으로 종속되며, 그저 타인의 기대를 충족하는 단순한 인생으로 전락하기 쉽다. 밀은 이러한 순종의 상태를 마치 노예와 같은 복종으로 비유하였다. 이는 자신의 고유한 성격을 갖고 있는 행위자로서의 인간이 아니라 단순한 기계 혹은 자동장치에 불과하다. 사람은 자신의 내적 에너지에 의해 자기 의지대로 자라는 나무와 같은 존재이다.[4] 종종 밀의 개별성을 고전 자유주의에서 주장하고 있는 고립된 개인으로 오해하는 경우가 있다. 이에 대한 오해를 불식시키기 위해서, 밀의 개인주의와 개별성에 대한 논의를 살펴볼 필요가 있다.

개인주의와 개별성에 관한 논의

밀은 개인주의individualism를 개인이 자신의 이익을 최우선으로 추구하며, 타인과의 협력보다는 경쟁과 대립 속에서 살아가는 태도나 원칙이라고 주장한다. 그것은 이해관계의 조화가 아니라 대립을 기반으로 한다. 각자는 투쟁을 통해 자신의 위치를 찾아야 하고 다른 사람들을 밀어내거나 자신이 밀려나는 상황에 직면한다.[5] 미국에서는 이 용어가 자유주의 이상으로 변화했다. 역사적이고 사회학적인 개념의 개인주의는 유럽에서 발전했지만, 그것이 미국에 전파되면서 그 의미가 완전히 변했다. 유럽에서는 이기주의, 무정부 상태, 개인의 방임과 동의어였던 반면에, 미국에서는 자아 결정, 도덕적 자유, 자유의 법칙 그리고 인간의 존엄성을 의미하게 되었다.[6]

개별성 개념은 낭만주의 기원을 가지고 있으며, 이는 18세기 말 독일로 거슬러 올라간다. 초기 낭만주의 작가들인 노발리스Novalis, 슐라이어마허Schleiermacher 그리고 훔볼트Humboldt는 게오르크 지멜Georg Simmel이 "독특한 개인주의individualism of uniqueness"[7]라고 부른 것을 지지하였다. 그들은 개인의 자기실현과 자기표현을 중요하게 여겼다. 사회의 제약을 거부하면서, 자신의 주관성을 높이 평가했다. 사람은 자신의 독특한 창의성을 소중하게 여기며, 자신의 특정한 재능과 능력을 최대한 발휘하고 표현하는 것을 최고 목표로 삼아야 한다. 사람의 삶은 그 자체로 하나의 예술 작품이다. 개별성은 밀이 《자유론》에서 표현했듯이 '고귀하고 아름다운 존재'를 위해 필요하다.[8] 사람들은 저마다의 가치가 있고 인생의 목표가 있다. 이를 실현하기 위하여, 자신을 맘

껏 표현할 수 있는 자유가 필요하다. 개인은 '인간이 되는being human' 자신만의 방식이 있다.[9] 따라서 인간의 삶이 어떠해야 한다고 하는 인간의 객관적인 모습을 그리지 않는다.

1820년대 중반 생시몽Saint-Simon은 프랑스 대혁명 이후에 나타났던 사회의 변화를 묘사하기 위해 개인주의를 사용하였다. 당시의 개인주의는 경멸조의 의미로 사용되었는데, 이는 "고립된 개인, 사회 해체 그리고 원자화"[10]를 의미하는, 즉 사회의 "추악한 개인주의"[11]를 의미하였다. 개별성과 개인주의를 혼동하지 말아야 한다. 개인주의는 비열한 이기주의이며, 서로 고립되고 분열되어 자신과 상대방의 존엄성을 모두 말살한다. 반면에 개별성은 인간을 신성한 존재로 만든다.[12] 이러한 맥락에서 밀은 당시의 개인주의와 개별성을 구별하기 위해 다양하고 긍정적인 용어들을 사용하여 간접적으로 정의한다. 자발성, 다양성, 독창성, 실험 그리고 활력 등 이러한 단어들의 집합체가 개별성을 직접적으로 정의하고자 사용되지는 않았다. 다만 개별성의 의미를 간접적으로 파악할 수 있는 단어들이다. 이렇게 밀의 개별성은 그 의미를 파악하기가 그리 쉽지는 않지만, 개인들의 자기 발전과 밀접한 관련이 있다.

밀은 《자유론》 서문에서, "최고의 원리는 인간의 발전이 최대한 다양하게 이루어지는 것만이 절대적이며 본질적이다."라고 훔볼트의 말을 인용하면서 이 책의 제1원칙이라고 강조하고 있다. 밀은 자신의 모든 논의에서 상상의 사람을 만들고자 노력하였다. 그는 인간이 자신의 완벽성을 위해 노력한다면 과연 어떠한 유형의 인간이 될 것인지에 대한 "이상적인 인간상"을 항상 그리고자 하였다.[13] 밀의 개별성에 대해 알아보기 위해서는 밀이 생각하고 있는 인간 본성의 변화 가능성에 대해 살펴볼 필요가 있다. 제3장에서 논의하였듯이, 밀은 인간의 본성 안에 이미 발전의 가능성이 잠재되어 있다고 보았으며, 이는 인간이 고정된 존재가 아니라 끊임없이 변화하고 성장할 수 있는 존재임을 의미한다. 인간은 주어진 환경이나 조건에 따라 자율적으로 자신을 계발해 나갈 수 있는 능력을 지니고 있으며, 이러한 변화 가능성 자체가 개별성 계발의 근거가 된다.

밀은 인간 본성의 유연성을 강조하면서, 인간이 스스로 변화할 수 있는 능력을 지니고 있다고 보았다. 이러한 신념은 그가 개별성의 계발을 중시하게 된 근본적 이유이기도 하다. 인간은 자신의 본성과 사회적 존재로서 성격을 변화시킬 수 있는 능력을 점진적으로 축적함으로써, 궁극적으로 문명의 진보를 이끌 수 있다. 밀은 무엇보다도 개인의 능력 향상을 통해 사회 전체의 발전이 가능하다고 보았다. 이는 제레미 벤담과 제임스 밀이 인간의 능력이 발휘될 수 있는 제도적 장치에 주목한 것과 대조적이다. 밀은 제도보다 인간 개인의 능력 계발 자체에 초점을 맞추었다. 이에 그는 《자유론》에서 개별성의 중요성을 강조하며, 그것이 인간과 사회의 발전에 필수적인 요소임을 역설하였다.

진정한 삶의 가치는 외부가 아닌 내면에서 출발한다. 자신의 성장과 완성을 통해서만 의미 있는 삶에 도달할 수 있다.[14] 밀은 자아 계발과 독창성 개념으로 개별성을 의미하고 있다. 그는 차별성을 단순히 타인과 다른 특성으로 보지 않고, 오히려 그것을 자기 자신을 계발하고 창의적 능력을 실현하는 역동적 과정으로 이해하였다. 이러한 과정에서 자연스럽게 개별성이 제고된다. 개별성은 발전과 동일하다. 오직 개별성을 기르는 것이 잘 계발된 인간을 만들 수 있다.[15] 밀의 의견 표현 자유는 개별성을 위한 수단이자 구성 요소이다. 《자유론》의 핵심은 제3장의 행복의 요소로서의 개별성이다. 이 지점에서 밀의 낭만주의적 성향이 뚜렷하게 드러난다. 그는 자아란 단순히 반복된 습관이나 사회적 규범으로 형성된 산물이 아니라 그보다 깊고 독립적인 실체로 존재한다고 보았다. 다시 말해, 자아는 사회적 환경의 결과물 그 이상이며, 고유한 내면의 중심으로서 자율성과 독창성을 일컫는다. 선택의 자유는 단순히 목표를 달성하거나 특정 욕구를 만족시키는 수단이 아니며, 그 자체로 중요한 의미가 있다. 밀은 선택을 자아 창조의 과정이라고 보았다. 선택은 완전히 형성된 자아에서 자연스럽게 나오는 것이 아니다. 선택을 통해 자아를 만들어 가는 것이다.

밀의 사회적 자유 개념은 내적인 자유를 중요하게 여긴다. 외부의 정치적 자유는 사회적이고 개인적인 실험의 공간, 즉 '삶의 실험experiments in living'[16]을 가능하게 함으로써 개별성을 가능하게 할 뿐이다. 따라서 자유의 목적은 의견 표현을 통해 내적 자아를 발전시키면서 만들어 가기 위함이다. 그럼으로써 풍부하고 다면적이며 자율적인 성격을 펼쳐갈 수 있다.

자유분방한 개별성unbridled individuality은 타인을 배려하지 않고 아무 감정이 없는 "자신의 이익만을 추구하는 이기주의자a selfish egotist"[17]로 전락하기 쉽다. 밀은 개별성이 개인의 주체성을 위해 필요하지만, 도덕성을 강조하는 성격이 형성되지 않는다면, 어디에도 소용이 없음을 의미한다. 자신에게도 도움이 되고 타인에게도 도움이 되는 사람을 요구하고 있다. 이를 위해 밀은 공감, 연민 그리고 관대함의 감정을 계발시켜야 한다고 강조한다. 사람은 서로 협조하여서 좋은 것과 나쁜 것을 구별하고 나쁜 것이 아니라 좋은 것을 선택하게 격려해야 한다. 상대방이 자신의 고귀한 능력을 계발하고 발휘할 수 있도록 서로 자극을 주면서 그들의 감정과 목적의 수준을 고상하게 하도록 해야 한다.[18] 반대로, 밀은 그렇지 않은 사람들의 행위 특징을 관찰하면서 순응을 가능하게 하는 심리적 요인으로서 "여론을 통한 도덕적 압력moral coercion of public opinion"[19]에 관심을 두었다. 개별성을 위해서는 자신들의 오류 가능성을 인정하고 자신들이 스스로 생각할 수 있는 능력을 갖추어야 한다. 그럼으로써 사람들이 독립적으로 판단하고 높은 수준의 도덕적·지적 문화 상태를 유지할 수 있다.

개별성, 인간의 행복, 자유와의 관계

밀의 자유 논의와 개별성의 중요성

밀은 '개인의 자유'를 강조하기 위해 '개별성'을 자신의 논의에서 핵심 개념으로 설정하였다. 그는 공리주의 철학을 토대로 자유에 대한 논의를 전개하였다. 이를 위해 개별성을 중요한 사유의 기초로 삼는다. 개인의 자유와 개별성은 밀접하게 연관되어 있지만, 서로 동일한 개념은 아니다. 따라서 개인의 자유와 개별성이 어떠한 관계에 놓여 있는지를 검토할 필요가 있다. 밀의 자유에 관한 논의를 온전히 이해하기 위해서는 그가 제시한 개별성 개념이 전체 논의에서 어떠한 역할을 하는지를 파악하는 것이 중요하다. 비록 밀 자신이 개인의 자유와 개별성 사이의 관계를 명확히 체계화하지는 않았지만 《자유론》을 비롯한 그의 저작물을 통해 두 개념의 연관성을 유추할 수 있다.

《자유론》 제3장에서 밀은 다음과 같이 주장한다.

> "어떤 정치 체제가 심각한 폭정을 행한다고 하더라도, 개인이 자신만의 고유한 성향이나 삶의 방식을 어느 정도라도 발휘할 수 있는 여지가 남아 있다면, 그 체제는 아직 가장 최악이라고 단정할 수는 없다. 그러나 개별성을 전면적으로 억누르는 체제는, 그것이 어떤 이름을 내걸고 있든지, 혹은 신의 의지나 법률의 정당성을 내세운다고 하더라도, 진정으로 가장 위험하고 억압적인 독재 체제로 간주할 수 있다."[20]

이러한 주장은 밀에 있어 개별성이 단순한 개인적 특성의 차원을 넘어, 자유가 실현되기 위한 필수적 전제 조건임을 시사한다. 다시 말해, 개별성은 개인의 자유가 실제로 작동하고 구현될 수 있는 구체적 기반으로서 밀의 자유 논의에서 핵심적인 개념이다.

이 부분에서 저자는 '개별성을 억누르는 체제는 그 명칭이 무엇이든 독재 체제'라는 밀의 주장을 강조하고자 한다. 개별성이 억압되는 사회에서 진정한 자유는 실현될 수 없다. 자유와 개별성은 상호 긴밀하게 연결되어 있다. 밀은 개인의 개별성을 발전시키려는 노력이 차단되는 상황을 자유의 부재로 간주하였다. 이 책의 제2장에서도 살펴보았듯이, 밀은 《자유론》 서두에서 과거에는 정치권력이 자유의 주요 위협이었으나, 19세기 영국에서는 사회의 횡포가 더 큰 위협으로 등장하고 있음을 우려하였다. 민주주의의 발전은 시민들의 의지가 정치 과정에 직접 반영되는 구조를 낳았다. 이는 곧 다수의 의지가 절대화되는 문제로 이어졌다. 밀은 이러한 다수의 횡포가 개인의 개별성을 억제한다고 보았다. 다수의 의견을 소수에게 강요하는 행위는 자신들의 견해가 절대적으로 옳다는 전제에서 비롯된다. 이는 결과적으로 타인의 개별성뿐만 아니라 자신의 성찰과 개별성의 계발 가능성 또한 저해한다. 밀은 민주주의 자체를 비판하지 않았다. 민주주의 실천 과정에서 발생할 수 있는 다수의 독단성과 개별성 상실을 경계하고 있다.

밀이 강조한 개별성은 밀의 논의를 이해하는 데 있어 중요한 지렛대 역할을 한다. 저자는 밀의 저작들을 검토하면서, 공리주의와 개인의 자유가 어떻게 서로 연결되는지를 탐구하고자 한다. 특히 개별성의 개념을 매개로 하여, 공리주의적 행복의 원리와 자유의 원리가 어떤 방식으로 상호 보완적 관계를 이루는지를 살펴봄으로써, 궁극적으로 밀의 자유 개념이 지닌 의미를 밝히고자 한다. 앞서 언급했듯이, 밀은 개별성의 개념을 명확히 정의하지는 않았다. 그러나 그의 여러 저작물을 참고할 때, 개인이 자신의 능력을 스스로 계발하고 선택한 삶을 살아갈 수 있는 '역량'으로 잠정적으로 이해할 수 있다. 따라서 개별성은 개인이 스스로 성장하고 자신의 삶을 스스로 결정할 수 있는 능력을 포함하는 개념이라고 할 수 있다.

몇몇 연구들이 개별성을 타인과 구별되는 개성으로 이해하고 있다. 저자가 판단하기에, 밀이 말하는 개별성은 상태가 아니라, 발달과 실천의 과정에서 나타나는 능력을 뜻한다. 따라서 개별성은 고정된 개성이 아니라, 행동과 성장의 역량으로 이해해야 한다. 이러한 이유로, 밀의 개별성 개념은 개인이 자신의 능력을 스스로 계발하는 끊임없는 과정이다. 비록 자신이 다른 사람들과 전혀 다른 성격을 지녔다 하더라도, 그 성격이 자신의 노력으로 형성된 것이 아니라 타인에 의해 만들어진 것이라면 그것은 개별성이 아니다. 개인이 자신의 욕구와 충동을 비판적으로 성찰하거나 주체적으로 형성하지 않는다면, 그 욕구와 충동은 단지 외부 환경에 의해 만들어진 결과일 뿐이다. 이런 경우 그는 자율적인 인격체라기보다는 외적 조건에 의해 움직이는 수동적 존재에 가깝다. 즉, 자신의 고유한 성격이나 개별성을 가진 존재라기보다 외부에서 부여된 기능만 수행하는 도구나 기계처럼 살아간다는 뜻이다.

밀은 자신이 주체적으로 자신의 성격을 만들어 가면서 자신을 발전시켰을 때 이를 개별성이라 보고 있다. 이 부분에서 지적해야 할 사항이 있다. 밀이 비록 자신의 본성에 충실한 자신의 성격과 능력을 계발하는 것을 언급하고 있지만, 무엇이 객관적으로 이상적인 성격인가에 대해서는 말하고 있지 않다. 밀은 개인의 성격과 능력은 끊임없이 변화하고 다양한 방향으로 전개될 수 있다고 주장했다. 밀은 자신의 스승인 벤담과 같이 이상적이고 변화하지 않는 성격을 상정하고 있음은 매우 위험하다고 지적하고 있다.[21] 밀은 자유가 중요한 이유를 인간의 성숙과 성장 가능성과 연결하였다. 만약 절대적이고 획일적인 기준이 사회 전반에 강제된다면, 개인은 스스로 사고하고 선택하며 발전할 기회를 잃게 된다. 밀의 개별성은 단지 타인과 다른 특성이 아니다. 각 개인이 자신만의 방식으로 삶을 형성해 나가는 끊임없는 과정이다. 이러한 자기 형성 과정은 자유로운 환경에서만 가능하다.

그러면 밀의 개별성 개념이 과연 밀의 논의에서 어떠한 역할을 하고 있는지를 알아볼 필요가 있다. 밀은 개인의 행복은 개별성을 중요하게 생각하는 능숙한 판단자만이 가능하다고 주장한다. 밀은《자유론》제3장에서 개인이 자신의 의지 대신 사회의 관습이나 타인의 의지에 의존하면 개별성이 상실된다고 주장한다. 이에 따라 사람을 행복하게 하는 중요한 요소와 개인 및 사회 발전에 필수적인 개별성이 훼손된다는 점을 지적한다.[22] 밀은 개인이 자신의 개별성을 자유롭게 계발하는 것을 중요하게 여겼다. 공리주의자로서, 밀의 논의에 의하면, 개인 최선의 윤리는 바로 자신의 행복이고, 개별성은 개인의 행복만이 아니라 사회와 개인의 진보에 매우 중요하다. 따라서 밀에 있어서 개별성은 밀의 질적 공리주의와 자유의 논의를 연결하는 역할을 하는 중요한 개념이다.

자기 파괴로서의 개별성

그렇다면 구체적으로 개별성individuality은 무엇인가? 밀의 다음의 말에서 당시 그의 고민을 엿볼 수 있다. 대다수의 사람들은 자신들이 만들어 낸 삶의 방식에 만족하면서, 그것이 곧 보편적이고 타당한 방식이라고 믿는다. 따라서 이들은 자신들과 다른 방식으로 살아가려는 소수의 개인을 이해하지 못하고 그들의 선택을 받아들이려 하지 않는다.[23] 그러나 밀은 어떠한 명분 아래서든 개별성을 억압하는 체제는 결국 독재로 귀결된다고 강조한다. 새로운 삶의 방식을 실험하고 기존의 관행을 개선하려는 사람은 극소수에 불과하다. 밀은 이들을 '세상의 소금'이라 부르며, 이들이 없다면 사회는 정체된 연못처럼 활력을 잃게 된다고 경고한다.[24] 그런데 현대 사회에서는 개인이 군중 속에 묻혀 자기 정체성을 상실하고 있다.²⁵ 이러한 상황은 진보의 원리와 관습의 지배 사이의 지속적인 긴장과 대립 속에서 더욱 두드러진다. 밀은 이 두 원리 간의 '싸움'이 인류 역사의 핵심 주제 중 하나라고 보았다.²⁶

밀이 언급하는 '싸움'은 혁명을 의미하지 않는다. 그는 독재 정치를 포함한 다양한 정치 체제 가운데, 자유민주주의를 최상의 체제로 옹호한다. 그러나 세상을 강제로 지배하고 자신의 의지대로 조종하는 천재적 강자를 숭배하는 영웅주의를 경고하였다. 당시 그의 사상은 매우 급진적인 것으로 평가되었다. 밀은 진보의 원리와 중산층의 평범함을 대조시키면서 이를 명확한 대립과 저항의 장으로 설정하였다. 이러한 투쟁의 맥락에서 밀은 개별성을 자유 논의의 핵심 개념으로 자리매김하였다.

밀의 개별성 개념은 그의 질적 공리주의와 개인 자유의 관계를 이해하는 데 커다란 역할을 한다. 밀의 개별성은 고립된 개인이 아니라 사회 협조와 사회의 응집력을 기반으로 하여 개인들의 능력이 번창함을 의미한다. 이 세상에 고립되어 사는 개인은 없다. 주변과 항상 관계를 맺고 서로 영향을 주면서 살아간다.²⁷ 밀의 논의에서 개별성은 새롭고 특이한 의미가 있다. 밀이 우려하고 있는 순응에 대조되는 개념인 개별성은 다수 의견에 대한 저항의 의미로 해석되면서 마치 반사회성을 요구하고 있는 것 같으나, 전혀 그렇지 않다. 개별성이 제고되기 위해서는 사회성을 전제로 하기 때문이다.

사람들은 다른 사람들과 교류하면서 다양한 삶의 형태를 경험한다. 이러한 경험을 통해 사람들은 주변 세계를 보고 자신의 내면을 깊게 조사하여 자신의 견해가 왜 그리고 어떻게 형성되는지를 파악할 수 있다. 이러한 경험을 하는 가운데, 자신의 내적 신념에 근거하여 의사 결정을 내릴 수 있다. 개별성은 우리들이 세상을 경험하면서 형성된 자신의 가치와 염원을 반영하는 삶을 스스로 결정하고 실천할 때 나타난다. 자율성 개념이 아마도 개별성 의미와 유사하다고 할 수 있다. 그러나 칸트가 주장하는 자율성과는 매우 다른 개념이다. 칸트가 논하는 자율성은 보편적인 이성을 근거로 하고 있다. 즉, 보편적인 이성의 법칙을 따라서 자신의 자아를 형성해 간다는 의미이다. 반면에, 밀이 의미하는 자율성은 칸트의 보편적인 이성에 근거한 자아와는 구별이 된다.

밀은 개인이 끊임없이 변화하는 존재임을 전제로 삼는다. 스탠리 카벨 Stanley Cavell은 인간은 끊임없이 변화하는 존재이며, 그 변화의 과정에서 각자가 지닌 가능성 또한 확장되거나 전환된다고 본다. 이때 개인은 이전과는 다른, 그러나 실현할 수 있는 새로운 자아를 발견한다. 이는 마치 기존의 자아를 중심으로 또 다른 원이 그려지며, 점차 그 둘레가 넓어지는 것처럼 이해할 수 있다. 즉, 변화는 단절이 아니라 확장의 형태로 나타나며, 새로운 자아는 기존 자아의 연속선상에서 형성된다.[28] 이처럼 사람들의 성취를 규정할 수 있는 객관적 모델이 존재하지 않으며, 고정적이고 원초적인 '진정한 자아' 또한 없다고 볼 수 있다. 따라서 개별성의 목적은 무한하며, 자신을 완전하다고 여기는 순간 개별성의 추구를 포기하는 것과 다름없다.

우리는 개별성을 왜 추구해야 하는가? 밀에 따르면, 개인은 정치, 경제, 문화적 압력에 의해 타인의 뜻대로 조종되는 수동적 존재가 되어서는 안 된다. 이를 방지하고 무비판적으로 따르지 않기 위해서는 개별성을 길러야 한다고 그는 강조한다. 개별성 추구는 외부의 지배적 가치나 권위에 맹목적으로 복종하지 않고, 스스로 생각하고 선택하는 주체로 살아가기 위한 필수적인 조건이다. 현대 사회는 개인을 자본주의 체계 속의 단순한 소비자나 생산자로 전락시키는 경향이 있다. 사회 명성과 경제 논리가 개인의 행동을 결정짓는 주요 동기로 작용하게 만든다. 이러한 구조적 압력에 저항하지 못하는 사람들은 결국 자기 삶의 주인이 되지 못한 채, 타인이 만들어 놓은 삶의 틀에 스스로 끼워 맞추며 체념적인 방식으로 살아가게 된다. 이러한 상황에서 개별성은 자신이 삶의 주체로서 존재하기 위한 핵심적인 방식이다. 개인이 자신의 삶을 자율적으로 통제하지 못할 경우, 민주주의 사회에서 모든 시민이 져야 할 공적 책임을 소홀히 하게 된다. 결과적으로 타인에게 직접 혹은 간접적인 피해를 주는 위험으로 이어진다.

우리는 살아가면서 자신 삶과 생각이 다른 사람들, 그리고 과거와 현재의 환경에 자연스럽게 영향을 받는다. 우리는 순응할 수 있다. 때로는 습관적으로 자신들의 훌륭한 판단에 거슬러서 충동적으로 생각하고 행동하기도 한다. 이러한 태도는 자아 상실을 초래할 수 있다. 그러나 그 영향력이 인식될 정도로 명확하지는 않다. 이처럼 습관들이나 충동들이 다른 사람들에게 부적절한 영향을 미칠 수 있다. 하지만 개별성 추구는 다른 사람들에 대해 영향을 미치는 것을 포기하거나 혹은 영향을 받는 것을 포기하는 것이 아니다. 또한 사람들로부터 고립되어서 전혀 움직이지 않는 것도 아니다. 다른 사람들과 어울려 지내면서 삶의 풍부한 경험을 바탕으로 자신의 삶을 계획하고자 함이 목적이다.

이를 위해 무엇보다 요구되는 태도는 바로 성찰이다. 자신을 신중하게 성찰함으로써 자신이 무엇을 원하는지, 이를 위해서는 어떻게 해야 하는지에 대한 깊은 생각이 필요하다. 일반적으로 사람은 자신이 간직하고 있는 믿음과 가치들을 문화, 역사, 가족, 조상, 심지어 또래 친구들로부터 무분별하고 자연스럽게 전해 받는다. 사람은 태어날 때부터 외부에 있는 다른 사람들과 접촉하며 그들의 행위에 순응할 수밖에 없다. 따라서 개별성을 고양하기 위해서는, 타인과의 관계에서 자연스럽게 형성되는 여러 가치와 믿음 등에 대해 주도면밀하게 살펴볼 필요가 있다. 이때 어느 정도의 거리를 두고 성찰하면서 자신의 개별성을 제고시켜야 한다. 이러한 의미에서 개별성은 자기 파괴를 할 수 있는 결단력이 요구된다.

밀의 개별성은 관용과 밀접한 관계가 있다. 밀은 자신의 공리주의를 위해 성격의 미학을 발전시켰다. 공리주의 미학 용어가 모순처럼 보일 수도 있다. 미의 개념이 공리주의 윤리에서 전혀 맞지 않는다고 생각될 수도 있다. 그러나 공리와 미학, 도덕과 미학 사이에는 전혀 모순이 없다. 공리를 증진하는 가장 좋은 방법은 자신의 존재를 아름다운 존재로 만드는 것이다. 나아가 타인이 아름다운 존재가 되는 것을 적극적으로 도와야 한다. 밀은 주로 타인과의 관계를 중요하게 생각했다. 이러한 측면에서, 관용은 타인을 자율적인 존재로 만든다. 또한 관용은 본질적으로 다른 사람들과의 특정한 관계 방식을 의미한다. 그러나 이러한 이해는 밀 논의의 절반에 불과하다. 관용은 단지 타인의 자율성을 보존하기 위해서만 중요한 것이 아니라 관용을 실천하는 사람의 성격에도 긍정적인 영향을 미칠 수 있기 때문에 중요하다.

개인의 내적 문화 측면에서, 밀의 관용은 다른 사람들과 관계를 맺는 방식이다. 나아가 다른 사람을 통해 자신과 환경과의 관계를 새롭게 맺는 방식이다. 왜냐하면, 관용을 실천할 때마다 자신이 처한 사회적 환경을 변화시킴으로써 자신의 성격 형성에 영향을 주기 때문이다. 특히, 관용은 다양성을 증진하는 역할을 한다. 다양한 사람들과의 교류는 자신의 개별성 제고에 도움이 되는 다양한 자극을 받을 수 있다. 관용은 타인의 자유를 존중하기 위한 수단만이 아니다. 자신의 성숙과 자율적 사고를 위해서도 필수적이다. 타인의 다양한 의견과 삶의 방식을 받아들이는 태도는 자신의 시야를 넓히고 편협함에 빠지지 않도록 도와준다. 따라서 관용은 공동체를 위한 덕목이면서 동시에 자기 자신을 위한 덕목이기도 하다.

밀은 개인의 자유와 개성을 최대한 보장하면서도 사회 전체의 질서와 안정을 해치지 않는 균형 잡힌 사회 모델을 구상하였다. 그는 자율적이고 창의적인 개인들이 서로 다른 삶의 방식을 실험하고 공존할 수 있도록 하되, 타인의 자유가 침해되지 않도록 최소한의 규범과 원칙이 작동하는 체제를 제안했다. 다시 말해, 밀의 사회는 자유와 다양성 그리고 책임 있는 공동체 의식이 조화를 이루는 이상적 사회이다. 그렇지 않으면, 지나치게 역동적인 사회는 내부적으로 붕괴할 위험이 있었다. 개별성이 번성하기 위해서는 경제 활동과 같은 전통적인 영역 외에도 인간 활동을 위한 새로운 영역을 개척해야 한다는 점이다. 밀은 이를 "출세의 기술art of getting on"과 대비되는 "삶의 기술art of living"[29]이라고 불렀다. 물질적인 축적도 중요하지만, 사람은 자신의 정신문화와 도덕성을 제고시킴으로써 사회 진보를 가능하게 해야 한다. 밀의 공리주의는 무엇이 자신에게 가장 좋은지를 결정하는 데 개별성 함양이 중요한 역할을 한다는 전제에 기반을 두고 있다. 개별성 함양은 행복을 증진하는 데 중요한 역할을 한다. 이는 개인이 가능한 한 다양한 즐거움을 경험할 수 있고, 그 즐거움들을 실험하고 평가하며 등급을 매겨 삶의 전체적인 계획을 설계할 수 있기 때문이다. 이것이 바로 밀이 언급한 '삶의 기술'이다. 자신 인생의 목표가 무엇인지, 왜 그 목표를 정하였는지, 이를 실현하기 위해 무엇이 필요한지를 끊임없이 생각하고 실천하는 과정이 중요하다.

눈에 보이지 않는 제약과 개별성의 관계

개인의 자유에 대한 제약이 시위를 진압하는 경찰과 같이 물리적인 형태로 나타나는 경우가 있다. 그러나 밀이 《자유론》과 자신의 저작물에서 우려하고 있는 제약은 '개인의 심리'와 깊은 관련이 있다. 물리적인 제약은 저항할 수 있지만, 눈에 보이지 않는 사회로부터의 제약은 인지하기가 힘들다. 사람들의 심리를 알게 모르게 위협하기 때문이다. 이러한 심리적인 압박을 밀은 우려하였다. 그러나 기존의 자유론 자들은 다양성을 위협하는 심리적인 압박에 대해서는 미처 파악하지 못했다. 개인이 자신과 관련된 영역에 대한 사회의 간섭에서 벗어날 수 있다.

그러나 밀이 중요하게 생각하고 있는 부분은 자신의 독특함을 보장하는 고유한 정신적인 세계이며 지적 능력인 내면의 세계이다. 이는 개인의 행복을 가능하게 하는 데 중요한 요소이다. 내면의 세계는 바로 개별성과 관련이 깊다.[30] 소크라테스의 격언인 "너 자신다워야 한다(being yourself)"라는 말은 밀의 내면의 세계에 대한 강조와 깊은 관련이 있다. 이는 오늘날 우리에게도 여전히 중요한 의미를 지닌다.[31] 밀은 개별성과 내면의 세계를 밀접하게 연결 짓고 있다. 이를 통해 그는 단지 현재의 외적 억압뿐 아니라 과거로부터 이어져 온 제약이 개인의 자유와 자아 형성에 미치는 지속적인 영향에 더욱 주목하고 있다. 개인이 진정한 자기가 되기 위해서는 과거와 현재의 다양한 제약을 인식하고, 그것에게서 벗어나려는 성찰과 노력이 필요하다.

한 개인이 단지 전통이나 관습이라는 이유로 특정 행동이나 신념을 강요받는다면, 겉으로는 자유로워 보일 수 있다. 하지만 실제로는 자신의 삶을 스스로 결정할 자율성과 비판적 사고 능력을 상실하게 된다. 타인의 간섭이 없더라도 자신의 신념과 선택이 스스로 깊이 성찰한 결과가 아니라면, 진정한 의미에서 자유로운 존재라고 볼 수 없다.[32] 이러한 논의는 밀이 강조하고 있는 개별성의 중요성을 들여다보면 더욱 명확하게 이해될 수 있다. 밀은 개별성을 강조함으로써 단지 다양성을 옹호하고자 함이 아니다. 자신을 위해 무엇이 최선인지를 구별할 수 있고, 자신이 추구할 수 있는 능력을 학습함으로써 개별성을 제고할 수 있다. 결과적으로 밀의 주요 논점은, 성격의 다름에 대한 관용을 촉진하고 개인들이 자신의 능력을 발전시키는 과정이 바로 자유와 깊은 관련이 있다는 점이다. 이러한 맥락에서 밀은 사람이 "단지 관습merely as custom"[33]이기 때문에 관습에 순응하는 것을 우려하였다. 여기서 문제는 개인이 단지 전통에 순종한다는 사실이 아니다. 그 사람이 어떠한 성찰도 없이 수동적으로 받아들이는 데 문제가 있다. 전통적인 가치가 마치 영원한 진리인 양 받아들여지고 오랜 시간 습관화됨에 따라 개인이 그 가치를 바탕으로 자유롭게 행동하더라도, 그의 의지와 인식은 진정한 자유를 갖지 못한다.[34]

밀의 자유 개념은 단순히 '원하는 행동을 하는 시점'에 간섭이 없는 상태를 뜻하지 않는다. 오히려 그것은 개인이 자신의 미래 정체성과 삶의 방향을 주체적으로 형성할 수 있도록 보장하는 필수 조건으로 이해되어야 한다. 밀은 개별성 제고를 제약하는 것들을 개인의 자유를 침해하는 독재라고 보았다. 개별성은 자신을 위해 의식적으로 선택함을 의미한다. 자신들이 어떠한 행위를 할 것인가? 더욱 근본적으로 어떠한 목적을 추구할 것인가를 스스로 판단해야 한다. 개인은 외부의 권위나 집단적 압력에 무비판적으로 복종해서는 안 되며, 진정한 자유를 누리기 위해서는 스스로 사고하고 자신의 삶을 주체적으로 형성할 수 있는 능력을 길러야 한다. 이는 전통이나 사회적 규범에 단순히 따르는 것이 아니다. 다양한 삶의 가능성을 인식하고 그중에서 자신에게 가장 적합한 방식을 선택할 수 있어야 함을 의미한다. 밀에 있어 자유란 고정된 상태가 아니다. 개인이 점진적으로 자율성과 판단력을 키워가는 과정이다. 이러한 개인의 독립성은 흑백논리로 나뉘는 것이 아니라 점진적이고 유동적인 스펙트럼 위에서 이해되어야 한다.

이 연속선의 가장 낮은 단계에는 스스로 생각하고 판단하는 능력이 부족한 사람들이 위치한다. 이들은 전통적인 가치나 사회 관습을 아무런 의문 없이 그대로 받아들인다. 자기만의 생각이나 개별성을 거의 드러내지 못한 상태이다. 이들은 사회로부터 전해진 규범을 단순히 습관처럼 따르는 존재로 볼 수 있다. 반면, 밀은 '천재'라고 부르는 사람들을 이와는 정반대에 놓인 이들로 보았다. 이들은 독창적인 생각을 하며, 주어진 틀에 얽매이지 않고, 비판적으로 사고

하며 스스로 선택할 줄 아는 높은 독립성을 지닌 사람들이다. 그러나 이 양극 사이에는 다양한 정도의 독립성을 지닌 개인들이 존재할 수 있다. 이러한 맥락에서 독립성은 고정된 기준이 아니라 주관적 판단과 성찰의 깊이와 관련된 개념으로 이해되어야 한다.

예를 들어, 한 개인이 전통적 가치를 따르더라도, 단순히 모방하는 것이 아니라 그 가치의 논리를 이해하고 비판적으로 수용한 것이라면, 그 사람은 자신의 개별성을 지닌 존재로 볼 수 있다. 중요한 것은 그 가치가 '새로운' 것인지가 아니다. 개인이 그것을 성찰적으로 선택했는지가 중요하다. 다시 말해, 자율적 선택의 능력을 행사했는가가 자유의 기준이 된다. 이 점에서 밀은 전통과는 다른 삶의 방식을 반드시 선택해야 한다고 주장하지 않는다. 오히려 그는 다양한 삶의 가능성에 노출된 상태에서 개인이 자신에게 가장 적합하다고 여기는 방식을 의식적으로 선택하는 것이 자유의 핵심이라고 보았다. 자유란 특정한 삶의 양식을 실현하는 것 그 자체가 아니다. 자신이 그 양식을 선택했다는 성찰적 의식과 판단 능력에 근거할 때 비로소 성립한다.

일반적으로 사람들은 외부에서 강제나 억압이 없을 때 자유롭다고 여긴다. 그러나 밀은 자유를 단순한 외적 방해의 부재로만 보지 않는다. 근본적인 차원에서 자유의 의미를 탐구하고 있다. 즉, 명약관화한 물리적인 장애물이 아니라 사람들의 깊은 심리에 대한 장애물을 언급하고 있다. 사람들의 인지 구조에 은밀한 영향력이 작동하는 것 또한 밀은 개별성을 불가능하게 만든다고 주장하였다. 이를 고려하면, 밀의 자유 개념은 외부로부터의 억압뿐만 아니라 내면의 세계를 억압하는 장애물로부터의 자유를 의미한다. 사람들은 관계를 맺으면서 끊임없이 타인에 의해 영향을 받기도 하고 타인에게 영향을 주기도 한다. 밀은 수많은 영향 중에서 개인의 개별성 제고에 도움이 되거나 그렇지 못한 영향력이 있음을 논의하고 있다.

밀은《자유론》에서 개별성을 제고하기 위하여 토론의 자유를 강조하고 있다. 토론은 개인성과 사회성의 접점이다. 개인은 고립된 상태에서는 자신의 개별성을 함양할 수 없다. 이 지점이 밀과 고전 자유론자들과의 차이다. 밀은 인간을 독립적으로 고립된 개체가 아니라, 타인과의 관계를 통해 삶을 형성해 가는 사회적 존재로 바라보았다. 그는 이러한 인간관계의 영향, 즉 사람들 사이의 힘의 작용이나 상호작용이 개인의 자유에 커다란 영향을 미친다고 생각했다. 다시 말해, 개인의 자유는 단순히 외부의 강제나 간섭뿐만 아니라, 사회적 상호작용과 관계망 속에서 형성되고 제한되기도 한다는 것이다.

이와 관련하여 밀은 토론과 개별성의 중요성을 강조한다. 토론은 다양한 의견과 관점이 충돌하고 조화되는 과정으로, 개인이 자신 생각을 비판적으로 성찰하고 발전하는 데 필수적이다. 토론을 통해 개인은 타인의 시각을 이해하고 자신의 의견을 검증하고 그 과정에서 자신만의 독립적인 개별성을 형성할 수 있다. 따라서 토론은 단순한 의사소통을 넘어, 개인의 자율성과 자유를 확장하는 중요한 사회적 장치라고 할 수 있다. 이러한 맥락에서 토론과 개별성의 관계에 관한 밀의 논의를 살펴볼 필요가 있다.

토론의 자유와 개별성 제고

밀은 개인의 주체성을 위해 개별성이 중요하다고 보며, 이를 발전시키기 위해서는 생각의 다면성 many-sidedness 과 인지의 역할을 강조한다. 그는《자서전》에서 사람들이 믿는 진리는 대부분 "부분적인 진리 half-truth"에 불과하다고 지적하고 괴테가 말한 "생각의 다면성"의 중요성을 언급한다.[35] 밀은 진정한 체계란 "내가 이전에 생각했던 것보다 매우 복잡하고 다면적"임을 깨달았다고 말한다.[36] 따라서 밀은 반대 의견을 비교하고 대조함으로써 지성을 확장할 수 있다고 보았다. 그는 합리주의자인 벤담과 낭만주의자인 콜리지Coleridge를 존중하며, "그들의 방법들과 생각들이 서로 보완되어야 한다."[37]라고 주장한다. 밀은 어떤 의견을 절대적으로 옳다고 확신하며 고집하는 것을 지양해야 한다고 강조한다. 상반된 견해들과의 충돌과 비교를 통해 진리에 더 가까이 다가가고, 그 과정에서 자신의 사고 능력과 개별적 인격을 지속적으로 성장시켜야 한다. 밀은 다양한 의견에 열려 있는 태도야말로 개인의 자율성과 지성의 발달에 필수적이라고 보았다.

밀은 사회 현상이나 인간의 행위가 수학 문제처럼 하나의 정해진 해답이 있지 않다고 본다. 그는 사람들이 이러한 사안들을 객관적으로 이해하기보다 각자의 주관적 관점에 따라 해석하려는 성향을 지닌다고 지적한다.[38] 따라서 아무리 현명한 사람도 자신의 해석이 불완전할 수 있으며, 누구도 실체를 완전히 파악할 수 없다. 그는 "그 어느 때보다도 최고조의 지식 업적을 성취했다고 말한다면, 그것은 오만"[39]이라고 비판하면서, 지식은 끊임없이 발전한다고 강조했다. 이처럼 인간은 "진리의 반쪽만을 바라볼 수밖에 없는"[40] 존재이다. 이러한 인식의 한계는 지적 발전을 방해한다. 이러한 배경에서 밀은 검열에 반대하는 두 가지 논리를 제시한다. 첫째, 인간은 오류를 범하는 존재로, 어떤 믿음이든 절대적으로 옳다고 단정할 수 없다. 사람들은 한때 천동설을 믿었고, 파라오를 신이라 여겼다. 오늘날 확신하는 것들도 미래에는 거짓으로 판명될 수 있다.[41]

둘째, 인간은 경험과 비판적 토론을 통해 자신의 오류를 수정할 수 있다. "자신들의 의견을 수정하고 개선하기 위해서는 그것들을 많은 사람에게 공개하고 다른 사람들이 자신들의 실수를 지적함으로써" 잘못을 인식할 수 있다. 토론이 없다면 지식은 정체되고 만다. 밀은 자유로운 표현이 항상 진리를 담보하지는 않지만, "우리 자신의 실수를 고칠 수 있는 최상의 방법"임을 강조한다.[42] 권력자가 비판을 받아들이지 않는다면 이는 자신이 절대 실수하지 않는다는 오만한 태도를 드러내는 것이다. 이에 반대 의견이 배제된 주장은 생명력을 잃은 고정된 신념, 즉 죽은 교리에 지나지 않게 된다.[43]

모든 종교도 초기에는 생명력 있는 설교를 하지만, 사회적으로 자리 잡으면 "초기의 신선함보다[44]는 기계적인 모습"[45]으로 변한다. 밀은 통설이나 믿음을 옹호하는 사람일수록 반대 의견을 고맙게 여겨야 한다고 말한다. 실제로 로마 가톨릭교회는 성인을 임명할 때조차 "악마 대변자의 온갖 반대 이야기"[46]에 귀를 기울인다. 이는 누구든 반대 검증 없이는 완전할 수 없다는 점을 시사한다.[47] 밀은 중요한 진리에 대해 비록 반대자가 없더라도 반대자가 있을 것이라 상정해야 하며, 가장 능숙한 악마 대변자들로부터 가장 강력한 반대 의견을 들어야 한다고 말한다. 진리에 가까이 가기 위해서는 대조되는 의견과의 비교·검증이 필요하다.

반대 의견이 존재한다는 것은 매우 반가운 일이다. 질서나 안정의 정당과 진보나 개혁의 정당이 건강한 정치를 위해 모두 필요하다. 마찰이 없는 사회는 건전한 사회가 아니다. 항의할 권리와 그것을 행할 능력이 없다면, 정의도 없고, 추구할 가치가 있는 목적도 없다. 항변할 수 있는 자유는 사람들이 자신의 오류를 수정할 기회를 제공한다. 이는 진리로 여겨지는 명제가 관성적인 편향이나 고정관념으로 굳어지는 것을 방지한다.[48] 새롭고 다른 방식으로 생각하고 행동할 수 있는 용기가 부족한 수동적인 사람들이 나타나는 것을 예방한다. 어떠한 토론과 성찰 없이 단지 다수의 생각을 받아들이는 사회는 정체될 수밖에 없다. 더불어 사회 구성원들 인식의 자유를 스스로 해치는 결과가 나타난다.

사람들은 전통적으로 전승되어 온 의견들과 현재 자신들이 느끼는 감정들을 절대적인 사실[49]이라고 받아들이는 경향이 있다. 과거부터 내려온 의견들과 감정들이 당시 습관의 일부이기 때문에 그러한 것들을 지칭하는 단어들을 들었을 때 사람들은 그 어떠한 의심도 없이 받아들인다.[50] 밀은 받아들여지고 있는 의견들과 같은 상투적인 말들을 해체하기 위해서는 무엇보다도 소크라테스의 대화법이 필요하다고 역설하고 있다. 개인과 사회 모두 편향bias이 존재한다. 편향은 사람들에게 실수를 범하게 하는 것이 아니라 잘못된 이론을 받아들이게 한다.[51] 우리는 불가피하게 일정한 허위의식을 지니고 살아갈 수밖에 없다. 이러한 인지적 편향의 영향을 완화하기 위해서는, 자신 입장과 반대되는 주장 역시 적극적으로 고려할 필요가 있다. 인간은 선천적 특성과 후천적 경험을 통해 특정한 관점이나 가치를 선호하는 경향을 보인다. 이런 성향은 역사 속에서 여러 철학 이론이 발전하는 데 영향을 미쳤다. 이러한 이론들은 우리가 중요하게 여기는 이념에 정당성을 부여하고 개인이 느끼는 선호의 감정을 이론적으로 뒷받침해 주었다. 따라서 지적인 면에서 매우 출중하여 진리의 빛에 접근하는 사람들도 세상의 전반적인 성향으로 인해 그릇된 주장들을 받아들일 수밖에 없다.[52] 이러한 측면에서 밀은 토론의 자유와 괴테의 다양한 측면을 강조한다.

사람들은 자연스럽게 자신이 살고 있는 국가와 사회의 정신적인 역사에 영향을 받을 수밖에 없다. 따라서 개별성을 위해서는 "분석의 습관"[53]을 습관화해야 한다. 이렇게 함으로써 전통적으로 내려오는 관념들이 미성숙하고 편향된 사고를 지닌 사람들의 사고방식을 억누르고 있다는 점을 비판할 수 있다. 이러한 뿌리 깊은 습관들을 극복하고 비판적으로 성찰하는 과정은 끊임없는 노력을 요구하는 일종의 투쟁이다. 근거 없는 편견은 단지 개인의 인지적 한계나 관심 부족 때문이 아니다. 그것은 오히려 다양한 의견이 억압되고 하나의 지배적인 견해만이 당연시되는 사회적 환경에서 형성된다. 이는 개인의 문제가 아니라, 비판과 토론이 억제된 집단적 분위기 속에서 편견이 구조적으로 재생산되는 결과이다.

예를 들면, 한국인들이 흑인과 삶을 살지도 않았으면서, 흑인을 '연탄과 같다'라는 말로 흑인을 비하하는 경우가 있다. 과연 흑인과 연탄의 연상이 어디에서 나왔는가? 과연 흑인이 연탄이라는 말이 흑인의 검은색만을 의미하는 것인지 아니면 흑인을 다른 무엇으로 표현하고자 함인지를 철저하게 분석할 필요가 있다는 말이다.[54] 흑인들을 열등한 인종으로 간주하면서 우리들은 우월감을 자연스럽게 표현한다. 이러한 편견에 의해 형성된 감정이 종종 흑인과 관련된 문제들에도 영향을 줄 수 있는 개연성이 높다.

다른 예를 들면, 원시인이라는 말을 생각해 보자. 그들의 실체를 파악한 이후에 원시인이라고 칭하는지 아니면 자신들보다 열등하다고 간주하기 때문에 원시인이라고 하는지 등에 대해 심각하게 생각할 필요가 있다. 그들을 '원시인'이라 부르는 것은 단순한 명칭이 아니다. 그들을 열등한 존재로 규정함으로써 자신들의 문명이나 가치 체계를 더 우월한 것으로 드러내려는 의도일 수 있다. 이는 타자를 낮춤으로써 자기 정체성과 지위를 정당화하려는 행위로 해석될 수 있다. 결국 자신들을 위함이다. 논리적인 타당성이 없으면서 단지 감정적인 믿음이 사람들의 판단에 커다란 영향을 미치는 것을 보면 적잖이 놀란다. 사람들은 종종 사회 내 지배적인 감정에 예속되는 경우가 많다. 다수의 주장이나, 많은 이들이 자연스럽게 받아들이는 편견에 대해 비판적으로 분석하는 일은 필수적이다. 이러한 성찰이 바로 인식의 자유로 나아가는 첫걸음이다. 밀은 대상을 이해하는 과정에서 개인적 감정과 사회적 감정의 영향을 최소화하는 방법을 공론의 장, 즉 토론에서 찾고자 하였다. 그는 특히 소크라테스의 대화법, 즉 개인 차원의 변증법적 탐구를 통해 이러한 문제에 대한 해답을 모색하였다.

　소크라테스의 대화법은 어떤 주장이 옳은지 그른지를 단정하는 데 초점을 맞추기보다는, 그 주장이 어떻게 형성되었는지를 따져보고 그 과정에서 드러나는 전제나 논리의 허점을 비판적으로 점검하는 데 목적이 있다. 결과보다는 사고의 경로와 그 타당성을 검토하는 데 중점을 두는 철학적 탐구 방식이다. 모든 개인은 자신의 견해에 대하여 일정한 전제와 논리적 근거가 있으며, 대화법은 바로 이 전제의 타당성과 정합성을 진단하는 데 초점을 둔다. 따라서 대화의 핵심은 '무엇을 생각하는가?'가 아니라 '왜 그렇게 생각하게 되었는가?'를 탐구하는 데 있다.

　소크라테스의 문답법은 단순한 지식 전달이나 의견 교환에 머무르지 않는다. 이는 상호 간의 비판적 질문을 통해 개인이 자신 생각 속에 숨어 있는 전제들을 자각하게 하고 그것이 논리적으로 타당한지를 스스로 검토하게 만든다. 이러한 과정은 단순한 주장이나 결론보다, 생각이 형성되는 과정을 성찰하는 데 초점을 둔다. 하지만 일반적으로 사람들은 타인이 말하는 내용에만 반응하고, 그 생각이 어떻게 형성되었는지에는 관심을 기울이지 않는 경우가 많다. 이에 비해 소크라테스식 대화법은 개인의 경험, 사회적 관계, 과거의 판단 등이 어떻게 작용하여 특정한 의견이 구성되는지를 탐색함으로써 사유의 기원을 파헤친다. 이러한 관점은 밀의 사상과 깊은 연관이 있다. 다음 장에서는 밀의 철학이 왜 이러한 대화법을 이상적인 토론 형식으로 여겼는지 살펴본다. 더불어 그것이 개인의 자유로운 사고와 자율성의 기반을 어떻게 마련하는지 분석하고자 한다.

5장

밀이 해석한 소크라테스 대화법과
인식의 주체

밀이 해석한 소크라테스 대화법과
인식의 주체

밀은 《자유론》에서 소크라테스를 높이 평가한다. 그가 소크라테스에게 깊은 관심을 보인 이유는 앞서 논의한 토론과 개별성의 관계에서 찾을 수 있다. 밀은 소크라테스의 대화법을 단순한 논리적 설득 기법으로 간주하지 않고, 그것을 개인의 자율성과 개별성을 함양하는 데 필수적인 수단으로 이해하였다. 이는 영국의 전통적인 자유론자들 - 예컨대 홉스나 로크 - 의 입장과는 구별된다. 이들은 자유를 주로 외부의 간섭으로부터의 자유, 즉 개인 행위에 대한 제약의 제거로 간주하였다. 이러한 견해는 이사야 벌린Isaiah Berlin이 말한 '부정적 자유'의 개념과 일맥상통한다.

자유는 단지 외적인 억압에서 벗어난 상태 이상이다. 인간이 자신의 이성과 의지를 통해 삶을 능동적으로 설계하고 실현해 나갈 수 있는 내적인 역량을 갖추는 것을 뜻한다. 밀은 진정한 자유의 핵심을 내적 자유에서 찾았다. 이는 단순히 외적 간섭이 없는 상태를 넘어, 개인이 자율적으로 판단하고 자기실현을 이룰 수 있는 조건을 뜻한다. 더불어 공동체의 도덕과 지적인 발전을 위해 필요한 요소로 강조하였다. 자유란 단순히 외부의 간섭이나 제약이 없는 선택 가능성만을 의미하는 것이 아니다. 나아가 밀의 자유는 이성적 숙고와 자기 통제를 전제로 한 주체적인 삶을 기획하고 실천할 수 있는 능력과 조건을 포함한다.

밀과 소크라테스의 공통된 고민은

　밀은 인간관계에서 권력이 작동되면서 독재가 나타난다고 본다. 이러한 독재는 다원주의를 무색하게 하고 자유롭게 인식할 수 있는 행위자의 자율성을 침해한다. 타인의 행동을 억압하거나 통제하면, 그들이 스스로 판단하고 선택할 권리를 저해한다. 이는 집단의 이름으로 일방적인 순응을 요구하는 결과를 낳을 수 있다. 결과적으로 개인의 자발적 판단과 실천의 가능성을 없애는 위험을 초래한다. 앞에서 논의하였듯이, 인식의 자유를 침해하는 행위가 사람들의 마음 혹은 정신을 억압한다면, 이를 방지하는 방법을 모색하기 위해서는 바로 사람들 마음의 족쇄를 없애는 데서 시작된다. 그렇다면, 마음의 족쇄는 무엇이고 제거하는 방법은 무엇인가? 자유롭고 독립적인 인식의 주체가 되기 위해서는 무엇이 필요한가? 앞 장에서 논의한 토론이 하나의 방법이 될 수 있다.

　인간이 어떤 주제를 올바르게 이해하는 가장 효과적인 방법은 다양한 관점에서 제기된 타인의 의견을 경청하는 데 있다. 그리고 이를 자기 생각과 비교하며 검토하는 과정에서 이해가 심화된다. 밀은 이러한 태도가 곧 자기 판단의 신뢰성과 정당성을 높이는 길이라고 보았다. 그는 자신의 견해에 잠재된 오류를 인식하고, 그것을 수정하거나 보완하려는 개방적이고 성찰적인 자세를 통해 비로소 진리에 가까워질 수 있다고 보았다. 이러한 맥락에서 밀은 고대 철학자 소크라테스의 대화법에 주목한다. 소크라테스의 대화법은 단순한 논리적 논박을 넘어, 끊임없는 질문과 응답을 통해 자기 생각을 다듬고 타인의 관점을 수용하는 과정이었다. 그는 이러한 과정을 통해 사고를 점점 더 깊이 발전시켜 나갔다.

이는 밀의 자유 개념과 사상적 전제, 그리고 그가 옹호한 표현의 자유 논의의 철학적 토대와 불가분의 관계가 있다. 밀은 자유로운 의견 교환과 논쟁을 통해 진리를 만들어 간다고 보았다. 이는 곧 사회 전체의 지적 성장과 도덕 성숙에도 도움이 되는 과정이라고 평가했다. 따라서 소크라테스 대화법은 밀의 《자유론》에서 핵심적인 의미를 가지며, 단지 개인의 자유를 옹호하는 차원에 그치지 않는다. 진리 탐구와 민주 사회 형성의 근간으로서 '표현의 자유'를 정당화하는 철학적 토대를 제공한다.

밀은 자신이 플라톤의 철학에 많은 영향을 받았다고 고백하고 있다. 밀이 언급한 플라톤의 사상은 플라톤의 이데아 논의가 아니라 플라톤 초기의 소크라테스 대화법[1]을 의미한다. 대화법은 자신 의견의 모순을 스스로 깨닫고 수정하게 하는 데 의의가 있다. 19세기 영국에서 다수의 사람이 해당 주제에 대해 충분한 생각과 정보가 없이 타인들의 의견을 추종하는 현상을 밀은 목격하였다. 그는 타인의 의견에 대해 깊이 성찰하지 않고 마치 자신의 의견인 것처럼 여기는 사람들의 태도를 우려했다. 이러한 현상이 비판적 사고의 약화를 초래할 수 있다고 보았다. 이를 교정하기 위해서는 정확한 사고력이 필요하다고 밀은 생각했다. 이를 위해서는 대화법이 최상의 방법이라고 간주하였다.[2]

밀은 자신과 같이 소크라테스도 민주주의에서 관찰되는 순응자들의 문제점을 지적하고 있다고 보았다. 소크라테스가 소피스트들을 공격한 근거는 그들이 그릇된 의견들을 일반인들에게 말하였기 때문이 아니다. 당시 일반인들이 듣기 좋아하는 의견들을 소피스트들이 반복함으로써, 일반인들이 아테네의 지배적인 여론을 진리처럼 생각하게 하였기 때문이다.[3] 소크라테스와 플라톤은 일반인들이 "전통적인 의견들과 동시대의 감정들을 궁극적인 진리"[4]로 받아들이는 경향에 대해 우려를 표명하였다. 따라서 소크라테스는 사람들이 동의 혹은 반대하는 근거가 되는 진술의 "모호한 일반성 vague generalities"[5]을 논리적으로 파헤침으로써 명확한 의미가 무엇인지를 탐구할 필요성을 제기하였다. 소크라테스는 통상적으로 진리라고 확정된 모든 것들을 의심하였다. 많은 사람이 받아들이는, 당시에 유행하였던 표현들 일부가 왜곡된 의미들을 포함하고 있음을 목격하였다. 대화법은 사회에서 당연하다고 받아들여지는 진리에 대해 끊임없이 질문을 던져야 함을 우리에게 요구하고 있다.

밀은 자유의 상실을 단순한 외적 제약을 넘어, 개인의 내면이 타율적 사고에 예속되는 상태로 이해했다. 이는 곧 정신의 예속, 즉 자율적 사고 능력의 상실과 비판적 인식의 쇠퇴를 통해 나타나는 인식의 노예화이다. 밀은 《자유론》에서 영국의 19세기 상황이 소크라테스가 당시의 아테네 상황을 우려하였던 부분과 유사하다고 판단한다.[6] 이를 극복하기 위해서 생각과 토론의 자유를 강조하였다. 밀이 우선으로 생각한 것은 토론의 자유이다.[7] 밀은 토론 자유의 중요성을, 첫째, 사회에서 억압하고자 하는 의견이 진실일 때, 둘째, 의견이 오류일 때, 마지막으로 의견이 부분적으로 옳고 그를 때 등의 세 경우로 나누어 설명하고 있다.[8] 밀은 자신의 의견이 여러 검증 절차를 거쳐 옳다고 인정받았더라도, 이에 반대하는 의견과 비교하며 성찰해야 한다고 주장했다. 이러한 성찰이 없다면, 비록 그 의견이 옳더라도 생명력을 잃게 된다. 결국 그것은 살아 있는 진리가 아니라 죽어 있는 독단이 된다. 사람들은 자신들의 의견을 지지하는 근거를 명확하게 인식할 필요가 있다. 비록 자신이 옳고 타인이 옳지 않더라도, 옳지 않은 의견과 대화를 나누는 것은 중요하다. 이를 통해 자신은 자신의 의견에 대한 명확한 지식을 얻고, 타인도 그 논리적 근거의 문제점을 파악할 기회를 얻게 된다.

슐라이어마허와의 만남과 소크라테스 대화법

밀은 슐라이어마허Schleiermacher를 접하면서 대화법이 당시의 공리주의자들에 의해 오용되고 있음을 인식하게 되었다. 1829년에 런던 토론 사회London Debating Society[9]를 탈퇴한 이후에 밀은 코노프 썰월Connop Thirlwall의 《철학적인 박물관Philosophical Museum》(1833) 책에서 슐라이어마허의 "철학자로서의 소크라테스 가치에 관하여On the Worth of Socrates as a Philosopher"를 번역한 글을 접하면서 대화법의 진면모를 알게 되었다. 슐라이어마허의 글이 자신의 인식 세계에 다음과 같이 강한 인상을 주었다고 기술하고 있다.

> 당신은 슐라이어마허가 소크라테스에 관하여 쓴 글을 읽어 본 적이 있습니까? 나는 수없이 읽었어요. 소크라테스는 자신이 아는 것이 없다는 것을 알고 있고, 동시에 지식이 무엇이고, 지식에 이르는 길이 무엇인지를 알고 있습니다. 이제 확실하게 말할 수가 있습니다. 오랜 기간의 편협한 교육으로 인해 나의 사고가 경직되었고, 그 어떠한 진리도 확신할 수 없다는 것을, 왜냐하면 진리는 다면적many-sided으로 살펴보아야 하기 때문입니다.[10]

밀은 슐라이어마허의 글을 읽으면서 그의 아버지에게서 배운 대화법의 부정적인 측면 이외에 긍정적인 측면도 있음을 인식하였다. 밀에 있어서 소크라테스는 지식을 얻기 위해 다양한 측면에서 접근한 도덕적인 철학가였다. 첫째, 상대방 의견의 잘못을 드러내고자 공격하는 것이 아니라, 자기 논리의 결함을 깨닫게 하고, 둘째, 자기 의견을 표현하기 위하여 사용하는 단어들의 의미를 명확하게 할 필요가 있음을 강조하였다.

소크라테스는 단지 타인들의 실수를 지적하지 않고 자신이 알고 있는 "지식의 전제 조건"[11]을 입증하게 하였다. 슐라이어마허는 소크라테스가 사람들에게 무엇을 아는가뿐만 아니라 왜 그렇게 생각하는가에 관해 질문했다고 보았다. 이를 통해 사람들은 자신들이 알고 있다고 여기는 지식을 단순한 추상적 의미가 아니라 명확한 의미로 인식하게 된다. 그는 이것이 소크라테스 대화법의 핵심 목적이라고 파악하였다. 소크라테스는 대화를 통해 사람들이 스스로 인식하지 못한 채 받아들인 생각 속의 모순을 드러내고 그 모순이 생겨난 근원적 원인을 밝혀내려 했다. 그의 궁극적인 목적은 단지 오류를 지적하는 데 있는 것이 아니다. 모두가 공감할 수 있고 논리적으로 정합성 있는 새로운 관점을 함께 구성하는 데 있었다.[12] 밀은 대화법을 비판적인 성찰을 위해서 매우 중요한 방법으로 보았다. 반대하는 가능한 모든 의견을 고려함으로써 자기 의견을 엄격하게 검증하는 작업이다. 대화법은 개인의 변화를 목적으로 한다. 대화법에 근거한 토론은 능동적인 지적 활동을 가능하게 하는 호된 시련의 장이다.

밀이 해석한 소크라테스 대화법의 특징

소크라테스 문답법에 대한 밀의 해석

밀은 《자유론》에서 대화법의 중요성을 언급하였지만 상세하게 다루고 있지 않았고 《그로테의 플라톤 *Grote's Plato*》(1866)에서 자신이 이해한 대화법을 상세하게 설명하고 있다. 대화법은 두 가지 특징이 있다.

첫째, 문답법elenchus의 부정적인 면, 둘째, 일반적인 용어로 분류된 사물 혹은 대상 간의 공통의 특성을 찾는 긍정적인 작업이 있다.[13] 문답법은 상대방 의견의 오류를 지적함으로써 자신의 무지를 스스로 인식하게 하는 부정적인 토론이다. 플라톤의 초기 《대화편》을 보면, 소크라테스는 대화 상대자에게 대화의 주제에 대한 의견을 피력하라고 하면서, 상대자의 의견이 명확한지를 파악하는 질문을 던진다. 도움이 되는 사례가 바로 《라케스》에서의 라케스와 소크라테스의 대화다.

밀이 해석한 플라톤의 대화편 《라케스Laches》를 살펴보면, 아테네의 장군들인 라케스와 니키아스는 소년들에게 갑옷을 입혀야 하는지를 두고 의견이 갈린다. 이 문제를 해결하기 위해 두 사람은 소크라테스를 찾아와 그의 조언을 구한다. 소크라테스는 먼저 라케스에게 훈련의 궁극적인 목적이 무엇인지 묻는다. 이에 라케스는 갑옷 착용이 용기를 기르지 못하게 한다며, 오히려 입히지 않아야 한다고 주장한다. 반면 니키아스는 갑옷 착용을 통해 용기를 기를 수 있다고 본다. 이후 소크라테스는 라케스에게 '용기'를 어떻게 정의할 수 있는지 묻는다. 라케스는 "전장에서 대열을 유지하며 적에 맞서 도망치지 않는 것이 용기"라고 대답한다. 이에 대해 소크라테스는, 항상 '견디는 것'이 용기의 표현인지에 대해 의문을 제기한다. 그는 "도망치는 것이 오히려 더 용기 있는 선택일 수도 있으며, 무조건 견디는 것이 때로는 어리석은 행동이 아닐 수 있는가?"라고 반문한다.

이 대화에서 소크라테스는 라케스가 제시한 용기의 정의가 지나치게 협소하다는 점을 지적한다. 라케스는 용기를 '전장에서 자리를 지키고 물러서지 않는 것'으로 설명하고 있다. 소크라테스는 이러한 개념이 주로 장갑 보병hoplite으로서의 특정한 전투 방식에 국한된 것임을 문제 삼는다. 그는 전투의 양상이 다양한 현실, 예를 들어 기병이나 궁병의 작전, 전략적 후퇴와 같은 상황에서도 용기가 발휘될 수 있다는 점을 제시함으로써, 라케스의 정의가 용기의 본질을 포괄적으로 설명하지 못한다는 점을 드러낸다. 이를 통해 소크라테스는 용기를 단지 특정 행위나 상황에 의존하지 않고, 본질적인 성격을 지닌 덕목으로 파악하고자 한다. 그는 예시로 스키티아 전차병을 들며, 이들은 전장에서 도망치며 싸우는 전술도 사용한다고 말한다. 이에 라케스는 자신의 입장을 수정하여 "용기란 지혜롭게 견디는 힘"이라고 정의한다. 그러자 소크라테스는 "용기와 지혜가 반드시 연결되는 덕목인가?", "지혜롭지 못한 목적을 추구할 때 나타나는 용기를 과연 찬양할 수 있는가?"라고 질문한다. 이때 니키아스는 용기를 "무엇을 두려워하고, 무엇을 희망해야 하는지를 아는 것"이라고 설명하며, 용기의 본질이 분별력과 예지력에 있다고 본다. 그러나 소크라테스는 다시 "미래에 대한 완전한 지식이 없더라도 용기를 가질 수는 없는가?"라고 질문하고, 이에 두 장군은 더 이상 대답하지 못했다. 라케스는 특정한 상황에서만 가능한 용기에 대한 정의를 전쟁의 모든 상황에 적용하고자 하였다.[14]

특정한 상황을 고려하지 않고 사용된 단어에 기반한 지식은, 독단에 지나지 않는다. 문답법은 단어들이 적용되는 조건을 명확히 하고, 구체적인 상황에 대한 이해가 다른 상황에도 적용 가능한지를 검토한다. 이를 통해 궁극적으로 대화 상대자의 답변에 일관성이 없음을 지적한다. 문답법은 대화 상대자의 견해를 반박하는 것이 아니다. 대화 상대자가 자신의 '주장의 근거'를 제대로 파악하고 있는가를 인식하게 함이 목적이다. 그럼으로써 대화 상대자가 해당 문제를 더욱 고민하고 연구하게 한다.

밀은 소크라테스의 반박을 "삶의 예술"[15], 즉 충분한 논리적 근거가 없을 때는 믿음을 유보하는 예술이라고 정의하였다. 문답법은 주어진 주제에 관한 탐구 과정에서 제기될 수 있는 다양한 반론 가능성에 대해 철저히 대비할 것을 요구한다. 이를 통해 개인은 자신의 주장에 내재한 논리적 결함이나 한계를 자각한다. 이 과정에서 사고의 틀과 추론 방식을 재구성한다. 문답법의 핵심은 바로 이러한 비판적 성찰과 논리적 전환을 가능케 하는 점에 있다. 추상적인 용어의 의미를 정확하게 파악하기 위해서는 무엇보다도 경험에 근거해야 한다. 이러한 측면에서 문답법은 구체적인 상황에서 일반인들이 이해할 수 있도록 개념의 추상성을 지양하고 명확한 의미를 찾고자 한다.

소크라테스는 대화 상대자가 자기 의견의 논리적인 문제를 스스로 인식하고 수정하게 하였다. 문답법은 대화에 참여하는 모든 사람이 공동으로 협조하여 의견의 명확성을 추구함을 목적으로 한다. 대화 참여자들이 협력하여 자신들의 이성을 혼미하게 할 수 있는 방해물들을 걷어냄으로써 자신들의 무지를 인정한다. 소크라테스는 진리에 부합하지 않는 믿음을 고수하는 것보다, 자신의 무지를 인정하는 태도를 바람직하다고 판단하였다. 잘못된 믿음을 진리라고 확신하면 더 이상의 탐구가 없기 때문이다. 따라서 궁지에 몰려 자신의 무지를 자각aporia하게 된다. 이때 대화 상대자는 자신의 믿음에 대한 확신을 포기하고, 무지를 극복하기 위해 스스로 노력하게 된다.

문답법은 대화 상대방이 안다고 하는 진술에 관하여 타당성이 있는 논리적인 근거를 제시하는지 검사한다. 반복되는 질문 속에서 상대방이 자신의 주장을 뒷받침할 타당한 이유나 근거를 제시하지 못할 때, 그는 자신이 알고 있다고 믿었던 것이 사실은 불확실하거나 근거 없는 것임을 자각하게 된다. 이때 발생하는 통찰의 순간이 바로 이른바 '소크라테스의 순간Socratic moment'이다. 이는 무지를 깨닫고 진정한 앎을 향한 출발점이 되는 결정적인 계기이다.[16] 소크라테스 순간은 자신의 무지를 자각하는 상태이다. 그러나 소크라테스 대화법은 대화에 참여하는 이로 하여금 단순히 자신의 무지를 자각하게 만드는 데 목적이 있는 것이 아니다. 자신이 알고 있다고 여겼던 지식이 실은 불완전하거나 피상적이었다는 사실을 인식하게 함으로써, 자신의 사고 수준을 되돌아보게 하고 깊이 있는 이해와 정당한 근거를 갖춘 앎을 추구하도록 자극하는 데 의미가 있다.

이러한 방식의 대화는 참여자들이 자신의 인식 상태를 성찰하도록 유도하며, 주어진 주제를 정확하게 이해하기 위해 어떠한 질문과 검토의 방식이 필요한지를 자각하게 한다. 이를 통해 대화는 단순한 의견 교환을 넘어, 인식의 명료화와 비판적 사고의 촉진을 가능하게 한다. 다시 말해, 끊임없는 탐구 과정을 통해 개인은 단순한 지식 축적을 초월한다. 그 과정에서 비판적이고 합리적인 사유를 바탕으로 타당한 인식 방법을 스스로 모색한다. 이러한 점에서 소크라테스의 대화법은 자기 성찰과 지적 성장의 과정이다.

이를 통해 우리는 지식이 사회적 지위나 설득을 위한 수사학적 기술, 혹은 권력과 본질적으로 무관하다는 사실을 깨닫게 된다. 자율적인 탐구 과정을 통해 개인은 공정함과 겸손, 관용 그리고 지적 용기와 같은 덕목을 함양하게 된다. 이러한 미덕들을 갖게 되면서, 자신이 진실이라고 믿는 믿음을 끝까지 고수하고자 노력하는 것이 허무하다는 것을 깨닫는다. 자기 의견의 문제점을 파악하며 수정하는 과정에서 자신이 주체적으로 해당 주제를 파악할 수 있다는 만족감을 가질 수 있다. 소크라테스 문답법을 살펴보면, 진정으로 타당한 탐구를 수행하기 위해서는 타인의 참여와 비판적 협력이 필수적임을 알 수 있다. 우리는 다른 사람들의 도움 없이 자신의 삶을 혼자서 고립되어 검증할 수 없다. 문답법은 미리 정해진 결론이나 목적지를 향해 나아가는 방식이 아니다. 대화 참여자들이 스스로 자기 생각을 논리적으로 설명하도록 유도하면서, 그 과정에서 예상치 못하게 자기 무지나 모순을 인식하게 만드는 개방적이고 비결정적인 탐구의 과정이다. 이는 정답을 주입하기보다 스스로 사고하게 만드는 예측 불가능한 성찰의 여정이라 할 수 있다.

소크라테스 문답법을 이해하기 위해서는 "생각하기Thinking"와 "생각Thoughts"을 구별할 필요가 있다. '생각하기'는 대상에 대한 비판적 사고의 현재 진행형이다. 반면에, '생각'은 다양한 경험에 관한 '생각하기'가 시간이 흐르면서 누적된 개인 인식의 틀이다. '생각하기'는 사라지지 않는다. 그것은 우리의 뇌에 들어가 '생각'의 형성에 도움이 된다. 이러한 '생각'은 외부 자극에 '생각하기'로 나타난다. 이렇게 '생각하기'는 기억으로부터, 즉 과거에 경험하였던 것들로부터의 반응이다.

"느끼기Feeling"라는 단어가 있다. '느끼기'는 생각하기와 마찬가지로 현재 진행형이면서 현실과의 접촉 행위이다. 반면에, '느낌Felts'은 과거형이면서 사람들에게 강한 인상을 주는 경험들이 낙엽처럼 쌓여서 현재의 '느끼기'에 영향을 준다. 즉 '생각하기'와 '느끼기'는 비록 현재 진행형이지만, 대부분 과거의 경험과 기억에서 비롯된다. 더불어 '생각하기'와 '느끼기'가 서로 분리되어 작동하기보다는 기억 속에서 뒤섞여 현재의 경험을 형성한다. 나아가 개인의 기억 이외에, 집단의 기억과 감정 역시 현재의 경험을 해석하고 반응하는 방식에 영향을 미친다.[17] 우리는 가끔 빙산의 일각만을 본다. 해롤드 이니스가 《커뮤니케이션 편향》에서 지적했듯이, 인간은 정보를 객관적으로 수용하지 않는다. 자신의 기존 신념이나 기대에 부합하는 것만을 받아들이는 성향이 있다. 다른 말로 하면, 우리는 현실을 있는 그대로 받아들이지 않고, 자신의 선입견이나 욕망에 맞추어 선택적으로 해석하고 수용하는 경향이 있다. 그러한 태도는 결국 자기 신념에 맞는 정보만 취해 왜곡된 인식을 만들어 낸다.

이 논의를 살펴보면, 밀이 말하고 있는 토론의 대상은 제시된 의견의 옳고 그름을 판단하지 않는다. 토론에서 중요한 것은 단순한 의견 자체가 아니다. 해당 의견을 뒷받침하는 이유와 논리적 근거이다. 해당 주제에 대해 왜 그렇게 생각했는지에 대한 논리를 제시하게 함으로써, 상대방 본인이 갖고 있는 인식의 가두리[18]에 갇혀 있다는 점을 깨닫고, 그 경계를 넘어 사유의 지평을 확장하려 하게 한다.

이 부분에서 저자는 많은 사람들이 간과하고 있는 밀 논의의 중요한 부분을 언급하고자 한다. 대부분의 사람은 자신 의견이 자신의 이성에 근거하고 있다고 생각하지만, 전적으로 이성에 의해서만 형성되지는 않는다. 옳고/그름에 대한 사람들의 견해는 편견, 미신, 당시의 사회적 감정에 의해 많은 영향을 받는다. 나아가 시기심, 증오심, 거만함, 경멸, 상대방에 대한 두려움과 상대방을 흠모하는 마음 등에 의해서 결정되는 경우가 있음을 우리는 간과하면 안 된다.[19] 그런데 사람들은 자신의 호불호에 근거하여 상대방을 평가하는 경향이 있다. 사람들은 타인에게 사회적으로 통용되는 감정 반응을 기대하며, 그러한 감정을 기준으로 행동이나 의견의 정당성을 평가하려는 경향이 있다. 즉, 도덕적 판단이나 가치 판단이 이성적 숙고보다는 당시 사회 분위기나 감정의 흐름에 따라 좌우되기도 한다. 이를 극복하기 위하여, 밀은 대화법을 강조하고 있다. 사회가 무엇을 좋아하고 무엇을 싫어해야 하는지가 의견의 '옳고/그름'의 판단 기준이 아니다. 해당 의견 논리의 타당성을 개인 스스로 판단하게 함이 밀의 토론 자유 논의의 핵심이다.

대화법의 긍정적인 측면

해체와 재결합

소크라테스 대화법은 단순히 진술 간 논리적 일관성을 검토하는 데에만 있는 것이 아니다. 오히려 그 핵심은 우리가 일상적으로 사용하는 개념들이 명확하게 정의되어 있는지 점검하는 것이다. 또한 이러한 개념들이 어떤 맥락에서 형성되고 사용되는지를 철저하게 탐구하는 데 있다. 이는 우리가 무비판적으로 수용해 온 개념들이 본래 어떤 의미를 담고 있었는지를 되짚어보고, 그 개념들이 시간이 흐르면서 어떻게 왜곡되거나 고정된 독단으로 굳어졌는지를 성찰하게 만든다.

밀은 이러한 철학적 탐구를 보다 체계화하기 위해 개념 분석의 방법으로 '해체decomposition'와 '재결합recomposition'이라는 이중 과정two-fold process을 제시하였다.[20] 해체는 개념을 구성하는 요소들을 분해하여 그 내적 구조와 전제들을 비판적으로 검토하는 단계이다. 재결합은 이 과정을 통해 보다 명료하고 일관된 형태로 개념을 재구성하는 단계이다. 이러한 이중 과정은 단순히 개념의 명료화를 넘어서, 개념이 실제로 살아 있는 진리로 기능할 수 있도록 그 철학적 기초를 정비하는 작업이다. 결국 이런 식의 생각은 밀의 표현의 자유 논의에서 핵심적인 의미를 가지며, 표현의 자유가 진리를 찾아가는 데 왜 필요한지, 그리고 그것이 어떤 태도와 실천을 요구하는지를 잘 설명한다.

첫 번째 단계인 해체decomposition는 특정 개념을 구성하는 하위 요소들이 무엇인지 분석하고 각 하위 개념의 의미를 정밀하게 진단함으로써 해당 개념의 본래 의미와 구조를 복원하려는 시도이다.[21] 밀은 이러한 분석 과정을 통해 개념이 일상에서 모호하게 사용되거나 왜곡되며 고착된 독단으로 전락하는 과정을 철저히 점검하고자 했다. 이는 단지 이론적 관심에 그치지 않는다. 잘못된 의견 형성의 인지적 기반을 이해하고 이를 극복하기 위한 실천적 목적을 지닌다.

밀은 특히 사람들이 자신의 기대나 욕망에 부합하는 정보에는 과도하게 주의를 기울이지만, 그렇지 않은 정보에 대해서는 무관심하거나 무비판적인 태도를 보이는 경향이 있다고 지적한다. 그는 이러한 인지적 경향을 '희망에 의한 편향biased by wishes'[22]이라고 명명하고, 이 편향이 오류와 독단의 중요한 원인 중 하나라고 보았다. 밀은 지배적인 감정이나 고정된 관념에서 벗어나기 위해, 개념을 분해하고 다시 구성하는 분석적 대화를 제안하며, 이를 통해 스스로 생각을 성찰하고 수정하는 가능성을 열어두었다. 그는 《논리학 체계

A System of Logic》에서 독단이 어떻게 인간의 사고 속에 자리 잡는지를 체계적으로 분석하고, 특정 주장을 합리적으로 옹호하기 위해 고려해야 할 심리적·논리적 요인들을 정리하였다. 이러한 논의는 밀에 있어 대화법이 단순한 의견 교환을 넘어서, 인간의 인식 능력을 확장하고 오류에서 벗어나 보다 정당한 이해에 이르게 하는 철학적 도구로 기능함을 보여준다.

밀은 일상 언어 속에서 상투적으로 사용되는 추상적 개념들을 보다 구체적이고 명료한 개념으로 전환하는 것이 대화법의 중요한 긍정적 기능이라고 보았다.[23] 그는 언어와 개념이 시간의 흐름 속에서 원래의 의미를 잃거나 다양한 감정 요소와 결합하면서 본래와는 전혀 다른 의미를 갖게 되는 현상에 주목하였다. 이러한 개념적 혼동은 개인의 사고를 모호하게 만든다. 나아가 사회 전반의 도덕적 판단에도 왜곡을 초래할 수 있다.[24] 이에 따라 밀은 개념이 포함된 일상적인 격언과 의견들을 정교하게 분석하고 그것들이 지닌 의미와 타당성을 검토할 필요성을 강조한다. 그는 사람들이 일상적인 격언이나 속담을 별다른 의심 없이 도덕적 진리로 받아들일 때, 오히려 그러한 수용이 도덕적 판단을 왜곡시킬 수 있다고 보았다. 특히 복잡한 현실을 단순화한 추상적 개념이 실제 상황을 충분히 반영하지 못함에도 불구하고, 그것이 자명한 진리처럼 여겨질 경우, 사람들은 그 개념을 비판 없이 따르게 되고, 이는 결국 기존의 통념이나 편견을 더욱 공고히 하는 결과를 초래할 수 있다고 그는 경고한다.

이와 관련하여 밀은 특히 '자연스럽다natural'라는 개념이 수행하는 규범적 기능에 주목한다. '자연'이라는 말이 특정 관습이나 진술에 대해 "선함을 강하게 주장하는 표현a strong argument for its goodness"으로 사용된다. 마치 그것이 누구도 반박할 수 없는 정당성을 지닌 듯한 권위를 부여한다고 밀은 논의한다.[25] 이러한 언어 전략은 시간이 지남에 따라 우연히 형성된 사회적 관습이 마치 본질적인 질서인 것처럼 받아들여지게 만들며, 이를 통해 특정 권력 구조나 불평등이 정당화되는 위험을 내포한다. 밀은 이러한 맥락을 남성과 여성 문제에 적용하면서, 남성과 여성의 능력 차이가 '자연적'이라고 주장되며 여성의 종속이 정당화되는 현실을 비판적으로 조명한다. 그는 《여성의 종속》[26]에서 그러한 주장의 타당성에 근본적인 의문을 제기한다. '자연'이라는 개념이 실질적으로는 권력과 억압의 정당화 수단으로 작용해 왔음을 밝힌다. 이와 같이 밀의 언어와 개념 분석은 단순히 철학적 사유의 영역에 국한되지 않는다. 그는 이를 통해 사회적 불평등과 편견을 재생산하는 구조를 해체하고 비판하는 중요한 이론적 도구를 제공한다.

밀은 《논리학 체계》 제4장의 "Of The Requisites Of A Philosophical Language, And The Principles Of Definition"에서 특정 의견이 이성적으로 정당화되기 위해서는 무엇보다 개념의 명확한 이해가 전제되어야 한다고 주장한다.[27] 그는 이를 위해 일반 용어general words의 내포된 의미와 외연적 의미의 구분을 제시하며, 이 개념들을 바탕으로 판단의 기준을 세우고자 한다. 일반 용어는 보통 두 가지 의미를 지닌다. 하나는 외연denotation으로, 해당 용어가 지시하는 구체적인 사물이나 대상을 가리킨다. 다른 하나는 내포connotation로, 그 사물이나 대상이 갖고 있는 공통의 속성들을 의미한다. 예를 들어, '사람'이라는 일반 용어의 외연은 철수, 영희, 소크라테스 등 구체적인 개인들을 포함하며, 이들을 하나의 범주로 묶는 기준은 '합리성을 지닌 존재', '두 발로 걷는 존재'와 같은 공통 속성이다. 따라서 '사람'이라는 단어는 구체적 개인들의 집합이라는 외연과, 그들이 공유하는 속성이라는 내포를 동시에 지닌다.

밀은 이러한 분석을 토대로, 개념이 명확할수록 그 개념에 대한 오해나 독단의 가능성이 줄어든다고 본다. 그는 특히 소크라테스 대화법에 주목하며, 구체적이고 경험적인 개념들은 상대적으로 명확한 외연과 내포 의미가 있지만, '공정just'이나 '자유liberty'와 같은 추상적인 개념들은 그 의미가 시간과 공간의 맥락에 따라 다양하게 변형되며, 해석의 혼란을 가져올 수 있음을 지적한다. 예컨대 '공정'이라는 개념은 상황에 따라 서로 다른 내포를 가질 수 있다. 어떤 맥락에서는 '모든 개인을 동등하게 대우하는 것'으로, 다른 맥락에서는 '개인이 마땅히 받아야 할 몫을 보장하는 것'으로 이해된다. 밀은 이러한 내포의 차이가 사회 권력관계의 영향을 받을 수 있음을 경고한다. 동일한 용어가 사용되는 방식은 종종 해당 사회의 지배적 가치나 권위 구조에 따라 달라지며, 이러한 점이 개념의 모호성과 오용을 초래한다.[28] 따라서 밀은 개념의 명확화를 통해 이성적 판단의 토대를 확립하고, 독단에 빠지지 않는 성찰적 사고를 가능하게 하려는 학문적 시도를 지속적으로 강조한다. 이는 단순한 논리학적 분석을 넘어, 언어와 개념이 사회적 현실 속에서 어떻게 작동하는지를 보여주는 통찰이기도 하다.

밀은 '자연nature'이라는 개념의 의미를 철학적으로 정교화하려는 시도를 통해, 인간이 자연을 어떻게 이해하고 또 어떤 기준으로 자연을 따르려 하는지를 비판적으로 고찰한다. 그는 특히 플라톤과 같은 철학자가 만약 자연의 본질에 대해 보다 명확하고 체계적인 논의를 펼쳤더라면, 후대에 이 개념이 혼란스럽거나 왜곡된 방식으로 사용되는 것을 어느 정도 방지할 수 있었을 것이라고 지적한다.[29] 이러한 문제의식 아래, 밀은 자연 개념을 명확히 하기 위해 대화법을 이용하여 철학적 탐구를 진행했다.

밀은 개념을 분석할 때 핵심적으로 두 가지 유형의 질문을 제시한다. 하나는 "그것은 무엇인가?(What is?)"라는 기술적 질문으로, 이는 자연과학적 탐구에 해당한다. 다른 하나는 "그것은 무엇이어야 하는가?(What ought to be?)"라는 규범적 질문으로, 이는 인간의 행위, 윤리, 사회 제도와 같은 예술art의 영역에 속한다.[30] 여기서 '예술'은 단지 미적 창작의 의미가 아니다. 인간이 목적을 설정하고 이를 실현하기 위해 사용하는 일련의 규칙들과 실천의 영역을 포괄하는 개념이다. 예술 영역에서는 먼저 인간이 추구하고자 하는 목적이 설정되고, 이 목적이 바람직한가에 대한 규범적 평가가 요구된다. 그 이후, 과학은 이 목적을 가장 효과적으로 달성하기 위한 수단을 제공한다. 즉, 과학은 다양한 실천 가능성 가운데 가장 효과적인 수단을 식별하고 제안함으로써, 실천적 판단과 행동의 선택에 있어 합리적 기준을 제공하는 역할을 한다.[31]

이러한 구분을 바탕으로 밀은 '자연스럽다'라는 표현이 과연 기술적 규칙(그것은 무엇인가?)인지, 아니면 규범적 기준(그것은 무엇이어야 하는가?)인지를 면밀하게 분석한다. 그는 사람들이 종종 자연을 도덕적 지침이나 이상으로 간주하는 경향이 있으며, 이러한 사고방식은 자연이라는 개념의 모호성에서 기인한다고 본다. 예컨대 어떤 행위나 현상이 단지 '자연스럽다'라고 해서 그것이 반드시 도덕적으로 바람직하거나 따라야 할 것이라는 주장은 논리적으로 정당화되기 어렵다. 밀은 '자연'이라는 개념이 자주 막연하고 다의적으로 사용된다는 점을 지적한다. 과연 '자연' 개념이 도덕적 판단이나 행위의 기준으로 정당한 역할을 할 수 있는지를 비판적으로 검토한다. 그는 자연이 단지 있는 그대로의 세계를 기술하는 과학적 개념에 가깝다고 보며, 자연 자체를 도덕적 모델로 설정하면 오류를 범할 가능성이 크다고 주장한다. 요컨대, 밀은 자연이라는 단어가 함축하는 의미를 명확히 함으로써 그것이 인간의 삶과 윤리에 어떤 방식으로 도움이 되는지를 철저히 검토하고자 한다. 이러한 밀의 탐구는 개념의 명료화와 이성적 판단을 중시하는 그의 철학 전반의 태도를 잘 보여준다.

해체의 첫 번째 절차로서, 모호한 용어를 사용할 때는 우선 그 용어가 정확히 무엇을 의미하는지를 알아야 한다. 이러한 이유로 자연의 정확한 의미를 알기 위해서는 사용되고 있는 "추상적 의미를 경험적인 차원"으로 해체해야 한다.[32] "자연이 무엇이냐"는 질문에 관하여, 밀은 "특정한 현상을 가능하게 하는 속성들과 영향력의 집합체"라고 보았다.[33] 따라서 자연은 "모든 현상과 해당 현상들을 가능하게 하는 원인의 집합체"이다.[34] 자연은 인간 행위의 특징인 "자발적이고 의도적인 행위자 없이 발생하는 현상"이다.[35] 따라서 대화법의 두 번째 단계에서는, 자율적으로 작동하는 자연이라는 개념이 인간에게 도덕적 규범이나 의무를 함의하고 있는지를 신중히 분석할 필요가 있다.

밀은 '자연의 질서natural order'라는 표현이 과연 "인간의 도덕 교육과 가르침moral instruction and guidance"에 어떤 실질적 내용을 제공하는지를 이해하기 어렵다고 지적한다.[36] 인간은 자연에 순응하여 행동해야 한다는 명제는 자연이라는 개념이 인간의 행위에 대한 외부적 기준이나 규범을 제시한다고 간주하는 것과 다르지 않다.[37] 그러나 밀은 이러한 통념에 대해 비판적 입장을 견지한다. 특히 그는 '자연적 정의natural justice'라는 표현이 마치 정의라는 덕목이 자연으로부터 비롯된 것처럼 오해를 불러일으킬 수 있다고 경고한다. 밀에 따르면 정의는 본질적으로 인위적 개념이다. 인간 사회의 법적 질서 속에서 형성된 산물이다. 실제로 justus와 justitia라는 단어는 법을 의미하는 jus에서 파생된 것으로, 정의라는 개념은 자연 상태에서 발생한 것이 아니라 법과 제도의 구성과 함께 나타난 것이다.[38]

나아가 밀은 자연에서 관찰되는 현상을 '창조주의 섭리'라는 이름으로 인간의 윤리적 행동에 적용하려는 시도에 근본적인 의문을 제기한다. 예컨대, 자연계에서는 강자가 약자를 지배하거나 해치는 일이 흔히 발생한다. 만약 이를 자연의 질서 혹은 신의 섭리라고 간주한다면, 인간 세계에서의 정의와 윤리를 그에 따라 정당화할 수 있는지에 대한 심각한 문제가 제기된다.[39] 이와 같은 분석을 통해 밀은 자연이라는 개념에 인간이 반드시 따라야 할 도덕적 의무나 규범이 내포되어 있다고 보기는 어렵다고 주장한다.[40] 오히려 그는 '자연'이라는 말을 신성한 권위의 대명사로 치환하면서, 자연의 질서에 관해 질문을 제기하거나 그것을 거스르려는 시도를 죄악시하는 통치 행위가 역사적으로 존재했음을 지적한다.[41] 이는 자연을 정치적·종교적 권위의 정당화 수단으로 활용하려는 시도에 대한 비판이다.[42]

일반적인 단어들은 본질적으로 고정된 하나의 의미를 갖지 않으며, 역사적·사회적 맥락 속에서 성장한다. 단어 의미는 특정 시점에 명확하게 결정되는 것이 아니라, 반복적 사용과 적용을 통해 점차 확장되고 변화한다. 예를 들어, '자연법'이라는 표현은 처음에는 특정한 법적 개념에 국한되어 사용되었지만, 이후 '자연'이라는 단어가 갖는 여러 상징적 의미가 결합하면서, 그 적용 범위와 의미가 추상적이고 모호한 형태로 바뀌었다. 처음에는 구체적이고 특수한 상황에 쓰이던 단어가 비슷해 보이는 다른 사례들에까지 적용되면서 점차 본래 맥락에서 벗어난 의미를 띠게 된다.

이러한 변화는 단어가 점차 더 많은 내포적 의미를 갖게 하며, 그로 인해 개인마다 특정 단어에 대해 연상하는 개념이나 이미지가 달라지는 경향을 초래한다. 그 결과, 동일한 언어를 사용하더라도 상호 간 의미의 불일치가 발생하여 커뮤니케이션의 불안정성이 나타날 수 있다. 밀은 이러한 언어의 모호성과 불확정성이 철학 또는 논리 오류로 이어질 수 있다고 보았다. 이에 따라 개념의 사용에 있어 명료한 정의와 신중한 언어 선택의 중요성을 강조한다.[43]

해당 단어의 뜻이 정확하게 무엇을 의미하는지 모르고 사용되는 경우가 있다. 현재 한국에서 한반도 문제를 언급할 때 제일 많이 사용되는 단어가 '평화'이다. 평화의 외연적 의미는 '전쟁, 분쟁 또는 모든 갈등이 없이 평온함 또는 그런 상태'이다. 비록 평화가 갈등이 없는 상태라는 외연적 의미가 있지만, 각자가 자신 경험과 가치관에 따라 유사한 혹은 다른 의미의 한반도 평화의 내포적 의미를 상정하고 있을 수 있다. 이 경우 과연 한반도의 평화에 대해 모든 사람이 동의할 수 있는 의미가 무엇인지에 대한 고민이 필요하다. 한반도의 평화를 논할 때, 정확한 의미를 명확히 하지 않고 모두가 같은 의미로 이해하고 있다고 전제하는 경우가 종종 있다. 그러나 '평화'라는 개념은 개인이나 이해관계자마다 서로 다르게 해석될 수 있기 때문에, 모호한 사용은 오히려 갈등의 원인이 될 수 있다.⁴⁴

비판 결여와 개념 남용: 밀의 경고

밀은 사회 내에서 지배적인 관념이나 통념이 비판적 검토 없이 수용되는 현상을, 이른바 "마음의 법칙 laws of mind"⁴⁵에서 비롯되었다고 설명한다. 그는 이러한 심리적 경향성이 앞서 언급한 사유의 경직성과 비판 능력의 약화를 초래한다고 보았다. 하나의 용어에 다양한 내포 의미가 있을 수 있다. 어떤 용어가 특정한 맥락에서 사용될 때, 그 전체 의미 중 일부만이 강조되거나 적용될 수 있다. 해당 용어를 사용하는 사람이 자신만의 경험에 근거하여 해당 단어의 의미를 상정하는 경향이 있다. 이는 본인의 생각을 가능한 효율적으로 표현하고자 하는 욕구에서 비롯된다.

이러한 현상들이 반복되면, 결국에는 본래의 구체적인 의미는 사라지고 사람들에게 강한 인상을 주는 의미만이 생존한다.⁴⁶ 밀은 고정된 개념이나 용어가 무비판적으로 받아들여지는 상황을 극복하기 위해, 그것들에 담긴 함의와 구조를 대화와 토론을 통해 다각적으로 분해하고 분석할 필요가 있다고 주장한다. 우리는 개념이 사용되는 구체적인 맥락을 따져보며, 그것이 실제로 타당하게 적용될 수 있는지를 비판적으로 평가해야 한다. 이러한 태도는 소크라테스 대화법과도 연결된다. 그 목적은 절대적 진리를 추구하는 것이 아니다. 개인이 자신 입장을 명료하게 표현하고 그 논리를 검토함으로써 보다 정당하고 설득력 있는 주장을 구성하도록 돕는 데 있다.

일상어로 사용되는 일반 용어들은 대개 단일하고 확정적인 의미를 지니지 않는다. 다양한 맥락과 개인 경험에 따라 그 해석과 적용이 달라질 수 있다. 사람들은 어떤 단어가 사용된 기존 사례들로부터 그 의미를 유추하고 이를 새로운 상황에 적용하곤 한다. 이 과정에서 유사성에 대한 충분한 분석 없이 직관적으로 용어를 사용하는 경향이 있다. 이러한 경향은 개인의 경험, 사회적 배경, 문화적 가치관 등에 따라 용어 해석의 차이를 더욱 심화시킨다.

예를 들어, '폭력'이라는 개념을 살펴보면, 일부 개인은 이를 물리적 공격이나 직접적인 신체적 위협으로만 이해할 수 있다. 다른 사람들은 구조적 불평등이나 언어적 모욕, 배제의 경험까지를 포함해 포괄적으로 해석할 수 있다. 전자는 폭력을 '직접적이고 명백한 위협'으로 한정하는 반면, 후자는 '관계적이고 제도화된 억압'까지 폭력의 범주에 포함한다. 이러한 차이는 각자가 폭력이라는 단어를 접해온 경험과 그 단어가 사용된 사회와 문화의 맥락에 따라 달라진다. 결국 동일한 개념을 둘러싼 인식과 논의에서 근본적인 차이가 발생한다. 이러한 개념 사용의 불일치가 지속될 경우, 논의 참여자들은 같은 단어를 사용하면서도 서로 다른 의미를 전제하게 되고, 이는 정치 담론에서 오해와 논리적 혼란을 유발할 수 있다. 따라서 용어의 사용에 있어 개념의 명료성과 맥락에 대한 이해가 전제되어야 한다. 밀이 강조한 바와 같이, 철학적 사고의 정밀성을 위해서는 언어 사용에 대한 비판적 성찰이 요구된다.

하나의 일반 용어가 서로 다른 화자의 경험에 따라 다양한 내포 의미를 지닐 수 있다. 그러나 실제 언어 사용에서는 이들 중 일부 의미에만 의존하는 경향이 나타난다. 이는 사고의 효율성과 관련된 심리적 기제로, 인간의 인지 체계는 복잡한 의미의 집합 가운데 일부 핵심 요소만을 선택적으로 호출함으로써 신속한 사고를 가능하게 한다. 이러한 과정을 통해 사람들은 소수의 내포적 의미만으로도 자신만의 견해를 빠르게 구성할 수 있다. 시간이 지남에 따라 해당 단어는 본래의 복합적이고 포괄적인 의미망과의 연관성을 점차 상실하고, 보다 즉각적이고 강렬한 이미지들만이 남는다.

'자유'라는 용어를 예로 들어 보자. 자유에도 다양한 내포적 의미가 있다. 사람 A는 '자유'를 정부의 간섭 없이 자신의 선택을 할 수 있는 권리의 정치적인 자유로, 사람 B는 '자유'를 사회적 억압에서 벗어나 자신답게 살아가는 사회적 자유로, 사람 C는 '자유'를 경제적으로 자립해 누구에게도 의존하지 않는 상태의 경제적 자유로 이해한다고 하자. 토론할 때, "우리는 자유를 지켜야 합니다."라는 말을 들었을 때, 사람 A는 "정부가 더 이상 규제를 하면 안 된다."라는 의미로 받아들이고, 사람 B는 "소수자의 권리를 억압해서는 안 된다."라고 생각할 수 있다. 사람 C는 "개인이 경제적으로 자립할 수 있도록 기회와 조건을 보장해야 한다."라고 주장할 것이다.

각각의 사람은 자신에게 가장 강하게 떠오르는 의미만 떠올리고 이를 바탕으로 의견을 형성한다. 이처럼 복잡한 의미 중 일부만이 호출되는 것은 사고의 효율성을 높이려는 심리적 전략이다. 나아가, 시간이 지나며 의미가 단순화되는 예도 있다. '자유'라는 단어는 원래 다양한 맥락과 층위를 가진 개념이었지만, 시간이 지나면서 일부 사람들에게는 단순히 "내가 하고 싶은 대로 하는 것" 정도로 축소되기도 한다. 이렇게 되면 토론 중 '자유'를 둘러싼 논의는 매우 모호하고 감정적인 주장으로 흐를 수 있다. 예를 들면, "그건 내 자유야!"라는 말이 구체적으로 무엇을 의미하는지는 말하는 사람조차 명확히 설명하지 못할 수도 있다.

인간의 정신은 사고의 편리성을 위해 기존의 신념이나 개념을 일정한 틀에 맞춰 고정하는 경향이 있다. 이것이 때로는 교조적인 믿음, 즉 도그마dogma로 굳어지기도 한다. 특히 일상적이거나 철학적인 개념이 깊은 성찰 없이 반복적으로 사용될 경우, 그런 개념은 사고를 쉽게 하지만 동시에 사고의 유연성을 떨어뜨릴 위험이 있다. 일반적인 용어들은 과거 경험에 뿌리를 둔 살아 있는 의미를 지니고 있다. 그러나 그것이 무비판적으로 고정되어 기계적으로 적용되면, 복잡한 현실을 지나치게 단순화하거나 왜곡하는 결과를 초래할 수 있다.

예를 들어, '민주주의'라는 개념은 본래 '인민의 지배'라는 고대 그리스적 의미를 포함하며, 이후 다양한 정치사상과 제도적 발전 속에서 다의적이고 복합적인 함의를 갖게 되었다. 그러나 현대 정치 담론에서는 이 용어가 자주 맥락 없이 사용되고 있다. 즉, 단지 선거 제도의 존재나 다수결의 절차가 존재한다는 이유만으로 특정 체제를 '민주적'이라고 판단하는 오류가 발생하곤 한다. 민주주의 의미를 깊이 생각하지 않고 습관적으로 고정된 틀에 따라 기계적으로 이해한다. 이는 그 안에 담긴 중요한 가치들 – 시민 참여, 자유, 평등, 책임 등 – 을 놓치게 되고, 결국 그 단어가 단지 체제를 정당화하는 도구로 사용되어, 비판적인 사고나 토론을 막는 역할을 할 수 있다.

어떤 국가가 선거를 치른다는 이유만으로 당연하게 '우리는 민주주의 국가다.'라고 말할 수 있다. 하지만 민주주의 핵심은 단순히 선거가 있다는 사실에 있지 않다. 시민들이 실제로 정치에 참여하고, 모든 사람이 평등하게 대우받으며, 권력을 가진 사람들이 그 권력에 관해 책임지는 구조가 있는지가 중요하다. 그러나 이 단어가 기계적으로 사용될 경우, 이런 본질적 요소들은 종종 무시된다. '민주주의'라는 용어는 개념적 모호성과 추상성을 지니고 있으며, 정치적 정당성을 함축하는 상징적 위상을 가진다. 이에 우리가 현재 구현하고 있는 민주주의가 진정으로 민주적인지, 또는 민주주의라는 이상이 어떤 조건에서 타당한지를 질문하는 노력이 차단될 수 있다. 누군가 '우리는 민주주의 국가다.'라고 말하면, 그 말에 담긴 실제 내용은 따지지 않고 그냥 '좋은 나라'라는 식으로 받아들여지게 되어, 비판적 질문이나 논의가 어려워진다.

대화법은 해당 주제에 관한 의견들에 대해 부정형(不定形)의 질문으로 시작된다. 어떠한 주제에 대해 그 본질은 알지 못하면서 상투적인 지식만을 받아들이고 마치 무엇을 안다고 하는 사람들에게 자신의 무지를 깨닫게 함이 첫 번째 목적이다. 이를 바탕으로 해당 주제와 주제에 대한 의견의 의미를 정확하게 파악하게 하면서 상대방의 지적인 능력을 도모하고, 더욱 확실한 믿음을 갖도록 함이 목적이다.[47] 이를 위해 밀은 서로 다른 견해를 가진 이들과 자유롭게 토론하는 과정을 강조한다. 이는 "자신의 상태에 대해 불편함을 느끼고, 더불어 강렬한 내부의 자극을 불러일으킴으로써"[48] 세계를 새롭게 인식하고 사유를 명료하게 다듬는 데 그 목적이 있다. 이를 통해 자신이 제시하는 의견의 논리적 근거의 부족한 부분을 깨닫고, 자신의 지적 능력을 제고하기 위해 노력할 것이다. 밀은 소크라테스가 사람들이 교조적인 믿음을 아무런 비판과 성찰 없이 받아들이는 것을 경계한 점을 찬양하였다.

밀은 소크라테스 대화법에서 드러나는 부정적 요소와 긍정적 요소 간의 관계를 명확히 구분하지 않았다. 이는 대화 과정에서 상대방의 견해를 반박하는 부정적 논의가, 오히려 개념에 대한 긍정적 정의를 정립하는 데 도움이 되기 때문이다. 부정적 논의에서는 질문자가 상대방의 견해가 충분히 일반적이지 않으며, 상대방의 과거 경험이 제한적임을 비판하려 한다. 이러한 비판은 상대방의 견해를 그 적용 범위에 적합하게 제한해야 할 필요성을 명확히 한다. 앞서 논의했듯이, 일반 용어의 내포 의미를 제한하는 것은 그 의미를 명확히 하는 데 있어 중요하다. 일반 용어의 모든 측면을 포괄하는 공통적인 특징을 식별하는 것도 중요하다. 그러나 특정 내포 의미를 찾아내는 것 또한 그 일반 용어가 담고 있는 정보를 이해하는 데 필수적이다. 이러한 점에서 부정적 논의는 단순히 용어를 일반적으로 정의하기 위한 준비 작업 이상의 역할을 한다. 지금까지 살펴본 밀이 해석한 대화법의 '부정/긍정'의 특징이 밀의 인식론 논의와 어떠한 관계가 있고, 밀이 추구하고 있는 인식의 자유와 인식의 주체를 어떻게 가능하게 하는지에 관해 논의하고자 한다.

토론과 인식의 자유를 위한 밀의 인식론과 대화법의 만남

인간 인식의 한계

《자유론》제2장에서 밀은 상반된 의견 간의 자유로운 토론의 중요성을 강조한다. 이러한 주장은 지식이 어떻게 형성되는가에 대한 그의 인식론적 관점에 근거한다. 인간은 외부 세계를 직접 인식하지 않는다. 감각이라는 매개를 통해 환경과 접촉하며, 이 감각 자료를 바탕으로 지식을 구성한다. 만약 매개 없이 세계를 인식할 수 있다면 사물의 본질things-in-themselves은 있는 그대로 파악될 수 있고, 지식은 외부 세계와 일대일로 정확히 대응할 것이다.[49] 이 경우 진리에 대한 별도의 증거는 필요하지 않게 된다. 그러나 밀은 인간이 지식을 획득하기 위해서는 반드시 "마음의 내부 빛the mind's inward light"이 필요하다고 본다.[50] 이는 감각[51]과 개념[52]에 근거한 인식의 틀이며, 인간은 이를 통해 외부 자극을 해석하고 판단을 내린다.

이러한 감각적 인식은 본질적으로 오류의 가능성을 수반한다. 예컨대, 어떤 이가 새소리를 듣고 근처에 새가 있다고 판단하는 것은 감각 경험에 기반한 추론이다. 그러나 그 소리가 누가 설치한 전자 장치에서 발생한 것이라는 사실이 드러날 경우, 초기 판단은 수정되어야 한다.[53] 이는 단일한 증거에 기반한 판단의 한계와 동일한 현상에 대한 해석의 다양성을 보여준다. 따라서 어떤 주장을 정당화하기 위해서는, 단지 자기 입장을 뒷받침하는 증거만으로 충분하지 않다. 그 주장을 반박할 가능성과 근거 또한 함께 고려되어야 한다. 밀이 강조한 토론의 자유는 단순히 표현의 권리를 넘어선다. 그것은 지식을 축적하고 진리를 탐구할 수 있도록 하는 필수적인 토대이다.

밀은 논쟁의 기회를 봉쇄하고 비판을 허용하지 않는 의견이 단순히 논박되지 않은 의견과는 본질적으로 다르다고 말한다.[54] 어떤 주장을 정당화하기 위해서는 반대 견해와의 충돌과 토론이 필수적이다. 이는 단순한 외적 절차나 형식적 조건이 아니다. 인간 인식의 근본적인 한계를 극복하기 위한 본질적인 과정이다. 인간은 단순히 감각에 의존하는 것을 넘어, 해석을 통해 세계와 의미 있는 관계를 형성한다. 우리는 일반적인 명칭general names을 적용하여 대상을 인식하고, 이를 통해 세계를 특정한 방식으로 이해하게 된다. 이에 하나의 대상에 대해서도 다양한 해석과 주장이 가능해진다.

이러한 점에서 인간의 지식은 단순히 감각적 입력에 기반하지 않고 해석과 개념 적용이라는 인식 작용에 깊이 뿌리를 두고 있다. 사실fact은 그 자체로 의미를 명확히 드러내지 않는다. 사람들의 논평과 해석을 통해 의미가 있다.[55] 만약 어떤 이가 자신의 경험에 대한 해석에 대해 타인의 비판이나 논평을 차단한다면, 이는 곧 자신의 해석이 절대적으로 옳다는 전제를 암묵적으로 내세우는 것과 다름없다. 이러한 태도는 벤담과 제임스 밀이 보였던 교조주의와 유사하다. 비판적 성찰 없이 자기 주장만을 고수하는 일방적 태도에 지나지 않는다. 이에 밀은 교조주의를 극복하고 진리에 다가가기 위한 핵심적 수단으로 '토론의 자유'를 제시한다. 그는 다양한 관점과의 충돌을 통해 자기 인식의 한계를 인식하고, 그 과정을 통해 보다 정당하고 명료한 입장을 구성하는 것이야말로 진리 탐구의 본질적 방식임을 강조한다.

의견의 상호주관성을 위한 토론의 자유

밀은《자유론》제2장에서 진리를 탐구하는 과정에서 자유로운 토론의 필수성을 강조한다. 그 이유는 인간이 오직 경험에 대한 해석을 통해서만 세계를 인식할 수 있는 존재이기 때문이다. 인간은 외부 세계를 있는 그대로 인식하지 못한다. 감각을 통해 수용된 자극을 자신의 해석 체계에 따라 이해한다. 따라서 어떤 주장이나 인식이 타당한지를 판단하려면 단순한 자기 확신만으로는 부족하다. 그것이 외부의 다양한 기준과 비교되고 검토되는 과정을 반드시 거쳐야 한다.

어떤 사람이 자신의 해석에 대해 '확신'한다는 것은 외부 기준이나 객관적 근거를 배제한 채 심리적 상태에 의존하는 것이다.[56] 따라서 경험에 대한 해석의 타당성을 확보하기 위해서는 자신의 주관적 해석을 타인의 해석과 비교하는 절차가 필요하다. 이는 주관적 확신을 상호주관적 정당성으로 전환하기 위한 기제로 기능한다. 자신의 해석이 타인의 해석과 일정 부분 일치할 때, 그 해석은 상호주관적 타당성을 획득한 것으로 간주할 수 있다. 이는 인식의 신뢰도를 높인다.

밀은 이와 같은 맥락에서, 반대 의견과의 토론을 통해 자신이 빠질 수 있는 주관적 확신의 함정을 극복해야 한다고 강조한다. 타인의 의견을 전혀 수용하지 않거나 경청할 필요조차 없다고 여기는 태도는 자신의 해석이 절대적으로 옳다는 전제를 무의식적으로 수용하는 것과 다르지 않다.[57] 이 경우 인간은 자신의 인식 틀에 갇혀 '인식의 가두리'에서 벗어나지 못한다. 결국 오만에 빠지기 쉽다. 만일 인간이 세계를 있는 그대로 인식할 수 있다면, 주관적 해석의 의미는 사라지고 다양한 해석 가능성도 부정될 것이다. 이 경우 토론의 자유는 무의미해진다. 그러나 현실에서는 다양한 해석이 불가피하다. 따라서 상호 비교와 조정을 통한 공론장이 필수적이다. 밀은 런던 토론 사회 경험을 바탕으로, 단순히 승패를 겨루는 경쟁적 토론을 넘어, 상호 이해를 증진하고 진리에 접근하는 협력적 토론의 질서를 모색하였다.

밀이 토론을 강조한 또 다른 이유는, 인간이 '잘못을 저지를 수 있는fallible'

존재라는 사실에 주목했기 때문이다.[58] 인간의 인식은 언제나 오류 가능성이 있기 때문에, 진리를 향한 여정은 끊임없는 반성과 검토를 요구한다. 특히, 심리적으로 느끼는 주관적인 확신을 객관적으로 검토하고, 타인의 의견과 대조함으로써, 자신의 해석이 얼마나 타당한지를 평가하는 것이 필요하다. 이러한 검토 없이 자신의 의견을 일방적으로 고수하는 것은 곧 '나는 실수하지 않는다'라는 교조적 태도와 다르지 않다.

이 과정에서 밀은 '확실성certainty'과 '확신assurance'의 개념적 차이를 명확히 구분한다. '확신'은 개인의 심리적 상태, 즉 주관적 신념을 의미한다. 반면에, '확실성'은 객관적 사실에 기반한 정당성을 뜻한다. 이러한 구분은 아리스토텔레스의《수사학》에서 명확히 제시되고 있다. 그는 인간의 사유 대상을 '확실한 진리certain truths'와 '가능성이나 우연에 따른 문제들probable or contingent questions'로 구분하였다. 그중 후자는 도덕, 정치, 종교, 삶의 영역과 같이 본질적으로 불확실성과 다의성을 포함하는 문제들이다.[59]

밀은 주관적 확신이 상호주관적 확실로 전환되는 핵심 과정으로서 토론을 강조하였다. 수학이나 논리처럼 단일 해답이 존재하는 분야를 제외하면, 대부분의 인간 문제 – 정치, 윤리, 종교, 사회적 갈등 등 – 는 다원적 입장이 불가피하다.[60] 다만 자유로운 토론이 반드시 합리성을 보장하지는 않는다. 밀은 런던 토론 사회에서 형식상 자유로운 토론이 진행되었으나, 실제로는 권위나 사회적 압력이 강요로 작용하는 상황을 목격했다. 이에 그는 개인이 타인의 영향으로부터 독립적이고 자율적으로 사고할 수 있는 조건에서 '합리적 토론 절차'를 확립할 필요성을 강조하였다.

대화법과 인식의 주체를 위한 합리적인 확신

밀은 인식의 주체성을 위해 "합리적인 확신rational assurance"[61]을 강조한다. 밀은 합리적인 의견 확신을 위해 이성에 기반한 합리적 절차를 대화법에서 찾았다. 그는 사람이 단순히 '무엇을 아는지'보다 그 지식을 '어떻게 획득하였는지'의 과정을 중시하였다. 자유롭고 평등한 토론이 이루어지지 않는 상황에서는 우리가 모든 가능한 증거를 충분히 검토했는지, 그리고 자신의 해석이 합리적인 근거 위에 서 있는지 확신하기 어렵다. 따라서 자신 생각에 대해 확신이 없을 때는 그것을 타인에게 강요해서는 안 된다. 인류 지성의 역사적 흐름을 되짚어보면, 자기 의견을 다른 사람들의 시각과 비교하고 다양한 관점에서 되돌아보는 과정이 바로 인간 이성의 핵심적인 발전 방식임을 알 수 있다.

밀은 《자유론》에서 인간 지성의 본성을 고려할 때, 진리에 접근하기 위한 유일하고도 필수적인 경로는 서로 다른 의견을 경청하고 심사숙고하는 과정임을 역설하였다.[62] 이러한 과정이 없으면 자신의 견해를 검증하거나 보완하기가 어렵다. 결과적으로 지식은 폐쇄적 체계로 전락할 위험이 있다. 자유로운 토론은 자신 입장을 뒷받침하는 논리적 근거를 분명히 인식하도록 돕는다. 반대로 토론이 없다면, 의견의 근거나 의미조차 제대로 이해하지 못한 채 오히려 편견만이 강화될 수 있다.[63]

이러한 점들을 고려할 때, 소크라테스와 같이 밀은 사람들에게 자신의 판단과 의견에 대한 논리적인 근거를 제시하라고 촉구하고 있다. 예를 들면, 밀은 "내가 누구를 믿는 이유는 그/그녀가 옳다고 느끼기 때문이다."라고 하는 의견이 옳은지 혹은 그른지를 따지는 것보다 "당신이 누구를 옹호하는지에 대한 이유가 무엇인가?"라고 질문을 할 것이다. 그 사람은 밀이 제시하는 여러 가지 반박에 관해 대화법에서 강조하고 있듯이, 자신 의견의 논리적인 근거를 제시해야 하며, 타인과의 대화법에 근거한 변증법적 토론을 통해 자신이 누구를 왜 믿는지에 대한 합리적인 확신을 확보할 수 있다.

밀은 대화법이 참가자들이 자신 인식의 가두리에 근거하여 옳다고 믿는 의견의 문제점을 스스로 인식하게 하고, 자신 인식의 문제점을 깨닫게 할 수 있다고 해석하였다. 앞의 대화법에서 논의하였듯이, 대화법은 상대방 의견의 진위를 따지지 않는다. 왜냐하면 의견의 진위를 사람은 완벽하게 판단할 수 없기 때문이다. 토론 과정에서 진위는 스스로 드러난다. 만약 상대방의 의견이 그르다고 판단하는 것은 마치 유한한 존재인 자신이 항상 실수하지 않는다고 인정하는 것이기 때문이다. 따라서 대화법은 상대방 의견의 일관성과 명료성을 요구한다. 밀은 대화법이 부정적 측면과 긍정적 측면을 모두 지닌다고 보았다. 이러한 특성 때문에 사람들은 자기 의견에 대한 이성적 확신을 높이기 위해 꾸준히 노력할 것이라고 기대하였다. 결과적으로 대화법을 통해 사람은 자신의 지적인 능력을 제고하고 타인의 암묵적인 강요가 없는 인식의 자유를 누릴 수 있다.

대화법과 사회적 인식론

진리를 추구하는 과정에서, 밀은 이미 확립된 지식조차도 지속적으로 검증되어야 한다고 주장한다. 인간은 실수할 수 있는 존재이므로 자유로운 토론은 오류를 방지한다. 덜 알려진 의견 속에 포함된 진리의 일부분을 발견할 수 있도록 한다. 대화법은 진리를 단순한 정답으로서가 아니라 살아 숨 쉬는 것으로 유지하며, 사람들이 그 진리의 의미와 영향을 깊이 깨닫게 하는 방식이다. 누구나 처음 어떤 주장이나 진리에 마주할 때는 곧바로 옳고 그름을 판단하기보다는 그 근거와 논리를 먼저 충분히 살펴보아야 한다. 또한, 모든 반대 의견이나 비판을 무시한 채 자신만의 판단을 내리는 것은 자신의 무오류를 전제로 하는 태도이다. 타인을 대신해 결정을 내리는 것이 바람직하지 않은 이유는, 그로 인해 타인의 자율성을 침해하고 진리가 공동체 속에서 상호 논의되고 비판을 통해 발전해야 한다는 점을 간과하기 때문이다.

우리가 가장 크게 확신하는 믿음들은 단지 자신만의 확신이 아니다. 세상 모두가 그 믿음이 근거 있음을 증명할 기회가 필요하다. 그 도전이 받아들여지지 않거나, 받아들여지고 그 시도가 실패했다면 우리는 여전히 확실성에 도달한 것이 아니다. 그러나 우리는 인간 이성의 현 상태에서 할 수 있는 최선을 다한 것이다. 이것이 오류 가능성을 가진 존재가 달성할 수 있는 유일한 확실성이다.

밀은 토론에 근거한 확실성의 중요성에 관하여 다음과 같이 제시하고 있다. 첫째, 토론은 가치 있고 자극적인 일종의 정신적 연습이다. 둘째, 토론은 대중과의 소통을 촉진하는 데 유용한 기능을 수행한다. 토론 과정에서 우리는 대중의 의견을 면밀하게 분석하고 이를 기억하게 된다. 이러한 인식은 이후 대중과의 효과적인 교류를 가능하게 한다. 철학자는 이러한 의견들을 바탕으로 대화를 이끌 수 있으며, 이를 통해 대중의 입장을 보다 유익한 방향으로 이끌어갈 가능성도 생긴다. 이 점은 흥미롭다. 왜냐하면 이는 많은 고대 철학자들이 철학자는 대중과 일정한 거리를 유지해야 한다고 본 것과 달리, 밀은 철학자가 대중과의 교류를 적극적으로 수용해야 하며, 그들의 견해 속에서 논거를 도출하고 이를 통해 유익한 조언을 제공할 책임이 있다고 보았음을 보여주기 때문이다. 셋째, 변증법적 토론은 과학과 철학의 과정, 그리고 이를 통해 얻어지는 진리에 대해 간접적이지만 유용한 영향을 미친다. 왜냐하면 토론은 우리로 하여금 모든 문제에 대해 양측 의견을 연구하도록 습관화시키고, 이를 통해 진리와 허위를 구별하는 데 도움을 주기 때문이다. 자기 의견을 법이나 대중의 권위를 동원하여 타인에게 강제하는 행위는 스스로 무오류성을 전제하는 것이며, 이러한 전제는 진리에 대한 무관심을 내포한다고 볼 수 있다.[64]

소크라테스와 예수의 죽음은 역사적으로 매우 비극적인 사건으로 여겨진다. 밀은 이와 같은 범죄를 저지른 이들이 본질적으로 악한 인물이 아니었다고 주장한다. 오히려 그들은 자신이 속한 시대와 민족이 요구하는 종교, 도덕, 애국의 감정을 충실히 내면화한 사람들이었다. 모든 시대 – 우리 시대를 포함하여 – 에 걸쳐 큰 잘못 없이 존경받을 기회를 가진 존재들이라고 평가하였다.[65] 이 보통 사람들은 진리에 대한 진지한 관심이 없는 관계로 스스로 진리를 알 수 없다고 생각했다. 당연히 남의 의견에 순응할 수밖에 없었다. 사람들이 자기 의견에 근거하여 행동하기 위해서는 타인이 자기 의견을 반박하고 반증할 수 있는 자유가 있음을 받아들여야 한다. 이러한 변증법적 토론은 양쪽의 의견을 모두 살펴보도록 하고 어떤 답변이 참인지 거짓인지 판단하게 한다.

위대한 사상가만을 위하여 생각의 자유가 필요한 것이 아니다. 일반인들도 그들이 가능할 수 있는 정신적 위상을 달성할 수 있어야 한다. 정신적 노예 상태의 일반적인 분위기 속에서는 위대한 개인적 사상가가 존재할 수 있다. 그러나 그러한 분위기에서는 지적으로 활동적인 일반인은 존재하지 않았고 앞으로도 존재하지 않을 것이다.[66] 개인에게는 자신의 무지를 인정함으로써 진리를 추구할 수 있는 소크라테스적 순간이 잠재적으로 존재한다. 이를 위해 생각과 토론의 자유가 필요하다. 《자유론》에서 밀은 개인이 세상을 변화시키려는 노력을 포기해야 한다고 주장한 것이 아니다. 오히려 그는 개인의 자유로운 사유와 표현이 사회 발전과 진리 탐구에 필수적임을 강조하였다. 따라서 개인이 세상을 능동적으로 변화시키려는 의지는 밀의 사상이 전달하고자 했던 핵심 의도 중 하나이다. 때로는 마음속에 신성한 불꽃을 갖고 있는 소수 지식인이 진리를 추구하고 일반인들에게 알리는 것에 만족해야 할 때도 있다. 그러나 밀은 계몽된 소수 지식인이 지배하는 지적 귀족주의에서 많은 사람들이 어둠 속에 여전히 머물러야 하는 세상을 원하지 않았다. 밀의 《자유론》은 가능한 많은 사람이 개방적인 사고방식을 갖고, 그들이 진리를 추구할 수 있는[67] 사회 분위기 조성이 목적이다.

밀은 민주주의가 타 정치 체제보다 더 나은 결정을 내릴 수 있다고 보았으며, 그 실현을 위해 민주주의가 제대로 작동할 수 있는 조건들을 모색했다. 그는 민주적 정당성이란 단지 형식적 절차를 넘어서, 지식과 신념이 사회적 과정을 통해 정당화되는 구조, 즉 '사회 인식론'에 기반해야 한다고 주장한다.[68] 어떤 견해가 가치 있는 인식으로 받아들여지려면, 그 타당성이 철저히 검토되고 입증되는 과정을 거쳐야 한다. 민주 절차는 이러한 검증을 촉진하며, 의회의 덕목을 숙의deliberation[69]라고 강조하였다. 이러한 민주주의 절차가 숙의를 가능하게 함으로써 사회에서 지식이 만들어지는 것에 이바지해야 한다. 집단이 개인보다 더 잘할 수 있는 것이 바로 숙의이다. 상충하는 다양한 의견들이 서로 간의 숙의를 통하여 충분히 논의되고 고려되어야 한다. 이를 위한 민주 절차를 위해 소크라테스 대화법이 요구된다. 민주주의 교육은 시민들이 자신의 지적, 도덕적, 시민적 덕성을 향상할 기회를 제공해야 한다. 민주 절차에 참여함으로써 시민들은 이러한 덕성을 계발할 수 있다.

밀은 민주주의를 단순히 다수의 의사가 정책에 반영되는 정치 체제로만 보지 않았다. 그는 민주주의를 시민들이 다양한 의견을 자유롭게 표현하고, 서로 비판하며, 타당성을 검토하는 공론장의 실천적 제도로 이해하였다. 이러한 과정은 단순한 의견 교환을 넘어, 지식과 신념이 어떻게 정당화되고 개선될 수 있는지를 보여주는 사회적 인식 과정의 핵심을 이룬다. 밀에 있어 시민은 단지 투표를 통해 자신의 의사를 표현하는 것에 그치는 수동적 존재가 아니다. 타인의 의견에 귀 기울이고 자신의 신념을 재검토할 수 있는 이성적 주체이다. 이때 민주주의는 개인이 스스로 오류 가능성을 인정하고, 다양한 관점과의 상호작용을 통해 보다 정당한 신념에 도달하도록 돕는 사회적 학습과 지적 향상의 제도적 틀이 된다.

이러한 맥락에서 밀은 표현의 자유, 출판의 자유, 언론의 독립 등을 단순한 정치적 권리라고 이해하지 않았다. 오히려 진리에 접근하기 위해 꼭 필요한 사회적 조건으로 이해하였다. 다양한 관점들이 자유롭게 표현되고 비판적으로 검토되는 과정은 단순한 의견의 대립을 넘어서, 사회 전체가 정당하고 신뢰가 있는 지식에 도달하기 위한 인식론적 실천으로 기능한다. 밀은 민주주의를 단순히 사람들이 투표로 의견을 모으는 제도라고 보지 않았다. 그는 민주주의가 사람들이 서로 생각을 나누고, 다양한 의견을 비교하고, 그 과정에서 더 나은 판단과 지식을 만들어 가는 방식이라고 생각했다.

지식이 개인 혼자만의 생각이나 경험으로 완성되는 것이 아니다. 다른 사람들과의 의견 교환과 사회 환경 속에서 점차 다듬어지고 확인되면서 형성되는 것이라고 밀은 보았다. 따라서 민주주의는 단순히 다수가 결정하는 정치 체제가 아니다. 사람들이 함께 옳고 그름을 판단하고, 더 나은 결론에 이르기 위해 협력하는 지적인 과정의 틀이다. 이 과정에서 시민은 단순히 토론에 참여하는 데 그치지 않고, 스스로 생각하고, 타인의 의견을 경청하고, 자기 입장을 논리적으로 성찰할 수 있는 능동적인 주체가 되어야 한다. 밀은 이러한 태도가 우리가 진리에 한 걸음 더 다가가는 데 필요한 자세라고 보았다.

밀은 소크라테스 대화법처럼 진리를 향한 탐구는 혼자서 조용히 깨닫는 것이 아니라고 보았다. 타인과의 열린 대화와 토론 속에서 이루어지는 사회적 과정임을 강조하였다. 오늘날에는 자기 생각만이 옳다고 믿거나, 다른 사람의 도움 없이 혼자서도 진리를 알 수 있다고 여기는 태도들이 흔히 보인다. 밀의 관점에서는 매우 위험하다. 밀은 진리가 사회 속에서 서로 다른 의견이 부딪치고 토론되는 과정을 통해서만 점차 드러난다고 보았다. 따라서 그는 진리에 대해 열린 태도를 유지하면서, 개인이 진리 추구를 계속할 수 있도록 도와주는 지적인 환경과 개인의 지적 권위의 중요성을 강조하였다. 이러한 문제의식은 다음 장에서 살펴볼 '진리에 대한 태도의 변화' 논의로 이어진다.

6장

밀의 진리에 대한 태도 변화와 개인의 지적 권위

밀의 진리에 대한 태도 변화와
개인의 지적 권위

밀의 《자유론》은 표현의 자유와 진리의 관계를 이론적으로 사유하는 데 있어 자주 인용되는 고전이다. 이러한 맥락에서 표현의 자유라는 추상적 개념을 구체적으로 설명하기 위해 흔히 사용되는 은유가 바로 '사상의 공개 시장 marketplace of ideas'이다. 이는 다양한 사상과 의견이 자유롭게 유통되는 가운데, 경제 시장에서 보이지 않는 손이 작동하듯 최종적으로 진리가 선택되고 살아남는다는 비유적 설명이다. 오늘날 표현의 자유에 대한 많은 논의가 이 은유를 통해 밀의 사상과 연결되곤 하지만, 주목할 점은 밀 자신이 《자유론》을 포함한 그의 저작들에서 '사상의 공개 시장'이라는 개념을 직접적으로 언급하거나 관련된 논의를 체계적으로 하지 않았다.

더불어 '사상의 공개 시장'이라는 담론에서 진리의 개념은 종종 명확히 정의되지 않은 채 전제되곤 한다. 그러나 밀의 사유를 들여다보면, 그는 절대적 진리의 존재 자체를 부정하지는 않으면서도 인간 인식 능력의 근본적인 한계를 분명히 인식하고 있음을 알 수 있다. 인간이 도달할 수 있는 진리는 결코 절대적이거나 최종적인 것이 아니다. 언제나 수정 가능하고 결론은 열려 있으며 잠정적인 성격을 갖는다. 따라서 표현의 자유는 완결된 진리를 담보하지 않는다. 끊임없는 탐구와 논의를 통해 진리를 추구하는 전제 조건이다.

나아가 밀의 표현의 자유 논의는 그의 공리주의 사상과도 밀접하게 연계되어 있다. 그는 의견 표현의 자유를 그 자체로 '최고의 선'으로 간주하기보다는 개인의 사유 능력을 계발하고 사회 전체의 지적 진보를 촉진하는 데 불가결한 수단으로 보았다. 진리 그 자체보다도 특정한 의견을 진리로 믿게 되는 과정, 즉 비판적 사고와 자유로운 토론을 통해 진리를 탐색하는 과정을 더욱 중시하였다. 이러한 관점에서 밀은 진리를 고정된 실체라기보다 성찰과 토론을 통해 점진적으로 형성되는 과정 개념으로 이해했다. 이는 민주주의 사회에서 모든 개인이 지적 주체로서의 권위, 다시 말해 스스로 사유하고 진리를 탐구할 수 있는 자격과 책임을 지닌 존재임을 강조하는 그의 철학적 입장을 뒷받침한다. 요컨대 밀의 진리에 대한 태도는 단순한 철학적 입장 전환을 넘어서, 민주주의 사회에서 시민 개개인이 지닌 지적 자율성과 참여의 정당성을 강조하는 중요한 함의를 내포하고 있다.

《자유론》에서 의미하는 진리란

프레드릭 샤워Frederick Schauer는 독자들이 밀의 《자유론》을 읽을 때, 비록 진리를 완전히 발견할 수는 없다고 보더라도, 객관적 진리가 존재한다는 전제를 암묵적으로 수용하는 경향이 있다고 지적한다.[1] 이러한 해석 방식은 밀의 표현의 자유 논의가 진리 탐구를 그 핵심 목적으로 삼고 있다는 전제를 기반으로 한다. 그러나 이와 같은 전제는 객관적 진리의 존재 자체를 부정하거나 회의적인 견해를 갖고 있는 철학적 관점들로부터 비판을 불러일으킬 수 있으며, 실제로 밀은 이러한 비판의 대상이 되어 왔다고 샤워는 분석한다.

국내 연구에 의할 때, 김도원은 표현의 자유와 명예훼손죄에 관한 논의에서, 비범죄화를 지지하는 측이 밀의 사상을 근거로 삼아 표현의 자유는 진리의 탐구와 발견을 가능하게 한다는 점에서 정당화된다고 주장함을 밝히고 있다.[2] 그러나 밀의 진리 개념은 절대적이고 불변하는 진리의 존재를 전제하지 않는다. 벌린의 지적처럼, 밀은 모든 진리를 경험에 기초한 잠정적인 것으로 간주한다. 궁극적이고 수정이 불가능한 진리의 존재를 받아들이지 않는 경험주의적 입장을 견지한다.[3] 이러한 태도는 진리에 대한 그의 사유가 고정된 실체보다 변화 가능성과 개방성에 방점을 두고 있음을 보여준다. 이와 관련하여 윤성현은 밀의 진리 개념이 확정적인 것으로도, 잠정적인 것으로도 해석될 여지를 동시에 지니고 있다고 분석한다.[4]

밀의 논의는 진리를 단일하고 고정된 개념으로 규정하기보다, 다양한 해석의 가능성을 열어두는 복합적이고 유연한 성격을 띤다고 볼 수 있다.[5] 밀의 핵심적인 관심이 진리 자체를 규정하는 데 있지 않다. 밀의 표현의 자유론은 궁극적으로 오류를 줄이고 신뢰할 수 있는 사회적 지식을 축적하는 데 도움이 되고자 했다. 이러한 입장은 표현의 자유가 단지 개인의 권리를 보장하기 위한 수단이 아니다. 사회 전체의 지적 수준을 높이고 공론장의 질을 제고하는 도구임을 강조한다. 결과적으로 밀의 표현의 자유론은 진리의 존재 여부 그 자체보다, 진리를 향한 지속적인 탐구 과정과 그 과정이 지닌 사회적·지적 효과에 큰 의미를 부여하고 있으며, 이는 표현의 자유에 대한 공리주의적 정당화와도 긴밀하게 연결된다.

밀은 《자유론》에서 진리truth를 112번 언급하고 있다. 그러나 표현의 자유와 진리의 관계에 관한 논의에서 일반적으로 언급되는 '진리를 찾는다discovery of truth'라는 표현은 《자유론》에서 찾을 수 없다.[6] 이처럼 다양한 주장을 접하면서, 저자는 밀의 《자유론》에서 말하는 '진리'의 의미가 과연 무엇인지 탐색할 필요성을 느끼게 되었다. 밀이 주장하고 있는 진리가 윌리엄 제임스William James가 언급하고 있는 "시공간을 초월한 진리로서 대문자 T(Truth with a big T, and in the singular)",[7] 즉 절대적 진리를 의미하는지, 아니면 잠정적이고 "다양한 진리(truths in the plural)"[8]의 소문자 t를 말하는지를 이해해야 한다. 밀은 객관적 진리 존재를 부인하지 않는다. 다만, 인간 의식의 한계로 인해 객관적 진리를 아는 것은 거의 불가능하다고 주장한다. 그런데 밀은 인간의 지적 능력이 끊임없이 확장된다면 불가능하게 보인 것들도 가능할 수 있다고 본다. 이를 위해서는 생각의 자유와 의견 표현의 자유가 보장되어야 한다. 그렇지 않다면, 개인의 지적 능력이 쇠퇴하고 판단의 주권을 잃을 수 있다. 인식의 한계로 인해 인간은 객관적 진리를 알 수 없다고 하면서, 밀이 《자유론》에서 진리를 언급하고 있는 이유가 무엇인지를 파악할 필요가 있다.

밀은 표현의 자유가 진리를 담보한다고 주장하지 않았다. 다만, 자신의 의견을 합리적으로 확신하기 위해서 표현의 자유와 토론의 자유를 강조하고 있음을 주목해야 한다. 더불어 밀이 표현의 자유가 아니라 의견 표현의 자유를 논의하였다는 것을 상기해야 한다. 밀은 《자유론》에서 오늘날 널리 사용되는 표현인 '표현의 자유freedom of expression'라는 용어를 단 한 번도 사용하지 않았다. 그는 의견의 표명과 관련된 문맥에서만 '표현expression'이라는 용어를 사용하고 있으며, 이는 당시 그가 주목한 자유의 범위가 현대적 의미에서의 포괄적인 '표현의 자유'와는 다소 차이가 있음을 시사한다. 실제로 의견 제시와 토론은 표현의 자유라는 광범위한 개념에 비해 상대적으로 한정된 범위 내에서 논의되는 경우가 많다.

토론은 주로 추론적이고 규범적인 견해들이 제시되고, 서로 다른 견해들의 논리적 근거들을 비교하고 평가하는 과정을 의미한다. 의견은 특정 개인이 갖고 있는 추론적이고 규범적인 믿음으로, 이를 진술하고 정당화하려는 태도와 연결된다. 반면 '표현'은 감정, 상징, 예술적 창작 등 다양한 형태를 포함하는 광범위한 개념이다. 이와 같은 차이점을 고려할 때, 대부분의 자유론자가 주장하는 바와 달리 밀의 논의를 단순히 '표현의 자유'라는 일반화된 개념으로 환원하기보다는 더욱 정밀하게 '의견의 표현과 토론의 자유'로 한정하여 이해할 필요가 있다.

밀의 저작을 면밀하게 읽어나가면서 저자는 다음과 같은 질문을 제기하게 되었다. 즉, 밀은 '의견 표현의 자유' 그 자체를 절대적으로 중요한 가치로 보았기에 강조한 것인가, 아니면 어떤 다른, 보다 궁극적인 목적을 위해 그것이 중요하다고 보았는가? 밀은 인간이 자신의 지식이나 신념을 절대적 진리로 간주하고 그것에 대한 의심을 거부하려는 경향이 있음을 경고한다. 인간은 자신과 상반되는 정보나 의견을 접할 때, 이성보다는 감정이 우선 작동하여 기존 믿음을 맹신하는 경향을 보인다. 이러한 심리적 메커니즘에 대한 통찰을 바탕으로 밀은, 비록 자기 의견이 확실하다고 믿는다 하더라도, 그것의 진위를 끊임없이 검토해야 한다고 주장한다. 그는 자기 의견에 대한 확신이 다양한 견해와의 비교 및 토론을 통해서만 정당화될 수 있으며, 이를 통해 진리에 좀 더 근접할 수 있다고 보았다. 따라서 밀은 의견과 진리를 다루는 데 있어 변증법적 토론을 핵심적 방식으로 제시하며, 이를 통해 비판적 사고와 지적 성숙이 가능하다고 보았다. 이러한 맥락에서 밀에 있어 '의견 표현의 자유'는 그 자체가 절대적 가치이기보다 진리 탐구와 인간 이성의 계발이라는 보다 궁극적인 목표를 실현하기 위한 수단으로서 중요하다고 해석할 수 있다.

시대 변화로 인한 지적 무정부와 개인의 주체적 판단

역사는 사람들이 어떻게 살아왔는지를 보여주고, 사회가 변화해 온 흐름과 그 원리를 밝혀야 한다.[9] 이를 위해 밀은 프랑스 학자인 생시몽의 역사관을 참고하였다. 당시의 프랑스를 제외한 유럽의 여타 국가들에서는 역사학에 관한 관심이 그리 크지 않았다.[10] 밀은 당시 영국의 상황에 관해 다음과 같이 주장하였다. "지금은 과도기이다. 따라서 많은 사람들이 공유하는 정신이 없다. 이러한 특징을 갖고 있는 과도기에는 식자층(識者層)들이 분열하면서 그들의 지적 권위가 약해진다."[11] 밀은 19세기 영국 사회를 "지석 부성부intellectual anarchy"[12]라고 진단하였다. 중세 시대가 막을 내리면서 새로운 이념인 민주주의 시대의 출현으로 기존 체제가 붕괴하고 새로운 제도와 가치관이 요구되었다. 과도기에는 다양한 사상들이 서로 경쟁하면서 혼란이 초래된다. 이러한 과도기 시대를 극복하기 위해서는 기존과는 다른 사회정신이 요구된다. 밀이 무엇을 근거로 당시 사회를 과도기라고 간주하면서 혼돈의 시기라고 보았는지에 대한 질문이 제기된다. 이를 위해서는 밀의 사회 변화에 대한 역사관을 들여다볼 필요가 있다.

생시몽에 의하면, 역사는 유기적인 시기organic periods와 비판적인 시기critical periods가 서로 번갈아 가면서 진행된다. 유기적인 시기에는 대부분의 사람이 지배적인 사상을 지지하면서 해당 사상에 근거하여 행동하고 자신들 행동의 옳고 그름의 기준으로 삼는다. 이러한 지배적인 사상은 시간이 흐름에 따라 반대 세력에 부딪히면서 여러 사상들이 경쟁하는 비판적인 시기로 접어든다. 이 시기에는 과거의 지배적인 사상이 힘을 상실하고 사상의 공백 상태를 채우고자 많은 사상들이 경쟁한다. 그러나 과거처럼 많은 사람들의 지지를 받는 사상이 존재하지 않는다.[13] 밀은 자신의 시대를 "변화의 시기an age of transition"[14]라고 규정하면서 인류가 오래된 제도와 교리를 벗어났으나, 아직 그들에게 적합한 새로운 것을 얻지 못한 시대[15]라고 언급했다. 과도기에는 확립된 교리가 없다. 의견의 세계는 혼돈 상태에 있으며, 이는 가장 능력 있는 사람들이 세속적 권력과 도덕적 영향력을 행사할 때까지 지속될 것이다. 변화의 시기를 거치면서 유기적인 시기로 접어들면, 과거의 제도와 사상들보다 좋은 것들이 나타나면서 사회는 진보한다.[16]

변화의 시기에는 다양한 사상들이 서로 경쟁하면서 안정을 찾을 때까지 혼돈의 시기가 계속된다. 따라서 우리들은 화합의 시대인 새로운 유기적인 사회를 필요로 한다.[17] 이를 위해서, 밀은 교육받은 사람들의 지배적인 정신인 비판 정신esprit critique이 요구된다고 역설하였다. 타인의 오류를 지적하고 자기 생각을 주입하고자 하는 강요의 비판이 아니다. 변화의 시기에는 비판적 사고가 특히 중요하다. 이를 위해서는 자신과 의견이 다른 사람들의 생각을 경청하고, 그들의 주장을 숙고하고 이해해야 한다. 그리고 타인의 의견에 대한 자기 입장을 논리적으로 정리해 제시해야 한다. 누군가가 잘못된 길로 가고 있다고 판단될 때, 그의 오류를 찾아내고 이를 분석하고 설명해야 한다. 자기 생각을 그에게 주입하기보다는 그가 스스로 깨달을 수 있게 해야 한다.[18]

이를 위해 밀은 낭만주의자인 콜리지Coleridge가 주장한 질서order와 진보progress를 추구하는 두 집단의 상호작용에 의한 사회 변화를 고려할 필요가 있다고 언급하였다. 사회와 국가는 두 적대적인 집단 혹은 이해관계들이 상호 경쟁할 수밖에 없다.[19] 콜리지는 사회의 진보가 상호 대립하는 세력들 간의 긴장과 균형 속에서 이루어진다고 보았다. 즉, 서로 반대되는 견해들이 단순히 충돌하거나 없어지는 것이 아니다. 지속적인 차이를 유지하면서 서로 작용하고, 이러한 변증법적 과정을 통해 사회는 점진적으로 발전해 간다는 관점이다. 정치적 맥락에서도 이와 유사한 구조가 관찰된다. 진보와 보수라는 다른 이념이 공존하며 각자의 관점을 주장하는 가운데, 한 진영의 정당성은 종종 다른 진영의 한계에서 비롯된다. 밀 역시 이러한 관점을 공유하며, 상반된 의견들이 공존하고 긴장 상태를 유지할 때 오히려 사회 전체의 지적이고 도덕적인 발전이 가능하다는 점을 강조한다.[20] 세상에는 서로 반대하는 견해들이 존재할 수밖에 없다. 이들은 상호 배제적이 아니라 서로 보완되고 협력하기도 한다. 사회는 변증법 과정을 통해 변화하고, 진리는 한 측면이 아니라 다양한 측면을 고려해야 한다고 밀은 주장한다.

밀이 활동하던 19세기 영국 사회는 기존의 도덕적·사회적 준거 틀이 영향력을 발휘하지 못하면서, 새로운 가치와 인식의 체계가 요구되던 전환기의 한복판에 있었다. 이는 마치 니체가 '신의 죽음'을 통해 기존 절대적 권위의 해체를 예견했던 것처럼 밀 역시 전통적 권위가 붕괴하는 시대적 흐름을 인식하고 있었다. 밀은 이러한 시대적 조건 속에서, 개인의 이성과 비판적 사유에 기반한 새로운 준거 틀이 필요하다고 보았다.[21] 민주주의로 인해 과거에는 가능하지 않았던 개인의 의견을 기반으로 한 새로운 지침을 찾아가기 위해 무엇을 어떻게 해야 할지가 관건이다. 개인의 의견이 중요해졌다. 그만큼 개인이 스스로 판단할 수 있는 능력이 필요하다.[22] 사람들은 자신이 진리라고 믿고 있는 의견에 근거하여 행동하기 마련이다. 과연 개인이 자신의 의견 혹은 믿음을 어떻게 진리라고 확신할 수 있을까? 이를 위해서 밀의 진리에 대한 논의를 이해할 필요가 있다.

절대적 진리에서 잠정적 진리로의 변화

밀이 24세에 스털링Sterling에게 보낸 편지에서, "나에게 적합하다고 믿는 유일한 일은 추상적 진리abstract truth[23]를 탐구하는 일이며, 추상적일수록 더 좋다."[24]고 밝히고 있다. 이 시절은 밀이 〈런던 리뷰The London Review〉에 시사 문제에 관련된 논쟁을 다루며 공리주의 원칙을 세상에 알리고자 노력하던 시기였다. 이 편지에서 자신이 속한 역사적 맥락[25] 가운데 자신이 어떠한 과업을 수행해야 하는지에 관한 젊은 시절의 밀의 고민을 엿볼 수 있다. 그는 〈런던 리뷰〉를 통해 당대 사회와 정치 문제, 그리고 논쟁에 영향을 미치고자 했다. 이러한 경험을 바탕으로, 정치와 사회의 구체적 현실을 넘어서는 보편적 관점을 지향했다. 나아가 모든 시대와 사람에게 적용될 수 있는 '추상적 진리'로서의 절대적 진리의 중요성을 강조했다.

다음의 주장은 밀이 절대적 진리를 어떻게 생각하고 있는지를 여실히 보여주고 있다.

> "인류 복지를 증진하는 위대한 진리를 전할 수 있는 수십만의 사도들이 확실히 확보될 수 있다면, 설령 대규모 재난으로 인해 영국과 아일랜드에서 연간 500파운드를 버는 모든 이들이 희생되더라도 그 대가는 감수할 수 있을 것이다. 물론 이들 중에는 매우 선량한 이들이 포함될 수 있으나, 그런 선량함이 과연 세상을 본질적으로 얼마나 개선할 수 있을지는 의문이다."[26]

이는 개인의 자유를 중시했던 사상가가 쉽게 내릴 수 있는 결론이 아니다. 그럼에도 그는 정치 공동체의 공공선이 일정 부분 '위대한 진리'에 의존한다고 보았다. 이러한 진리들은 객관적 실체를 지니며, 일반인들에게 교육될 수 있어야 한다고 주장했다. 나아가 사람들은 이를 자기 행동의 지침으로 삼아야 한다는 신념을 역설했다.

밀이 생각한 자유주의의 핵심은, 개인이 독립적으로 사유하고 자기 성격과 판단에 따라 삶의 목표와 행동을 선택할 자유를 가지는 데 있다. 그러나 절대적 진리를 알 수 있는 사람은 극소수에 불과하다. 이런 이유로 자유주의는 인간 본성을 왜곡하는 사회 구성 방식이 된다. 그 왜곡의 핵심은 절대적 진리를 아는 사람이 소수라는 점이다. 결과적으로 다수는 그들의 지배를 받게 된다. 왜냐하면 자신보다 더 높은 지성과 덕을 지닌 사람들을 따를 수밖에 없기 때문이다. 이렇게 자유주의는 의도와 달리 지배와 복종의 구조를 낳는다.[27]

이러한 밀의 주장은 자신이 강조하였던 자유주의와는 완전히 대치된다. 밀이 이러한 주장을 한 이유를 살펴볼 필요가 있다. 자신이 목격한 자유주의에 대한 냉혹한 비판은 특정한 진리 개념에서 자연스럽게 도출된다. 당시의 자유주의가 추구하였던 절대적 진리 개념은 인간의 이성이 우주의 질서를 발견할 수 있음을 전제한다. 그러나 이러한 진리는 추상적인 고려로 이루어지며, 이는 모범적인 지성과 덕을 지닌 소수에 의해서만 가능하다. 따라서 다수는 객관적 진리를 분별하고 이를 신중하게 적용할 수 있는 소수에 의해 통치될 수밖에 없다. 밀은 젊은 시절에 자신이 목격한 당시의 자유주의가 개인의 자유를 중시하는 점은 분명하다. 그러나 인간의 인식 능력의 한계와 절대적 진리의 존재를 고려할 때 당시 자유주의와 절대적 진리 개념은 본질적으로 양립하기 어렵다는 견해를 제시하였다. 이는 밀의 초기 사상이 자유주의의 이상과 현실적인 인식론적 조건 사이의 긴장을 반영하고 있음을 보여준다.

한편 밀은 1833년 토머스 칼라일Thomas Carlyle과의 서신 교환을 계기로, 인간은 절대적 진리를 알 수 없다는 태도로 전환하게 된다. "진리의 무한한 본질the infinite nature of truth"[28]을 인정하면서 절대적 진리가 있을 수 있지만, 인간의 능력으로는 알 수가 없다고 피력하고 있다. 결국 각 개인은 세상을 다양한 측면에서, 자신이 처한 상황에서 바라볼 수밖에 없다. 따라서, 다양한 관점이 서로 조화를 이루고 서로를 완성해야 한다. 각자가 다른 모든 사람의 보완물이다.[29] 밀에 있어서, 인간은 오류를 범하는 존재이므로 인간이 진리라고 믿는 것은 항상 잠정적이다. 우리가 진리라고 주장하는 모든 의견을 구성하는 개념들이 모든 실체를 포함하지 않기 때문이다. 따라서 칸트가 주장한 사물 그 자체things-in-themselves를 있는 그대로 설명할 수 없다. 언제든지 새로운 증거가 나타나면 자신 의견을 보완하고 수정해야 한다.[30] 나아가 "우리의 경험과 능력이 지속적으로 확장되면" 끊임없이 어두운 미지의 영역을 탐구하는 사람의 정신은 "불가능하다고 여겨지던 것들을 가능하게"[31] 할 수 있다.

밀은 절대적 진리가 소수 엘리트에 의해 독점적으로 발견되어야 한다는 전통적 견해를 거부했다. 그는 진리를 잠정적인 것으로 보고, 끊임없이 수정되고 발전하는 과정으로 이해했다. 이러한 태도는 진리를 고정된 결과가 아니라 끝없는 탐구의 대상으로 바라보게 했다. 이는 무엇보다도 인간의 인식 능력의 본질적 한계를 인정한 데에서 비롯된다. 인간은 완전하고 절대적인 진리를 온전히 파악할 수 없다. 현재의 지식과 경험에 근거하여 이해할 수 있는 진리만을 잠정적으로 수용할 수 있다는 점을 밀은 중시하였다. 또한, 밀은 인식과 경험의 누적적 성격에 주목하였다. 이는 비록 현재는 완전한 진리를 알 수 없더라도 시간이 지남에 따라 과학적 발견과 사회적 논의를 통해 점차 진리에 접근할 수 있다는 가능성을 내포한다. 따라서 미래에는 현재보다 더 정밀하고 정확한 인식이 가능해질 수 있다. 진리는 고정된 실체가 아니라 끊임없이 탐구되고 재해석되는 과정임을 강조하였다. 이러한 관점은 경험주의 철학 전통과 밀의 공리주의적 사고와도 밀접하게 연관되어, 지식의 발전과 사회적 진보에 대한 낙관적 전망을 뒷받침한다.

 젊은 시기의 밀은 자유주의가 절대적 진리와 양립할 수 없다는 이유로 당시 자유주의의 한계를 비판한 바 있다. 그가 경험한 영국의 자유주의는, 교육받지 못한 대중이 지식인의 견해에 수동적으로 복종하는 구조를 형성하고 있었으며, 이는 개인의 자유를 최고의 가치로 삼는 자유주의의 본래 이상과는 거리가 먼, 일종의 반(反)민주적 질서였다. 그러나 후기의 밀, 특히《자유론》에서 그는 개인의 자유가 보장되는 사회야말로 진리 탐구에 가장 적합한 환경을 제공한다고 주장한다. 또한 그는《자유론》에서 확신할 수 있는 진리는 단지 개인의 주관적 신념에 머무르지 않고, 타인의 동의와 공론의 과정을 통해 정당화되어야 한다고 본다. 즉, 자유로운 토론과 상호 비판을 통해 진리는 탄탄한 근거를 갖게 된다.

 초기의 밀은 보편적인 합의보다 소수의 전문적이고 체계적인 지식 축적을 더 중시하는 태도를 보였다. 그는 수학처럼 명확한 정답이 존재하는 분야에서는 진리에 도달하기 위해 탁월한 재능과 지속적인 노력이 필요하다고 보았다. 이 경우 대중의 동의보다는 소수 전문가의 판단이 더 중요한 기준이 된다고 주장했다. 이러한 입장은 모든 개인이 자유롭고 평등한 의사 표현을 통해 진리에 접근할 수 있어야 한다는 자유주의의 핵심 이상과 일정한 긴장을 이룬다. 다시 말해, 초기 밀의 시각은 후기 그가 정립한 자유주의 원칙과는 다소 상반되는 태도를 보였다.

수학 영역과 달리, 사람들의 관계성과 밀접한 정치와 도덕 등의 실천성의 영역에서는 누구든지 진리를 추구할 수 있다. 인간의 삶에는 민감하고 논란의 여지가 많으며 복잡한 문제들이 계속 등장한다. 이는 때로는 공공의 분노를 불러일으키기도 한다. 대부분의 사람들이 고등 교육에서 취급하는 자연과학적 사실에 대해서는 비록 거의 이의 제기를 하지 않더라도 정치, 종교, 사회 문제에 관해서는 누구나 자신의 의견을 제시하고 타인들과 논쟁하고 반박한다. 이러한 영역에서는 몇몇 사람들만 이해할 수 있는 추상적인 명제의 진위에 관한 논의보다 "평범하고 사실plain, matter-of-fact"에 근거한 관점이 중요하다.[32] 절대적으로 확실한 것은 존재하지 않지만, 인간 삶의 목적들을 이루는 데 필요한 행동들이 무엇인지를 결정하는 데 충분한 확실성이 필요하다.[33] 사람의 삶에서 나타나는 사건들은 자연과학의 사실들처럼 중립적이지 않다. 따라서 상반되는 의견과의 대화 없이는 누구도 옳다고 절대적으로 확신할 수 없다. 밀은 관습적인 의견과 무비판적 사고를 극복하는 것이 인간 정신과 사회의 진정한 개혁을 이루는 핵심이라고 믿었다. 이러한 이유로 명확하지 않은 개념들은 "수사적 방식보다는 변증법적 정신으로 다뤄져야 한다."고 주장한다.[34]

밀은 인류 역사와 다른 나라들의 문화를 살피면서, 영원히 불변하고 반드시 믿어야 하는 진리가 없음을 강조하고 있다. 어떤 명제든 모든 인간이 영원히 그리고 불가역적으로 그것을 믿어야 한다고 단언할 수 없다. 비록 당시에 진리라고 다수가 확신하여도, 실제로 그것을 인정하지 않은 사람들도 많았다. 한 시대나 특정 민족은 타 문화권에서는 쉽게 이해하거나 수용하기 어려운 신념을 무조건 받아들이는 경향을 보인다. 이러한 신념 체계는 마치 태어날 때부터 자연스럽게 받아들여져야 하는 상식과도 같이 작용한다. 밀은 그조차도 일부 개인들에게는 내면화되지 않을 수 있음을 강조한다.[35] 이는 사회와 문화 맥락에 따라 신념의 수용과 내면화가 다르게 나타날 수 있음을 보여주는 사례로, 개인과 집단 간 신념 형성의 복잡성을 엿볼 수 있다. 밀은 인간의 믿음이 시대와 문화에 따라 변화한다는 점을 들어, 그는 인간 삶의 영역에서는 절대적이고 불변하는 진리가 존재하지 않는다고 주장했다.

절대적인 진리를 소수만이 알 수 있다고 하는 당시의 자유주의 폐해를 지적한 입장에서 벗어나, 공동선을 추구하기 위한 자유주의를 위해 진리 개념을 다시 정의하였다. 진리의 절대성 강조는 소수 지식인과 교육을 덜 받은 다수로 나뉠 가능성이 높은 반민주적 태도이다. 밀은 진리 개념을 재정의하여, 누구나 진리를 추구할 수 있다고 보았다. 이를 통해 그는 자신의 자유주의 기초를 확립할 수 있는 돌파구를 마련했다. 밀의 사유에서 추상적 진리에 대한 강조가 어떻게 경험과 사실에 기반한 잠정적 진리로 이행하게 되었는지를 다음에서 논의하고자 한다.

지식의 상대성과 오류와 대립의 철학

지식의 상대성과 앎의 의미

밀에 의하면, 우리가 안다고 하는 것의 대부분은 실제로 "관찰과 추론"[36]에 의존한다. 경험은 매우 제한적이며, 우리가 직접적으로 인식하는 것은 오직 밖에서 오는 감각에 대한 마음의 "인상impression"뿐이다. 사람은 오직 감각을 통해서 대상을 알 수밖에 없다.[37] 인간이 안다고 하는 것은 외부 대상들의 "일련의 겉모습들a set of appearances"이다.[38] 사람이 대상을 안다고 하는 것은 대상들에 대한 자신의 인상이다. 대상들이 자신들의 감각 기관을 자극하였을 때만 그 대상을 알 수 있다. 이러한 자극은 대상에 대한 인상을 가능하게 한다. 밀은 우리가 대상 자체를 알 수 없으며, 오직 그것들이 우리에게 어떻게 나타나는가에 대해서만 알 수 있다고 주장한다. 그는 이러한 입장을 "지식의 상대성Relativity of Knowledge"[39]이라고 명명하고 있다. 상대성은 사람들에게 상대주의를 연상하게 할 수 있다. 그러나 밀의 상대성 주장은, 우리가 알고 있다고 말하는 지식이란 사실상 대상 자체가 아니라 그 대상을 지각하는 우리의 감각과 정신 작용 사이의 관계를 의미한다.

이러한 지식의 상대성에 관하여 매튜 아놀드Matthew Arnold는 '상대적인 정신'의 등장으로 인해 현대 사회가 무정부 상태로 빠져들 가능성을 경고하였다. 그는 지적 문제에 절대적이고 명확한 기준이 없다는 인식이 퍼지면서, 각자 제멋대로 생각하고 행동해도 된다는 혼란스러운 태도가 만연해지는 것을 우려하였다.[40] 이에 대해 밀은 '상대성'이라는 용어가 오해를 불러일으킨다고 반박하였다. 상대성은 단순히 각자의 방식이 다르다는 의미가 아니라 인간이 사물을 인식하는 방식을 탐구하는 철학적 논의임을 강조하였다.[41] 이러한 논쟁은 당시 지식과 진리에 대한 이해가 어떻게 형성되고 해석되어야 하는지에 관한 중요한 철학적 쟁점을 드러낸다.

우리가 어떤 사물에 대해 부여하는 모든 속성은, 사실상 그 사물이 우리의 마음에 특정한 감각을 불러일으킬 수 있는 능력을 의미한다. 다시 말해, 사물의 속성은 그것이 우리 감각에 특정한 방식으로 작용한다는 사실 외에는 다른 것을 가리키지 않는다. 우리가 '사물'이라는 개념에 부여할 수 있는 의미는 이 범위를 넘지 않는다. 심지어 상상의 대상조차도 결국은 우리 감각에 새로운 방식으로 영향을 줄 수 있다는 형상화된 개념일 뿐이다. 따라서 우리가 사물에 대해 아는 것, 심지어 사물에 대한 상상도, 그 사물이 우리에게 유발하는 감각이나 우리가 그 감각을 유발한다고 상상하는 것에 불과하다.[42] 대상에 사람이 부여하는 모든 속성은 결국 감각에 다양한 변화를 일으키는 힘들의 집합으로 구성된다. 즉, 대상은 우리가 경험하는 감각에 특정한 방식으로 영향을 미칠 뿐이며, 그 자체로는 다른 의미를 갖지 않는다. 따라서 대상에 관한 인간의 지식은 본질적으로 대상이 감각과 마음에 미치는 영향에 기반한 지식이라 할 수 있다. 또한, 대상에 대한 상상은 그 대상이 우리 안에서 일으키는 감각이나, 혹은 우리가 그러한 감각을 바탕으로 상상하는 것에 불과하다.[43] 이와 같은 맥락에서, 인간이 '무엇을 안다'라고 할 때 이는 대상에 대한 자신의 감각적 인상을 자신의 의식이 어떻게 해석하는지를 의미하는 '인상의 의식적 해석'을 가리킨다.

더불어 밀은 사람의 앎이 대상들 간의 차이에서 비롯된다고 강조한다. 사람이 무언가를 안다는 것은 "어떤 것을 다른 것과 구별"함으로써 가능하다.[44] 앎이란 대상을 다른 것들과 식별하는 데서 성립한다. 곧 인식은 차이를 파악하는 행위이며, 무엇을 안다는 것은 그것을 타자와 구별하는 것을 의미한다. 따라서 밀은 특정 대상에 관한 인식을 구성하기 위해서는 최소한 두 개 이상이 필요하다고 보았다.[45] 이른바 '차이의 법칙'은 인식의 근본적인 원리로서, 대상 간의 차이를 인지하는 과정이 진리 탐구의 핵심임을 의미한다.[46] 결론적으로, 인간이 알고 있다고 여기는 지식은 본질적으로 비교를 통해서 성립한다. 대상에 관한 우리의 지식뿐만 아니라 대상에 관한 상상 또한 대상이 우리에게 자극을 주거나 우리가 스스로 자극을 상상하는 감각에 불과하다.

이러한 지식은 '예지계noumenal realm'가 아닌 '현상계phenomenal realm'[47]에 속하는 것으로, 우리가 직접 경험하거나 인식하는 현상에 관한 것임을 의미한다.[48] 왜냐하면, 우리가 실제로 안다고 하는 것은 대상의 자극에 반응한 감각과 마음에 의한 인상에 불과하기 때문이다. 인간의 지식은 매우 한정적이다. 이러한 이유로 대상의 진정한 본질을 알 수 없다. 우리가 실제로 아는 것은 대상에 대한 인상이다. 우리는 사물이 본질적 속성이 있어도 그것을 파악할 수 없다. 오직 다른 대상과의 비교를 통해 해당 대상을 알 수 있을 뿐이다. 한 사물의 존재는 다른 사물과의 공존에 의해서만 해당 사물의 존재 이유가 있다. 모든 사물은 다른 것의 존재에 의존한다.

많은 의견이 이성에 의해 형성된다고 생각하지만, 지식의 상대성 논의를 고려하면, 대부분 옳고 그름에 관한 사람들의 생각은 인식의 한계, 편견 그리고 자신의 감정과 당시의 사회 감정에 많은 영향을 받을 수밖에 없다. 그렇다면, 사람의 생각에 부정적인 영향을 미치는 요소들을 제거하고 자신들의 믿음이 진리라는 미몽에서 깨어나기 위해서는 무엇이 필요한가? 자신이 진리라고 주장하는 진술에 논리적인 한계가 있음을 인정하고, 자신의 의견과 대립하는 다른 사람의 의견들을 끊임없이 비교할 필요가 있다. 이를 통해 자신 의견의 오류를 수정하면서, 진리에 가까운 의견을 제시할 수 있다. 이를 습관화하는 것이 신뢰할 수 있는 의견과 판단을 가능하게 하는 유일하게 안정적인 방법이다.[49] 따라서 다음의 질문들을 통해 자기 의견의 타당성을 확보할 수 있다. 첫째, 왜 그러한 의견을 갖게 되었는지? 둘째, 끊임없는 반대 의견의 공격에 대항하여 자신 의견의 논리적 근거를 얼마큼 성공적으로 방어하고 있는지? 지식의 상대성 논의는 밀의 진리와 논리의 관계 논의에서 중요한 부분인 오류와 대립의 철학과 밀접한 관련이 있다.

오류와 대립의 철학

밀의 진리와 논리에 관한 논의를 파악하기 위해서는, 밀이 자신의 학문적인 경쟁자라고 간주한 사람들을 어떻게 생각하였는지 살펴볼 필요가 있다. 밀은 《자서전》에서 자신의 《논리학 체계》가 서구 철학에서 결핍되어 있었던 부분, 즉 선험적인 견해에 대립하는 학설을 제공하는 교과서라고 서술한다. 모든 지식은 경험에서 비롯된다.[50] 밀은 독일의 선험적 견해를 반대하였다. 사람 마음의 외부에 존재하는 진리들이 관찰과 경험과는 상관없이 직관이나 의식에 의해서 파악될 수 있다고 주장하는 것은 잘못된 학설과 좋지 못한 제도를 지적으로 뒷받침할 수 있다. 밀은 구체적인 경험에 바탕을 두지 않은 추상적 논리에 대해 경계심을 드러냈다.[51] 이러한 밀의 입장은 소크라테스의 변증법적 방법론과도 깊은 연관성을 가진다. 소크라테스의 방법은 다양한 오류를 최소화하고, 복잡하고 추상적인 주제들을 명확한 용어로 표현하는 훈련으로서 매우 효과적이며, 밀 역시 이를 최고의 사고 훈련 방식으로 평가하였다.[52] 이처럼 밀은 논리의 주된 역할을 오류 제거와 무지 극복에 두면서, 이를 통해 합리적 사유와 토론의 기반을 마련하고자 하였다.

논리는 모호하고 혼란스러운 생각을 해소한다. 논리는 사람들로 하여금 자신의 무지함을 인식하지 못하게 하는 안개를 제거한다. 결과적으로 논리는 우리가 어떠한 주제를 정확하게 이해한다고 생각하는 미몽을 극복하게 한다.[53] 논리는 바로 사람들이 저지를 수 있는 오류를 줄이는 것이 목적이다. 논리는 장소와 시대에 따라 변할 수 있다. 비록 논리는 변화하지만, 합리성에 근거한 진리를 찾기 위한 과학이다. 밀은 다음과 같이 극단적으로 서술한다. "우주에 단 하나의 완벽한 이성적 존재가 있다면, 그 존재는 완벽한 논리학자다. 그렇다면 진리는 그 한 사람에게나 인류 전체에게나 동일할 것이다."[54] 만약 밀이 극적으로 표현한 말이 실현된다면, 사람에게 의견 표현의 자유는 어떠한 의미가 있겠는가? 개인의 판단은 본질적으로 불확실성을 내포하고 있다. 실제로 개인이 진리로 확신하며 주장하는 진술은 전체 진리의 일부에 불과할 가능성이 크다. 이는 인간이 동시에 다수의 관점을 포괄하여 인식할 수 있는 능력이 제한적이기 때문이다. 밀은 이를 인간은 "한 번에 하나 이상의 관점을 볼 수 있는 능력이 없다."[55]라고 설명하였다. 이러한 인식의 한계는 개인 판단의 불완전성을 시사하며, 다양한 관점의 수용과 지속적인 논의의 필요성을 강조하는 근거가 된다.

 모든 진리에 관한 주장은 인간에 의해서만 가능하나, 인간은 오류를 범할 수 있는 존재이다. 오류 가능성이 전혀 없는 인간의 이성은 존재하지 않는다. 따라서 진리와 오류를 정확하게 구분하는 검열은 오류 가능성이 없는 이성을 가진 존재에 의해서만 가능하다. 이러한 권위가 인간 가운데 발견되지 않는 한, 모든 진리 주장은 단지 잠정적인 진리로서 취급되어야 한다. 비록 어떤 의견이 잘못되었다고 확신하더라도, 그것을 억압하는 권력을 행사하는 것은 그 권력이 오류 가능성을 지닌 존재에 의해 행사되는 한 도덕적으로 잘못된 것이다. 개인이 어떤 진리를 확신하는 것은 당연하다. 다만, 자신이 확실하다고 하는 것이 절대적으로 확실하지 않다는 것을 인정해야 한다.[56]

 사람은 자신의 견해에서 세상을 바라볼 수밖에 없다. 따라서 자신이 진리라고 부르는 것이 내일은 진리가 아닐 수 있음을 인정하며, 의견을 견고한 기반 위에 세우기 위해 상반된 관점과 논리적 근거를 공유하고 토론하고 논의해야 한다. 이러한 측면에서 밀의 그로테 하우스에서의 소크라테스 대화법의 경험은 승자와 패자를 결정하는 런던 토론 사회에서 경험과 전혀 다르다. 대화법은 누가 이기는 것이 목적이 아니다. 변증법을 이용하여 생각하는 방법을 배우는 것이다. 진리를 얻는 방법은 오로지 경험과 추론에 근거한다. 현상을 경험하고 다른 경험들과의 유사성과 이질성에 근거하여 유추하는 생각의 과정이 중요하다. 이러한 이유로 논리는 진리를 발견하는 방법이 아니다. 생각 혹은 추론의 타당성을 보증하기 위함이다.[57] 논리는 진리를 추구하는 데 필요하고, 토론의 자유는 진리를 살아있게 만드는 데 필요하다.

전통적인 사회, 정치, 심지어 종교 권위가 정당성을 잃어가면서 사람들은 미지의 세계로 여행길을 떠났다. 비록 사적 판단이 불완전하지만, 민주주의 평등은 개인에게 사적 판단이라고 하는 무거운 짐을 부여하였다. 민주주의 시민들은 자신만의 인식 틀을 정립하기 위하여 노력해야 한다. 각자의 의견이 다를 수 있다. 따라서 대립하는 의견의 충돌을 해결할 방법이 요구된다.[58] 의견 대립의 전형적인 예로, 밀은 아테네의 소크라테스 사례를 제시하고 있다. 소크라테스가 살았던 시대에는 사회의 일반적인 의견과 소크라테스 의견이 "기억에 남을 만한 충돌"[59]이었다. 아테네에서의 의견 충돌에 대해, 밀은 다음과 같이 서술하고 있다. 비록 지배적인 의견이 보편적이고 절대적인 진리라고 간주하지만, 실수하는 유한한 존재의 의견이라는 점을 인정해야 한다.

사람들은 자기 의견에 오류가 있을 수 있음을 이론상으로는 동의한다. 그러나 타인이 자기 의견을 반박하면, 자기 의견을 방어하기에 급급하다. 자신이 얼마든지 틀릴 수 있다는 것을 잘 안다. 그러나 자기 의견이나 판단이 옳지 않을 경우를 대비해서 어떤 예방조치를 취하는 것이 필요하다고 생각하는 사람은 거의 없다. 사람들은 자기 의견이 절대적인 진리라고 믿는 경향이 있다. 이론적으로는 그 한계를 인정할 수 있다. 그러나 실제로 자기 의견이 옳지 않다는 사실을 받아들이는 경우는 거의 없다.[60] 이러한 맥락에서 밀은 소크라테스를 단순한 진리 전달자로 보지 않았다. 오히려 그는 소크라테스가 진리에 대한 맹신을 깨뜨리고, 그것을 끊임없이 탐구해야 할 대상으로 만든 인물로 높이 평가하였다.[61]

소크라테스는 일반적으로 받아들여진 의견들이 진리를 표현한다고 신뢰하지 않았다. 그는 자신의 오류 가능성을 인정하면서도, 동시에 오류를 식별하고 비판하는 것이 가능함을 보여주었다. 이는 밀에 다음과 같은 믿음을 심어준 본보기가 되었다.

> *"각 개인의 이성은 그 개인 자신의 경험에서 제공되는 자료를 토대로 작동해야 한다. 지식은 오직 내부에서 비롯된다. 외부에서 오는 것은 질문이거나, 혹은 강요다."*[62]

이러한 과업을 수행하기 위해서는 자기 성찰이 필수적이었다. 성찰하는 삶은 "사회가 받아들인 진리들에 맞서는 끊임없는 투쟁"이다.[63]

지배적인 의견이 다른 의견들보다 우위를 점령하기 위한 싸움이 계속되는 동안에는, 그 의견의 의미가 밖으로 더욱 드러나고, 지지자들은 의견의 의미를 생생하게 인식한다.[64] 살아있는 진리가 죽은 도그마로 변하면, 사람들은 진리를 정열적으로 추구하지 않게 된다. 그 결과 새로운 진리를 찾으려는 노력이 약화한다. 결국 이는 탐구를 가로막는 '닫힌 마음'으로 나타난다. 다른 의견과의 경쟁에서 승리하면, 지배적인 권위를 가지면서 의견의 생명력이 사라지는 결과가 나타난다. 자기 의견에 반대하는 어떠한 의견도 용납하지 않는 고집이

난무할 뿐이다. 밀은 개인 자신이 옳다고 믿는 의견을 주장하더라도, 소크라테스의 변증법적 방법을 통해 그 의견의 한계를 검토해야 한다고 보았다. 즉, 어떤 의견을 확신하기 위해서는 그 의견의 모든 측면을 충분히 검토하는 과정이 선행되어야 한다. 특히 진정으로 반대하는 이들의 비판과 도전에 공개적으로 대응하는 것이 필수적이다. 이러한 과정은 밀의 오류 가능성fallibility과 대립antagonism[65]에 대한 철학적 관점을 반영한다. 이를 통해 의견의 타당성과 신뢰성을 강화할 수 있다.

밀은 지식의 상대성과 인간 인식의 오류 가능성 그리고 의견 간 대립의 철학적 논의를 바탕으로, 진리는 소수에 의해 독점되는 절대적 실체가 아니다. 모든 개인이 참여하여 함께 구성해 나갈 수 있는 잠정적 산물임을 강조하였다. 그는 이러한 관점에서 모든 개인이 진리를 형성해 가는 '인식의 주체'가 되어야 한다고 역설한다. 이러한 맥락에서 밀은 《자유론》에서 사유의 자유, 의견 표현의 자유 그리고 소크라테스 대화법에 근거한 변증법적 토론을 개인이 진리를 탐구하는 데 필수적인 조건으로 제시한다. 그가 표현의 자유를 강하게 옹호한 이유는 권리 보장에 그치지 않는다. 그는 변증법적 토론을 통해 개인이 자신의 편견과 인식의 한계를 극복할 수 있다고 보았다. 이를 통해 사람들은 정당한 확신에 도달할 수 있다고 믿었다.

밀은 토론을 거치지 않고, 비판적 검토나 상반된 의견과의 비교 없이 수용된 신념은 그 진위와 무관하게 편견으로 전락할 위험이 크다고 경고한다. 따라서 의견 표현의 자유와 토론의 자유는 단순한 민주적 절차에 그치지 않는다. 이는 이성적 존재로서 인간이 어떤 사안에 대해 합리적 확신을 얻을 수 있는 유일한 경로이자 필수적인 조건이다. 《자유론》은 이러한 맥락에서, 개인이 자율적으로 사유하고 판단하는 존재로 성장하기 위해 요구되는 사회적·철학적 조건들을 탐색하고 있는 저작으로 이해할 수 있다.

《자유론》에 나타난 진리 추구 행위자로서의 개인

밀이 젊었을 때는 누구에게나 적용되는 객관적인 진리를 찾고자 하였다. 그러나 그것이 불가능하다는 것을 깨달은 이후, 절대적 진리보다는 개인 인식의 자유를 위해 진리에 대한 태도를 변화시켰음을 앞에서 논의하였다. 그런데도 《자유론》에서 의견 표현의 자유와 진리의 관계를 강조하는 이유를 밝힐 필요가 있다. 이를 위해 밀이 의견 표현의 자유 외에 토론의 자유를 강조하고 있음을 주목해야 한다. 밀의 진리 개념은 토론의 자유와 인식론의 관계 측면에서 이해할 수 있다. 밀은 토론을 개인의 오류를 최소화할 방법으로 간주하고 있다. 진리를 위한 지식이 어떻게 형성되는가를 보여주고 있기 때문이다.

밀은 《자유론》의 제2장에서 지식이란 무엇인가에 대해 논의하고 있다. 지식은 참된 믿음뿐만 아니라 합리적 존재인 인간이 진리를 어떠한 방식으로 얻게 되는가를 의미한다.[66] 더불어 밀은 지식을 이성에 근거하여 자신의 믿음을 설명할 수 있는 능력으로 간주하고 있다. 자기 "의견의 근거grounds for one's own opinion"[67]를 타인이 충분히 이해할 수 있도록 설명할 수 있는 능력이 없다면, 그 믿음은 지식이라고 일컬을 수 없다.

밀은 지식과 의견을 구분하고 있다. 이 구분이 지식 형성 과정에 대한 이해에 시사점을 준다. 그는 지식이 이성에 근거하고, 의견은 믿음에 기반한다고 설명하면서도 이러한 구분이 지식의 절대적 정당성을 보장하는 것은 아니라고 지적한다. 중요한 점은 어떤 의견이 충분한 검토나 논리적 검증 절차 없이 사회적으로 수용되는 것에 대한 경계이다. 밀은 개인 의견이 타인과의 토론을 통해 논리적으로 검토되어야 한다고 보았다. 이러한 과정을 거쳐 일정 수준의 합의에 도달하면, 그 의견을 지식으로 간주했다. 그러나 이러한 지식 역시 불변한 것이 아니며, 시간의 흐름에 따라 새로운 지식에 의해 수정되거나 대체될 수 있다고 보았다.[68] 자신의 의견을 진리라고 생각하는가에 관한 타당한 논리적 근거를 제시할 수 있는 능력을 강조하고 있다. 단순히 진리를 아는 것만으로는 충분하지 않다. 대중 여론에는 과장되거나 왜곡된 요소들이 자주 나타난다. 이런 영향을 받지 않기 위해서는 자신의 의견을 명확히 이해해야 한다. 그래야 다양한 반대 의견에 대해 자기 입장을 논리적으로 변호할 수 있다.

밀은 진리를 어떤 명제가 객관적으로 지닌 고정된 속성으로 보지 않았다. 그는 오히려 개인이 특정한 의견이나 주장을 진리로 받아들이게 되는 근거와 그 정당화 과정을 더 중요하게 여겼다. 그는 우리가 어떤 명제를 '진리'로 간주할 때, 그것이 단순히 참이라는 사실 그 자체보다도, 왜 그러한 판단을 내리게 되었는지, 그리고 그 믿음이 어떤 비판과 토론을 견딜 수 있는지를 성찰하는 태도가 중요하다고 보았다. 따라서 밀에 있어 진리란 주어진 것이 아니다. 이성과 토론을 통해 지속적으로 정당화되고 갱신되는 신념의 상태로 이해된다. 어떠한 진리를 알고 있는 것보다 "진리를 추구하는 방법the mode in which truth should be sought"[69]이 더 중요하다. 절대적인 진리보다는 개인들이 자신들 스스로 진리를 만들어 갈 수 있음을 강조하고 있다. 진정한 개혁을 가능하게 해주는 확실하고 영속적인 원천은 자유이다. 자유가 존재하는 곳에서만, 개인 각자가 하나의 독립적인 개혁의 거점이 될 수 있고, 그렇게 해서 무수히 많은 개혁의 거점들이 존재할 수 있다.[70]

독립적인 개혁의 거점으로서의 개인을 강조한 밀의 입장은 고전주의를 거울로, 낭만주의를 램프로 비유한 마이어 하워드 아브람스Meyer Howard Abrams의 《거울과 등불The Mirror and The Lamp》(1953) 논의와 궤를 같이하고 있다. 여기서 '거울'은 진리가 사람들 밖에 존재하며, 소수 영혼의 작업과 통찰을 통해 발견되어 일반인들의 삶과 예술에 반영된다는 의미이다. 반면, '등불'은 물질 세계가 사람의 감각적 인상의 시작점임은 분명하지만, 사람이 자기 상상력의 등불로 개인적인 '현실'을 창조함을 나타낸다.[71] 진리를 아는 것보다 진리라고 하는 의견을 왜 진리라고 생각하는지에 대한 자신의 논리를 탄탄하게 만들 필요가 있다.

밀은 진리가 소수의 권위에 의해 결정되는 것이 아니고 개인들의 자유롭고 감정적인 자아에서 비롯된다고 보았다. 그는 이러한 낭만주의 정신에 영향을 받아 개인 인식의 주체성을 강조하고자 하였다. 밀 이전 시대의 영국에서는 종교개혁 이후 자유와 민주주의에 대한 개념이 점차 변화하였다. 특히 주권과 지적 권위는 점차 군주나 국가로부터 사회 전체로 이동하는 흐름을 보였다. 정치 권위가 절대군주에서 시민 사회로 옮겨갔다는 것은, 지식과 판단의 주체 역시 엘리트가 아닌 대중에게로 이동해야 한다는 인식이 자리 잡았음을 의미한다. 그러나 밀은 이것에 만족하지 않고 개인의 생각의 자유를 저해하는 요인들을 열거하면서, 지적 권위의 주체를 사회에서 개인으로 이행시키고자 하였다. 자기 몸과 마음에 관해서는 개인이 주권자이다.[72] 밀은 도덕적 판단을 내릴 수 있는 행위 주체로서의 개인을 강조했다. 개인이 자기 의견을 진리라고 믿는 것보다 왜 진리라고 생각하는지가 중요하다. 해당 의견이 진리인가 아닌가를 스스로 판단할 수 있는 지적인 권위가 요구된다. 이를 위해서는 끊임없이 자신의 지적인 능력을 높여야 한다. 생각하는 능력을 훈련하면서 스스로 알고자 하는 과정에서 지적인 권위자로서의 개인이 되어야 한다.

이러한 맥락에서, 밀의 진리 개념은 진리를 지닌 개인의 내적 경험과 밀접한 관련이 있다. 진리라고 믿는 자기 의견의 근거를 알고자 하는 노력을 통해 개인은 자신의 지성과 판단력을 높일 수 있다. 그러나 단순히 표현만 있고 토론의 자유가 없다면, 이러한 능력은 쇠퇴할 수밖에 없다. 개인이 참된 의견을 가지는 것만이 중요하지 않다. 사람들이 자신의 의견을 합리적인 방식으로, 즉 의견의 의미와 근거를 알고, 새로운 논거와 증거에 따라 그것을 변경하거나 수정할 수 있는 '열린 마음'이 필요하다. 의견의 근거를 알지 못한 채 참된 의견만을 가지고 있다면, 자기 생각으로는 올바른 의견처럼 보일지라도 그 의견은 근거와 증거가 없는 편견에 불과하다. 이는 이성이 있는 인간이 진리를 받아들이는 방식이 아니다. 그런 식으로 받아들인 진리는 진리처럼 보이게 하는 그럴 듯한 말로 포장된 미신일 뿐이다.[73]

밀은《자유론》에서 개인 차원의 진리 원칙을 옹호하기 위해 '무오류성 infallibility'과 '진리의 생명력 vitality of truth'이라는 두 가지 기준을 제시한다. 첫 번째 기준인 무오류성은, 타인의 의견을 침묵하게 하는 행위가 곧 자신 의견이 오류일 수 없다는 전제를 내포한다는 점에서 문제를 제기한다. 우리는 어떤 명제의 진리 여부에 대해 절대적 확신을 가질 수 없다. 따라서 특정한 주장이 객관적 진리임을 이유로 토론을 차단한다면, '인간은 오류를 범할 수 있다.'라는 밀의 핵심 전제가 문제가 된다. 이러한 전제가 무너지면《자유론》에서 주장하는 의견 표현의 자유는 의미를 상실하며, 결과적으로《자유론》의 존재 이유 또한 없어진다.

둘째, 밀은 진리의 생명력은 자유로운 토론을 통해 유지되고 강화된다고 본다. 특정 의견이 공개적인 논의 없이 일방적으로 수용될 경우, 그 의견은 점차 경직되고 변화하는 사회와 역사 환경에 적응하는 능력을 잃는다. 어떤 의견이 특정 시간과 공간에서는 진리로 받아들여질 수 있다. 그러나 반대 의견에 대한 두려움 없이 충분한 토론 과정을 거치지 않는다면, 그것은 결국 살아있는 진리가 아니라 죽은 도그마로 전락한다.

밀은 단순히 어떤 주장을 진리로 믿는 데 그치지 않고, 그 믿음이 어떤 사고 과정과 근거를 통해 형성되었는지 자각함을 중요하게 생각한다. 즉, 진리에 대한 명확한 이해와 그것을 확신하게 된 이유에 대한 반성적 성찰이 필수적이다. 특히 사회적으로 지배적인 의견에 도전하는 과정은 진리를 보다 명확히 드러내는 데 핵심적인 역할을 한다. 이와 관련하여 밀은 실제로 존재하지 않더라도 반대 의견을 구성해 보는 지적 훈련의 필요성을 제시한다. 도덕적이거나 인간적인 문제를 깊이 이해하기 위해서는 그러한 훈련이 반드시 요구된다. 중요한 진리에 대해 실제로 반대 의견을 가진 사람이 없다면, 상상 속에서라도 반론을 구성해야 한다. 이를 통해 가장 설득력 있는 반대 주장을 만들어야 한다. 이른바 '악마의 변호인devil's advocate' 역할을 하여 강력한 논거를 상정해야 한다.[74]

결국 밀은 진리를 표현하는 자유뿐만 아니라, 그 의견을 진리로 받아들이는 과정에 대한 비판적 이해도 중요하게 여겼다. 그는 이러한 과정의 투명성과 검증이 합리적 판단의 토대가 된다고 보았다. 이는 진리 탐구의 과정이 단지 정답을 말하는 데 있는 것이 아니다. 끊임없는 의문 제기와 토론을 통한 사고의 훈련에 있다는 그의 자유주의 철학의 핵심을 이룬다.

밀은 진리의 발견과 확산을 위해 의견 표현의 자유가 필수적이라고 강조한다. 이는 단지 진리 자체의 확보를 위한 것이 아니다. 개인의 지적 성장과 자율적 판단 능력의 함양을 위한 것이기도 하다. 개인이 진리라고 믿는 주장이라 할지라도 그것은 반드시 공개적인 토론과 검증의 과정을 통해 확인되어야 한다. 이러한 과정을 거치면서 개인은 그 주장의 타당성을 깊이 이해하게[75] 되고, 타인에게도 이를 명확하게 설명할 수 있는 능력을 갖추게 된다.

자신이 진리라고 믿는 진술에 대해 어떤 질문도 허용하지 않는 태도는 바람직하지 않다. 이는 곧 자신이 오류를 범할 수 없다는 전제를 암묵적으로 받아들이는 것과 같다. 우리는 일반적으로 인간이 실수를 저지를 수 있는 존재라는 사실을 인식하고 있다. 그러나 타인의 비판이나 질문을 받을 때는 종종 그러한 전제를 망각한다. 대부분의 사람은 자신의 의견이 옳다고 강하게 주장하는 경향이 있다. 이는 종종 자신이 옳기를 바라는 심리적 욕망과 관련되어 있다. 나아가 자신의 주장이 틀릴 수 있음을 인정하는 순간, 사회적으로 열등하게 평가될 수 있다는 두려움이 작동한다. 이러한 심리는 개인의 의견과 자아 정체성이 강하게 연결되어 있음을 보여준다.

어떤 주장이 실제로 진리에 부합한다고 가정해도, 토론과 비판 과정을 거치지 않으면 한계가 있다. 이는 해당 주장의 근거를 충분히 이해하거나 설명하는 데 어려움을 초래한다. 밀은 진리에 도달하는 과정 그 자체가 인간의 이성적 역량과 자유로운 사유를 단련하는 데 있어 본질적 의미를 가진다고 보았다. 밀이 말하는 진리는 외부에서 고정된 실체로 주어지는 것이 아니다. 그것은 끊임없는 의문과 상호 검증 과정을 통해 비로소 의미를 얻고 계속해서 살아 숨 쉴 수 있다.

아무리 저명한 학자라 할지라도, 그가 속한 국가와 사회의 정신과 역사의 맥락으로부터 완전히 자유로울 수는 없다. 이러한 한계를 자각한 밀은 진정한 진리 추구를 위해서는 '사고의 습관', 다시 말해 철학적이고 분석적인 사유의 습관을 계발할 필요가 있다고 강조하였다.[76] 이러한 사유 습관은 성숙하지 못하고 편견에 사로잡힌 대중의 의식에 내재한 문제를 비판적으로 드러내는 데 도움이 된다. 이를 위해서는 끊임없는 지적 노력과 자기 성찰 그리고 사회적 통념에 대한 비판적 태도가 요구된다. 근거 없는 편견은 단지 개인의 나약함이나 무관심에서만 비롯되지 않는다. 사람들이 일반적으로 자신이 속한 사회에서 널리 수용되고 있는 의견을 곧 진리로 간주하려는 경향에서 비롯된다. 이는 밀에 따르면 인간이 세상을 보다 단순하고 안정적으로 이해하려는 심리적 성향, 앞에서 논의한 '인간 마음의 근본적인 법칙'에 기초한 것이다.

이와 관련하여 《자유론》과 《논리학 체계》에서 밀은 진리가 고립된 상태에서 형성되지 않고, 다양한 관점과의 충돌 속에서 점진적으로 구성된다고 보았다. 이러한 관점은 '대립의 철학'으로 요약될 수 있으며, 갈등은 진리 구성에 중요한 기능을 수행할 수 있음을 시사한다. 다만 밀은 갈등이 항상 긍정적인 방향으로 작용한다고 단정하지는 않았다. 때로는 감정적 대립이나 비생산적인 충돌이 진리 탐구를 저해할 수도 있다. 그런데 자신과 다른 견해를 지닌 타인의 의견을 경청하고 이를 자신의 관점과 비교·숙고하는 과정이 배제된다면, 이는 타인과의 관계를 통한 자기 인식의 자유를 훼손하는 결과를 초래할 수 있다.

이상의 논의를 종합해 볼 때, 밀에 있어 진리는 토론 이전의 상태에서 독립적으로 존재하는 고정된 실체가 아니다. 특히 정치나 도덕과 같은 실천적 영역에서는 보편적이고 객관적인 진리의 잣대가 존재하지 않으며, 진리는 다양한 관점들이 충돌하고 숙의하는 과정에서 형성된다. 밀은 이러한 과정을 "변증법에 근거한 숙의dialectical deliberation"로 설명하며,[77] 이를 통해 도출된 결정은 설령 그 결정이 옳다고 평가되더라도 서로 다른 입장 간의 잠정적인 타협일 뿐이라고 본다. 실제로 두 개의 상반되는 의견 중 어느 하나가 절대적으로 옳고 다른 하나가 전적으로 틀리는 경우보다는 양측 모두 일정한 진리의 요소를 포함하고 있는 경우가 훨씬 더 일반적이다.[78]

인간 이성의 본질적 한계를 고려할 때, 진리의 다면성을 포착하기 위해서는 다양한 의견들이 자유롭게 표현되고 상호 경쟁할 수 있는 환경이 필요하다. 밀은 이를 "공정한 경쟁fair collision"이라 표현하며, 이러한 자유로운 토론이야말로 진리 탐구의 핵심 조건이라고 강조한다.[79] 공정한 토론의 보장은 단지 개인의 표현의 자유를 보장하는 차원을 넘어, 해당 의견이 사회적 정당성을 얻을 수 있는 토대가 된다. 또한 진리에 다가가는 가장 효과적인 방법으로 작용한다. 밀의 진리는 궁극적 해답이라기보다 개인이 지속적으로 추구해야 할 모험이자 자기 형성의 과정이다. 이러한 맥락에서 밀은 진리를 국가나 권위에 의해 부여되는 것으로 보지 않았다. 그는 진리를 스스로 사유하고 판단하여 형성해야 할 개인의 책무로 간주하였다. 즉, 그는 다원주의적 진리 개념을 통해 개인이 타인의 인식에 의존하지 않는 독립적인 진리 추구자로 자리매김할 것을 요구한다.

진리 추구 행위자로서의 개인을 위한 변증법에 근거한 토론

밀의 진리에 대한 접근은 그의 의견 표현의 자유 논의에서 핵심적인 위치를 차지한다. 밀의 진리관은 플라톤의 이데아론처럼 초월적이고 고정된 객관적 진리를 전제하지 않는다. 오히려 그는 소크라테스의 진리관과 밀접하다. 소크라테스와 마찬가지로 밀 또한 자신이 진리라고 믿는 의견에 대해 명확히 이해하고, 그 논리적 정합성을 성찰하며 점진적으로 이를 개선해 나가는 과정을 중시한다. 성찰적 태도를 지닌 개인은 자신의 신념에 대해 더 깊이 확신할 수 있다. 이는 단순히 '무엇이 진리인가'를 주장하기보다 '그것이 왜 진리라고 믿는가?'를 논리적으로 설명할 수 있는 능력을 기르는 데서 출발한다. 진리를 추구하는 주체가 되려면 자신의 견해와 다른 의견의 존재를 인정해야 한다. 또한 자신의 확고한 신념에 대해서도 비판적으로 성찰하는 태도가 필수적이다. 밀은 진리 탐구가 고립된 사유에 의해서라기보다 타인과의 활발한 논의와 상호작용을 통해 실현된다고 보았다. 개인이 자신의 인식적 한계를 인지하고 다양한 시각을 수용하는 가능성을 여는 토대가 된다.

밀은 사람들이 종종 자신의 신념을 방어하기 위해 일종의 '인식론적 방패'를 지니고 있음을 다음과 같이 비유적으로 표현한다. 방패의 안쪽은 흰색, 바깥쪽은 검은색이라 할 때, 사람들은 평생 방패의 안쪽, 즉 자신이 믿고 싶은 면만을 바라본다. 그 결과 그들은 자신이 믿는 진리를 확신하게 된다. 그러나 이는 진리의 한 측면만을 바라본 것에 불과하다. 밀은 이러한 사람들에게 방패의 다른 면을 돌려 보여주는 것이 필요하다고 말한다.[80] 이는 곧, 지금까지 절대적으로 옳다고 믿었던 신념이 부분적인 인식에 불과했음을 자각하게 하는 작업임과 동시에 인식론적 편협성에서 벗어나는 첫걸음이 된다.

이처럼 진리에 대한 부분적 이해를 극복해야 한다는 문제의식은 《자유론》을 비롯한 밀의 여러 저작에서 반복적으로 제기되는 주제이다. 밀은 폐쇄적 사고방식을 경계했다. 그는 개인이 자신을 둘러싼 환경을 극복하기 위하여 넓고 깊은 지적 지평을 확보해야 한다고 주장한다. 이를 위해 사회적 고립이 아니라 다양한 타인과의 대화와 협력을 통한 사회적 몰입이 필요하다고 강조한다. 이는 진리 탐구에 있어 개인의 자율성과 더불어 사회적 관계의 중요성을 부각한다는 점에서, 그의 자유론과 인식론을 관통하는 중요한 철학적 지향을 보여준다.

지금까지의 논의를 바탕으로 할 때, 진리 추구를 지향하는 주체epistemic agent가 도달하고자 하는 인식론적 태도는, 밀이 강조한 비판적 이성과 자유로운 토론을 통한 진리 탐구의 맥락에서 이해될 수 있다. 밀은 《자유론》에서 소크라테스적 변증법을 이상적인 담론 방식으로 제시했다. 모든 주장은 반박 가능성에 열려 있어야 한다. 그럼으로써 오직 상반된 의견과의 충돌과 토론을 통해서만 진리에 가까워질 수 있다.

이러한 점에서 진리 추구 행위자는 단순히 지식의 수용자가 아니다. 대화와 반론을 통해 자신의 신념을 지속적으로 점검하고 수정할 준비가 되어 있는 존재이다. 예컨대, 밀의 소크라테스적 관점에 따르면 인식 주체는 자신의 신념이 오류일 수 있음을 인정해야 한다. 또한 상반된 의견을 진지하게 수용하고 고려해야 한다. 이런 과정을 통해 더 정교하고 깊이 있는 인식을 형성하게 된다. 이는 진리라는 고정된 결론이 아니다. 논증과 반론의 과정을 통해 점차 접근되는 것이라는 인식론적 바람을 반영한다. 결국, 밀은 진리를 추구하는 인간이 지녀야 할 인식론적 자세로 개방성, 자기반성, 비판적 사고의 지속적인 실천을 강조하였다. 이는 고대 그리스의 소크라테스가 보여준 변증법적 삶의 태도와 깊이 연결된다.

자신(A)이 a 의견을 갖고 있고, 진리라고 믿는다고 하자. 만약 다른 사람(B)이 a를 반대한다면, 본인은 그 반대가 타당하지 않다고 여길 수 있다. 왜냐하면 자기 의견을 절대적 진리라고 믿고 있기 때문이다. 이러한 경우 본인 의견에 반대하는 사람과 토론하는 것이 시간 낭비라고 생각할 것이다. 과연 밀은 시간 낭비라고 하는 저자의 생각에 어떠한 말을 할지 상상할 필요가 있다. 아마 밀은 이러한 태도가 옳지 못하다고 할 것이다. 비록 자신의 a 의견이 옳다고 믿고 싶지만, 사람은 실수하는 존재이다. 따라서 a에 대한 합리적인 근거를 알고 있는지에 대한 의심이 존재한다면, a를 제대로 알지 못하는 것이다. 그러므로 a를 주장하기 전에, a 의견에 관련된 여러 가지 상황을 고려함이 바람직하다. a에 대한 상황은 a에 대한 논리적 근거뿐만 아니라 a에 대한 여러 가지 반박들을 고려해야 한다.[81]

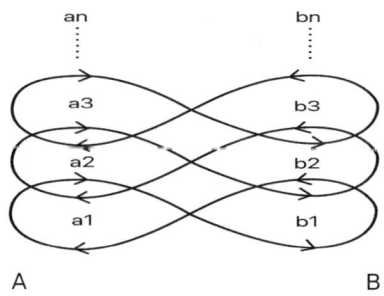

그림 3 밀의 변증법에 근거한 토론

그림 3과 같이 A와 B가 토론하면서, A 자신이 처음에 가졌던 의견 a1이 a2⋯ an으로 수정되고 변화될 수 있다. 마찬가지로 B의 의견 b1 또한 b2⋯bn으로 변화할 수 있다. 이러한 점이 바로 밀이 강조하는 개인 차원의 변증법에 근거한 토론의 바람직한 모습이다. A와 B가 상대방 의견의 문제점을 서로 지적하면서, A와 B는 자신들이 옳다고 믿었던 의견이 단지 의견doxa에 불과하다는 것을 깨닫기도 한다. 또는 변증법적 토론을 거쳐 자기 의견을 합리적으로 확신할 수 있다. 이 과정을 통해 그들의 신념은 더욱 견고해지거나 수정된다. 이러한 비판적 검토 과정은 A와 B가 서로의 의견에 대해 자유롭게 비판하고 논박할 수 있는 조건이 충족될 때만 가능하다. 다시 말해, 변증법적 사유는 사회적 자유가 보장된 맥락에서만 실질적으로 작동할 수 있다. 의견 교환의 자유가 제약될 경우, 상반된 관점 간의 충돌을 통한 진리의 탐색 또한 원천적으로 불가능해진다.

타인과의 토론을 통해 자신의 의견에 내재한 부족한 점을 보완하고 수정하는 과정만이, 의견 a와 b가 진리에 근접할 수 있는 유일한 길이다. 이 과정에서 상대방의 반박에 대한 변호는 양측 의견의 타당성을 입증하는 데 중요한 역할을 한다. 이를 통해 개인은 자신의 신념에 대한 확실성을 추구하는 동시에, 자율적인 지적 존재의 존엄성을 인식하고 자신이 신봉하는 의견의 의미를 깊이 이해할 수 있다. 변증법적 자기 탐구는 개인의 판단 주권을 확립하며, 타인과 열린 대화를 가능하게 한다. 소크라테스의 변증법은 상대방의 오류를 단순히 비난하는 데 그치지 않는다. 오히려 상대방으로 하여금 자신이 주장하는 의견이 '어떠한 조건에서under what conditions' 성립하는지 숙고하도록 유도한다.[82] 이러한 변증법적 토론은 의견의 논리적 근거를 재검토하고 심화하는 데 필수적이다.

변증법은 단순한 철학적 연습이 아니다. 이성적 사고와 증거가 전통과 습관을 대체함으로써, 우리의 신념을 진정한 자기 것으로 만드는 데 핵심적인 역할을 한다. 밀의 저작에서 소크라테스식 변증법을 이해하려면, 우리가 가진 신념이 단순히 자명한 진리가 아니라, 신뢰·관습·대중적 의견이 뒤얽혀 형성된 것임을 먼저 인식해야 한다. 이러한 혼란을 하나씩 해소하는 과정이 중요하며, 그 과정은 개인이 지적 권위를 행사하는 주체로 성장하는 토대가 된다. 이는 정신적 수동성에서 벗어나 자유로워지는 해방의 길이며, 이를 통해 자율적 주체는 자신의 신념을 합리적으로 확신하게 된다. 나아가 신념의 근원과 기초를 파악하는 과정은 자신의 의견을 생명력 있게 만드는 토대를 제공한다. 결과적으로 지식은 단순한 추상적 교리를 넘어, 그 본질을 깊이 이해하는 능력을 지닌 '생명력 있는 지식'으로 거듭난다.

확신의 과정이 완성되었다 해도 우리는 진리 그 자체에 도달했다고 단정 지을 수 없다. 실수를 범할 수 있는 인간 존재로서 가능한 최선의 판단에 도달했다는 확신을 가지고 행동할 수 있다. 진리 추구자는 인식론적 오류의 원인을 최소화하기 위해 노력해야 한다. 소크라테스 변증법은 사람들로 하여금 자신의 의견이 충분한 정보에 기반하지 않을 수 있음을 인식하게 하고, '정확한 사고력precise thinking'[83]을 강조한다. 밀은 많은 사람들이 지배적인 의견을 비판 없이 받아들이는 태도를 비판했다. 이들은 그 의견이 왜 다수에게 지지받는지조차 깊이 생각하지 않는다. 그 결과 지배적 의견을 마치 절대적 진리인 양 확산시키는 문제를 낳는다. 밀은 지배적 의견을 무조건 받아들이기보다 진리에 이르는 하나의 단서로 봐야 한다고 주장한다. 이를 위해 다양한 관점의 검토와 비판적 논의가 필수적이라고 강조한다. 이는 궁극적으로 개인의 자율적이고 비판적인 판단 능력을 고양하는 데 있어 중요한 철학적 함의를 지닌다.

한편, 사람은 자신의 '내면의 힘inward forces'[84]을 근거로 자신이 원하는 삶을 영위해야 한다. 이러한 삶을 통해 타인의 인식에 의존하지 않는 자율적 인식을 갖춘 민주 시민상이 형성된다. 이를 위해 개인은 자신의 의견을 행동에 옮기기 전에 합리적 확신의 과정을 진지하게 성찰해야 한다. 밀은 소크라테스 변증법을 통해 자신의 의견에 대한 합리적 확신과 지적 완결성을 추구할 수 있다고 보았다. 또한 밀은 의견 표현의 자유를 궁극적인 목적이 아닌 수단으로 보았다. 더불어 타인의 의견을 무조건 수용하는 당대의 무기력한 태도에 반대했다. 그는 스스로 사고하고 판단하는 민주적 개인으로 성장할 수 있는 토양을 조성하는 데 관심을 기울였다. 밀의 자유는 절대적 가치가 아니다. 대립과 대화를 허용하지 않는 사회관계에 대한 비판적 인식을 의미한다. 사회계약론과 달리, 밀의 개인은 고립된 존재가 아니다. 다양한 관계망 속에서 서로 영향을 주는 관계적 존재이다. 대화를 허용하지 않으면서 자신의 진리를 강요하는 사회는 개인과 타인 인식의 자유를 침해하고, 사람들을 인식론적 노예로 만든다. '진보하는 존재'[85]란 자신의 지적 능력을 발전시키는 동시에 개인의 성장과 사회의 발전이 조화를 이루는 삶을 의식하는 존재를 의미한다.

현대 사회에서는 수많은 매체의 등장으로 다양한 정보를 손쉽게 접할 수 있다. 그러나 자신이 선호하는 정보만을 수용하며 이를 진리로 확신하는 경향 또한 짙어졌다. 이때 개인은 자신이 왜 해당 정보를 진리로 믿는지 스스로에게 질문을 던질 필요가 있다. 진리라는 확신은 자기 견해와 다른 정보들을 회피하거나 거짓이라 비난하는 태도로 이어질 위험이 있다. 이러한 확신은 어디에서 비롯되는가? 사실에 기반하지 않은 의견은 문제가 된다. 하지만 인간은 감각과 해석을 통해 세상을 인식하기 때문에 다양한 해석이 발생하는 것은 피할 수 없다. 이 다양성은 옳고 그름의 문제라기보다 왜 특정 방식으로 인식하는지에 관한 인식론적 문제이다. 따라서 자신의 의견이 진리임을 확신하는 것은 끊임없는 검증 과정의 결과임을 명확히 인식해야 한다. 이러한 검증 과정을 통해 누구나 지적 권위를 행사할 수 있는 민주 시민으로 성장할 수 있다.

밀은 의견 표현의 자유를 단순한 발화자의 권리로 한정하지 않고, 청자의 권리로까지 확장하여 이해한다. 발화자는 동시에 청자가 될 수 있고, 청자 역시 발화자가 될 수 있다. 이러한 상호 관계에서 표현의 자유는 모두를 위함이다. 다음 장에서는 이러한 관점에서 전개된 밀의 사유를 중심으로 그 이론적 함의를 살펴보고자 한다.

7장

모든 의견은 들려야 한다

모든 의견은 들려야 한다

　의견 표현의 자유는 단지 말하는 사람에게만 국한된 권리가 아니다. 다양한 의견을 들을 권리를 지닌 청자들의 자유 또한 포함한다. 밀은 사상과 표현의 자유를 단지 개인의 권리를 보장하기 위한 수단으로 보지 않았다. 그는 이러한 자유를 사회 전체가 진리를 탐색하고 지적으로 성장해 나가기 위한 필수적인 기반으로 간주하였다. 그는 다양한 의견이 자유롭게 제시되고 논의되는 환경에서 사람들이 자신의 신념을 점검할 수 있다고 본다. 또한 타인의 관점을 이해함으로써 더 깊이 있는 사고와 성숙한 판단 능력을 기를 수 있다고 주장한다.

　이러한 맥락에서 밀의 의견 표현의 자유는 개인의 권리를 보호하는 자유주의적 주장에만 근거한 것이 아니다. 그는 이를 사회 전체의 행복과 진리 추구에 도움이 되는 공리주의적 관점에서 설명하였다. 밀은 표현의 자유가 가져다주는 사회 전체의 이익, 특히 진리에 대한 집단적 접근 가능성을 중시한다. 따라서 밀의 표현의 자유는 개인의 권리를 넘어서, 사회 구성원 모두의 이익을 위한 공공의 가치를 추구한다. 더불어 밀은 단순히 표현할 권리 이외에 의견이 자유롭게 토론되는 환경의 중요성도 강조한다. 이는 그가 진리에 도달하는 과정으로서의 대화를 중시했기 때문이다. 어떤 견해가 억압될 경우, 이는 단지 당시 개인의 침묵을 의미하는 것이 아니다. 후속 세대가 다양한 관점을 접하고 진리를 모색할 기회를 빼앗기는 일로 이어질 수 있다고 그는 경고한다. 따라서 밀의 표현의 자유는 단순히 말하는 사람의 권리를 넘어서, 듣는 이의 권리이자 사회 전체의 지적 성장과 발전을 위한 핵심적인 토대이다.

의견 표현의 자유는 누구를 위한 것인가

표현의 자유는 단순히 말하는 이의 권리에 국한되지 않고, 듣는 이의 자유 역시 포함한다는 점을 강조하는 연구들이 있다. 오루크O'Rourke는 밀의 표현의 자유론이 화자뿐만 아니라 청자의 권익을 보호하기 위한 것이라고 해석한다.[1] 표현의 자유는 어떤 주제에 대한 최종 판단을 개인이 스스로 내릴 수 있어야 한다는 점에서, 궁극적으로 청자의 자유와 관련되어 있다.[2] 이는 미국 수정헌법 제1조First Amendment가 표현의 자유를 정당화하는 핵심 근거로서 진리 탐구를 제시하고 있다는 점과도 맥락을 같이한다. 진리를 추구하기 위해서는 다양한 의견에 접근하고 이를 스스로 평가할 수 있어야 한다. 이러한 점에서 청자의 이해관계를 중심에 두는 것이 중요하다.[3]

표현의 자유가 진리 추구를 가능하게 한다는 논리는, 개인이 독립적인 판단 능력을 길러야 한다는 전제에 기초한다. 이러한 판단 능력의 제고는 타인의 의견에 무비판적으로 의존하지 않는 데서 비롯되며, 이는 자율적 사유를 통해 실현된다. 이처럼 표현의 자유는 단순히 화자의 권리를 보장하는 데 그치지 않는다. 궁극적으로 그것은 청자가 다양한 관점에 접근하고, 이를 바탕으로 비판적 사고를 발전시켜 독자적인 판단을 형성할 수 있도록 지원하는 제도적 기반으로 이해되어야 한다. 이러한 맥락에서 스캔런Scanlon은 표현의 자유의 정당성이 화자의 이해관계보다는 청자의 이해관계에 기초해야 한다고 주장한다.[4]

국내에서는 한선이 듣는 행위에 대해 단순히 청자의 표현의 자유와 더불어 화자와의 호혜적 관계를 유지하기 위해 '들을 용기'가 필요하다는 점을 강조하였다.[5] 고영화는 〈『논어(論語)』에 나타난 듣기관의 교육적 고찰〉에서 《논어》를 중심으로 한 듣기 교육의 중요성을 강조하였다.[6] 이 외에도 다양한 논의들이 듣기의 중요성을 언급하고 있으나, 대체로 듣기를 개인의 품성 계발에 있어 중요한 요소로 강조하는 경향이 있다. 나아가, 국내외의 관련 연구들에서는 듣는 행위와 청자의 권리를 화자와 청자 간의 상호관계를 유지하거나, 청자의 교양 및 인격 형성을 위한 측면에서 조명하고 있다.

이와 같은 입장은 일부 연구자들이 지적하듯이, 전통적인 표현의 자유 논의가 화자의 행위에 과도하게 초점을 맞추고 있다는 점을 비판적으로 조망하게 한다. 이는 표현의 자유를 주장하는 이들이 대부분 발화자라는 현실과 무관하지 않다. 발화자들은 대체로 자신의 표현의 권리에 주목한다. 그리고 청중을 단순한 수신자, 다시 말해 수동적 존재로 간주하는 경향이 있다.[7] 하지만 밀은 표현의 자유를 단순히 일방적인 권리 주장으로 보지 않았다. 그는 이를 화자와 청자 간의 상호작용 속에서 이해하며, 특히 청자가 능동적으로 사고하고 참여하는 역할을 중시했다. 이러한 관점에서 밀의 사상은 표현의 자유를 개인적 권리를 초월하는 개념으로 본다. 그는 이를 공동체가 진리를 탐색하고 지적으로 성숙해지는 과정의 핵심 수단으로 자리매김함으로써 기존의 논의들과 차별화한다.

밀은 《자유론》에서 화자와 청자를 명확하게 구별하지 않았다. 다만 의견의 중요성을 강조하고 있다. 다시 말해, 의견의 중요성을 위해 누가 무엇을 말하였는지가 아니라 의견 자체를 중시할 필요가 있음을 강조하고 있다. 말하는 이와 듣는 이 모두 자신의 생각을 자유롭게 드러낼 수 있어야 하며, 동시에 타인의 견해에도 귀 기울여야 한다. 이러한 점에서 '듣는 사람들의 자유'를 강조한 학자들의 논리는 화자와 청자를 구별하고 있다. 하지만 밀은 공리주의의 목적인 개인의 행복을 위해 모든 의견이 들려야 한다고 주장하면서 의견을 누가 표현하였는가보다 의견 자체에 논의의 초점을 두고 있다. 나아가 밀은 어떤 의견이 참인지 거짓인지가 표현 자유의 보장 여부를 결정해서는 안 된다고 보았다.

그는 타인에게 해악을 끼치지 않는 한, 설령 그 의견이 잘못되었더라도 반드시 표현되고 들려야 한다고 주장한다. 이 점에서 밀의 관점은 다른 자유주의 사상가들과 차별화된다. 그는 단지 표현의 권리를 넘어, 다양한 의견의 존재 자체가 갖는 가치에 주목한다. 이러한 관점에서 밀은 사유의 자유, 표현의 자유, 토론의 자유를 모두 '모든 의견이 들려야 한다'라는 원칙과 긴밀히 연결 짓는다. 따라서 이 세 가지 자유가 밀의 공리주의와 어떻게 맞닿아 있는지를 고찰하는 작업이 필요하다.

지적 자유를 위한 토론과 생각의 자유

생각의 자유

밀이 표현의 자유를 강조한 핵심적인 이유는 단순히 말할 권리를 보장하려는 데 있지 않다. 그는 이를 통해 사회 전체의 지적 성숙과 인류의 지속적인 발전을 이루고자 하였다. 그는 표현의 자유가 곧바로 지식의 성장을 보장하지 않는다고 주장한다. 따라서 이 자유는 '토론의 자유'와 긴밀히 연계되어야 한다. 밀에 따르면, 표현의 자유는 단순히 의견을 발표하는 데 그치는 것이 아니라 상호 반응과 비판적 검토가 가능해야 실질적인 의미를 지닌다. 다시 말해, 표현은 열린 대화와 활발한 토론을 통해서만 진리를 추구하는 수단이 될 수 있다.

토론은 단순한 의견 교환에 그치지 않는다. 오히려 자기 입장을 반대하는 사람들과의 논의를 통해 비로소 자신의 의견에 대해 정당한 확신을 가질 기회를 얻게 된다. 밀은 어떤 의견이 진리에 이르기 위해서는 반드시 반대 견해와의 충돌과 비판을 통해 검토되어야 한다고 보았다. 그는 이러한 검증의 과정을 거치지 않은 신념은, 설령 그것이 진실일지라도 생명력을 잃은 '죽은 교리'에 불과하다고 강조한다.[8] 이러한 시각은 표현의 자유가 단순한 개인 권리 보호에 그치지 않으며, 나아가 토론과 비판의 과정을 통해 진리에 다가가는 데 필요한 수단임을 드러낸다. 이를 통해 밀의 《자유론》은 개인 차원뿐만 아니고 사회 전체의 지적 발전을 가능하게 하는 중요한 제도적 기반으로 자리 잡고 있음을 보여준다.

이 과정에서 논의의 핵심은 인신공격이나 권위의 위계가 아니라 주장 자체의 논리성에 있다. 밀은 《고르기아스》에서 소크라테스를 인용하면서, 진정한 토론자란 발화자의 인격이나 권위보다는 주장 자체의 논리적 근거에 주목하는 사람임을 강조한다. 칼리클레스Callicles가 보여주는 태도는 진리 탐구에 필요한 자세, 즉 열린 비판과 논리적 사고의 본보기로 제시된다. 그는 화자에 대한 이미지보다 '의견의 논리적 근거'에 집중하여 토론하는 사람이다. 칼리클레스는 해당 의견을 누가 말하였는가보다 의견의 논리를 중심으로 토론하고자 하였다. 소크라테스는 이와 같은 태도를 지닌 토론자를 '금을 시험하는 시금석'에 비유하였다. 이들이야말로 진리에 가까운 생각을 검증하고 발전시킬 수 있게 해주는 중요한 존재라고 극찬했다.[9]

예를 들어, 한 학술 토론에서 어떤 유명한 교수가 "디지털 미디어는 청소년의 인지 능력을 저하한다."라고 주장했다고 하자. 이때 진정한 토론자는 그 교수가 얼마나 권위 있는 인물인지, 얼마나 많은 연구 업적이 있는지를 근거로 그의 주장을 수용하지는 않는다. 대신, 그 주장이 얼마나 논리적인지, 예를 들어 실험이 제대로 설계되었는지, 통계 해석이 정확한지 등을 살펴보고 비판적으로 따져본다. 이처럼 주장의 진위는 발화자의 신분이 아니라 주장 자체가 지닌 이성적 구조와 증거의 타당성에 의해 판단되어야 한다.

이러한 철학적 태도는 단지 토론의 기술적 측면을 넘어서, 사회 전체의 지적 문화와 직결된다. 해당 주제에 관련된 다양한 의견들을 들어서 자유롭게 토론함으로써, 해당 주제를 제대로 이해할 수 있다. 토론이 없다면 사회는 진리에 다가갈 수 있는 중요한 경로를 잃는다. 그 결과 겉으로는 의미가 유지되는 듯 보이지만, 실제로는 그 내용과 본질이 사라지게 된다.[10] 의미의 실체를 제대로 파악하기 위해서는 자기 의견을 타인의 의견과 비교하고 수정할 수 있는 토론이 필요하다. 이를 위해 개인은 개방적 태도를 유지해야 하며, 이는 자신과 상이한 의견들을 폭넓게 수용하는 데서 가능하다. 밀은 이러한 개방성을 확보하는 최선의 방안으로 토론을 제시하였다.

밀은 토론의 자유가 모든 계층에게 동등하게 보장되어야 한다고 본다. 즉, 그는 "가난하든 부자이든 누구도 제3자에 의해서 세뇌당하지 말아야 한다. 스스로 생각할 기회가 보장되어야 한다."[11]라고 피력하면서, 지위나 배경과 상관없이 참여할 수 있는 열린 토론의 장이 보장되어야 한다고 주장한다. 이 점은 밀의 개별성과 공리주의 철학과 깊이 연결된다. 열린 토론은 단순히 개인의 논리 훈련에 머무르지 않고, 사회 전체가 진리에 접근할 기회를 제공한다.

밀은 《자유론》 제1장의 끝부분에서 여타의 자유보다 더욱 중요한 자유로서 '생각의 자유'를 언급하고 있다. 생각의 자유는 매우 광범위하여 일반인들, 심지어 지도층 인사들도 무엇 때문에 생각의 자유가 그리 중요한지를 모르는 경우가 있다.[12] 사람들이 '생각의 자유'가 왜 중요한지 잘 모르는 이유는, 표현의 자유를 막아도 생각까지 막을 수는 없다고 믿기 때문이다. 예를 들어, 개인이 마음속으로 무슨 생각을 하든, 아무도 모르게 생각하는 건 자유이다.[13] 그래서 많은 사람들은 겉으로 말하지 못하더라도 머릿속에서는 자유롭게 생각할 수 있으니까 괜찮다고 여긴다.

그런데도 "생각 자유의 중요성에 관해 약 300년 동안 줄기차게 여러 사상가가 제기하였다. 생각의 자유가 중요하다는 것을 이 책의 나머지 부분을 읽게 되면 알게 될 것이다."[14]라고 밀은 설명하고 있다. 비록 언어적 표현 행위를 통해 사고를 더욱 정교화할 수는 있지만, 샤워Schauer는 생각의 자유와 표현의 자유는 본질적으로 서로 다른 개념이라고 주장한다.[15] 이처럼 밀과 샤워의 사상에서는 '생각의 자유'에 대한 이해와 접근 방식에 뚜렷한 차이가 나타난다. 이러한 견해 차이는 단순한 해석상의 문제가 아니다. 이는 두 사람이 전제하는 철학적 기반과 표현의 자유에 부여하는 기능적 의미 차이에서 기인한 것으로 보인다. 따라서 왜 이러한 차이가 발생하는지를 면밀하게 검토할 필요가 있다.

표현의 자유는 일반적으로 생각이나 의견을 말하는 사람이 자유롭게 말할 수 있는 것으로 여겨져 왔다. 이에 따라 표현된 의견을 수용하거나 비판하는 청자의 자유는 화자의 자유로부터 파생된 것으로 간주했다. 일반적으로 생각은 자유로운 것으로 여겨진다. 샤워의 지적처럼, 개인이 자신 생각을 외부에 표현하지 않는 한 다른 사람들이 그 생각에 개입하거나 제약을 가할 수 없다. 하지만 인간의 사고는 무한하거나 절대적인 것이 아니다. 개인의 경험, 사회적 배경, 상상력의 한계 내에서 형성되고 움직이기 때문이다.

"생각의 자유란 무엇인가?"라는 질문에 대해, 대부분의 사람은 지배적인 이념이나 사회 통념에 반하는 생각을 마음속으로는 하지만, 이를 외부에 표현하지 않는 상태라고 답할 것이다. 그러나 밀은 이러한 소극적 의미의 생각의 자유, 즉, '말하지 않는 반대'를 진정한 자유로 보지 않았다. 그는 단순히 기존 견해에 반하는 생각을 하는 것만으로는 사유의 자유가 실현된 것이 아니라고 보았다. 그렇다면 밀에 있어 사고의 자유란 구체적으로 무엇을 의미하는가? 개인이 자유롭다는 것은 단순히 외적 강제로부터의 해방만을 뜻하지 않는다. 그것은 내면의 고정관념이나 사회적 편견으로부터의 자율성도 포함한다. 즉, 자유롭게 사유하는 인간이란 단순히 외적 구속으로부터 해방된 상태에 머무르지 않고, 자신의 신념과 판단을 끊임없이 성찰하고 조정할 수 있는 능동적 주체를 의미한다. 이러한 문제들은 밀의 자유 논의가 지닌 철학적 깊이를 이해하기 위해 반드시 검토되어야 할 핵심적인 쟁점이다.

자유로운 생각을 하는 사람은 전통의 권위, 자신의 열정, 가치관으로부터 자유로워야 한다. 이를 위해서 사람은 자신을 반대하는 주장들을 기꺼이 들어야listen 하며 비판적인 고찰로 자신의 논리를 정립해야 한다.[16] 자유로운 사고란 단순히 어떤 믿음을 자유롭게 수용하는 데 그치지 않는다. 중요한 것은 그 믿음이 어떠한 인식적 절차와 비판적 검토 과정을 통해 형성되었는가 하는 점이다. 예를 들면, 만약 나이가 많은 사람이 말했다고 해서, 그것을 진리라고 믿으면 그의 생각은 자유롭지 않다. 어떠한 의심이나 비판 없이 논리적인 근거를 도외시하면서 일반적으로 용인되고 있는 믿음들을 받아들이는 것은 바로 편견이다. 그러나 "비록 스스로 비판적인 고찰을 했음에도 불구하고 마음에 들지 않는 결과가 나타나도 그것을 진리라고 믿는다면 그는 자유로운 생각"[17]을 하는 사람이다.

자유로운 생각을 하는 사람들이 추구하는 것은 무한정의 자유가 아니다. 그들은 권위와 자신의 욕망에 복종하지 않으며 단지 증거와 논리에 자신의 판단 근거를 두고 있는 지적인 자유 내의 자유를 추구한다. 따라서 그들은 자신의 주장이 오류임이 밝혀지면 새로운 사실을 탐구하고, 새로운 견해를 수용하는 데 주저하지 않는다. 비록 자신 생각에 애착을 가지고 있어도 기꺼이 그것을 수정하거나 바꾸려는 태도를 가진다. 그러나 어떠한 의견이 그르다고 판단하여 사람들이 해당 의견을 표현하지 못하게 하는 경우도 있다. 이러한 검열은 스스로가 언제나 옳다는 전제를 바탕으로 한다. 그로 인해 사람들은 다양한 의견에 접할 기회를 잃고, 자신의 지적 능력을 활용해 스스로 판단할 기회를 박탈당한다. 결국 최종적인 결정은 판단이 필요하다고 여긴 개인의 몫이다.

밀은 검열이 전제로 하는 '무오류성' 개념의 위험성을 날카롭게 지적한다. 그는 검열이 단순히 표현의 자유를 제한하는 행위에 그치지 않고, 자신이 틀릴 수 있다는 가능성을 인정하지 않은 채 반대 의견을 아예 배제하는 태도라고 비판한다. 이러한 전제는 어떤 의견이 사회에 전달될 기회를 검열자가 독단적으로 통제하고, 자기 입장을 다른 사람들에게 절대적인 진리로 강요하려는 태도를 의미한다.[18] 이는 단지 표현 당사자뿐 아니라 그 의견을 들을 기회를 박탈당한 대중 전체에 해를 끼친다. 밀의 논의에서, 표현의 자유가 지닌 핵심 가치는 의견의 진위와 무관하게, 모든 관점이 자유롭게 제시되고 토론되는 데에 있다. 이는 단순한 발화권을 넘어서, 개인의 사고력과 판단력을 계발하는 '지적 자유'의 실현과 깊이 연결된다.

토론의 자유와 생각의 자유

저자는 모든 의견이 사회적으로 표출되고 논의되어야 한다는 요구가 밀의 사유에서 중요한 역할을 하고 있다고 강조한다. 이는 단순히 발화의 자유를 넘어서, 개별성, 사고, 표현, 토론, 자율적 인식 등과 같은 요소들이 지적 자유와 밀접하게 연결되어 있다는 인식에서 출발한다. 밀은 이러한 자유들이 인간의 지적 성장에 도움이 된다는 점을 강조한다. 표현의 자유는 단지 개인의 권리가 아니라 사회 전체의 진리 탐구의 지적 진보를 위한 조건이라고 본다.

밀은 사실의 출판과 의견의 표현을 명확히 구분하였다. 이는 그의 표현의 자유 논의를 이해하는 데 중요한 단서이다. 거짓된 의견은 진실한 의견과의 대립을 통해 진리를 밝히는 데 중요한 역할을 할 수 있다. 따라서 허용되어야 한다. 하지만 이는 거짓된 사실의 공표까지 정당화하지는 않는다. 주장된 사실의 진실 여부는 의견의 문제가 아니라 증거의 문제이기 때문이다.[19] 어떤 의견이 잘못되었다는 이유만으로 표현이 금지된다면, 이는 정부나 권력자가 자신의 기준에 따라 판단을 독점하게 만들며, 결국 개인의 생각을 억압하고 통제하려는 시도로 이어질 위험이 있다. 밀은 이러한 독점적 판단이 기존의 어떤 형태의 권력보다도 더 위험하고 강력한 독재로 이어질 수 있음을 경고한다.[20]

의견 표현의 정당성은 진리 탐구 가능성에 대한 신념을 전제로 한다. 밀은 《자유론》에서 듣는 행위의 중요성을 다음과 같이 설명한다. 첫째, 정치, 종교, 도덕, 과학 등의 영역에서 개인이 스스로 옳고 그름을 판단하기 위해서는 관련된 모든 의견을 들어야 한다. 비록 그 의견이 틀릴지라도 전체 진리의 일면을 담고 있을 가능성을 배제해서는 안 된다. 둘째, 다양한 의견을 듣는 과정은 개인의 지적 능력과 비판적 사고력의 함양으로 이어진다. 사람들은 자신의 견해에 반대되는 의견을 마주할 때 그것을 열린 마음으로 수용하고 비판적으로 검토하는 법을 배운다. 이를 통해 자신의 사고 능력을 발전시킨다.[21] 많은 의견이 공개될수록 우리는 더 넓은 시야를 갖게 되고, 그 안에서 더 나은 판단을 내리는 기회를 얻는다.

듣는 행위는 자유로운 생각과 지적 자유의 실현과 밀접하게 연결되어 있다. 이에 반해 말하는 행위는 표현의 자유, 즉 의견을 외적으로 표출할 수 있는 자유이다. 모든 가능한 의견을 들을 수 있어야 한다는 원칙은 개인이 스스로 사고하고 선택하고, 다양한 관점을 비판적으로 평가할 수 있는 자율성을 전제로 한다.[22] 자율성이란 개인이 스스로 생각하고, 판단하고, 그에 따라 행동하는 능력을 뜻한다. 이런 점에서 볼 때, '듣는 자율성'은 '말하는 자율성'보다 생각의 자유와 더 깊이 연결되어 있다. 이는 한 사람의 표현이 억압되면, 다른 이들이 여러 가지 다양한 의견을 접할 기회를 잃게 되고, 결국 자유롭게 사고할 권리 자체가 제한되기 때문이다.

사람들은 자신이 접한 정보를 바탕으로 의견을 형성한다. 표현의 자유가 제한되면 타인의 사고 과정에도 직접적인 영향을 미치게 된다. 지식과 진리를 추구하는 태도는 하나의 입장만을 고수하는 것으로는 충분하지 않다. 오히려 반대되는 다양한 의견을 경청하고, 이를 비교·검토하는 과정을 통해 비로소 성립된다. 심지어 틀린 의견이라도 공적 영역에서 자유롭게 논의될 수 있어야 기존 믿음에 대한 재검토와 비판적 사고가 가능해진다.[23] 밀은 표현의 자유를 단순히 발언자의 권리로만 보지 않는다. 그는 이를 듣는 이의 권리이자, 자유로운 사고와 판단을 가능하게 하는 필수 조건으로 이해한다. 표현의 자유는 모든 의견이 들릴 수 있도록 보장되어야 한다. 이를 통해 개인은 자신의 견해를 타인의 생각과 비교하고, 자유로운 토론을 통해 사고 능력을 확장할 수 있다. 특히 여러 해석이 가능한 사안에 대해 표현을 막는 것은, 특정 집단이 자신들을 타인보다 우위에 둔 채 판단권을 독점하려는 행위이다. 이는 민주적인 토론과 지적 자유를 훼손하는 결과를 낳는다.

개인이 자신의 방법으로 자기 행복을 추구할 자유를 보장하기 위해서는 모든 의견이 들려야 한다는 점이 매우 중요하다. 사회 속에는 다양한 의견들이 자유롭게 흐를 수 있어야 하며, 그럼으로써 사람들이 다양한 생각을 할 수 있고, 스스로 성찰할 기회를 가질 수 있다. 결과적으로 사람들은 자신들의 지적 능력을 발전시킬 수 있다. 무엇보다도 개인이 스스로 생각하고, 판단하고, 행동하기 위해서는 지적인 자유가 중요하다. 밀이 생각, 표현, 토론 자유의 중요성, 나아가 지적 자유를 강조한 근거가 결국에는 듣는 행위를 위해 존재한다. 그렇다면 실천적인 차원에서 사람들의 다양한 의견들을 듣기 위해 모든 의견이 들리기 위한 장치로서 밀이 무엇을 어떻게 제시하고 있는지를 알아볼 필요가 있다.

의견의 공공성과 커뮤니케이션 상황의 변화

밀의 의견 개념과 의견의 공공성

밀은 자연권과 같은 선험적이고 추상적인 권리 개념을 비판적으로 바라보며, 인간의 진보와 전체 행복을 지향하는 공리주의적 관점에서 의견 표현의 자유를 옹호하였다. 그는 특정한 의견을 억압하는 행위를 "인류 전체를 약탈하는 강도 같은 짓"[24]이라고 강하게 비판한다. 의견 표현의 자유란 단순히 개인의 권리를 보호하는 목적이라기보다 사회 전체, 특히 장기적으로 이익을 얻게 될 다수를 위함이다. 밀의 관점에서 억압은 개인의 자율성과 자기 결정권을 침해하는 심각한 문제이다. 나아가 그것은 인류 전체가 진리에 도달하고 궁극적인 행복을 실현하는 가능성마저 차단하는 행위이다. 이러한 문제의식에서 밀은 의견의 공공성을 중요하게 여겼으며, 이를 통해 개인의 자유뿐 아니라 집단의 자유 또한 함께 옹호하고자 했다.

특히 주목해야 할 점은, 《자유론》에서 밀은 일반적인 '표현의 자유freedom of expression'보다 '의견 표현의 자유freedom of opinion and its expression'를 보다 구체적으로 강조하고 있다는 사실이다. 이는 단순한 감정이나 사실 전달을 넘어, 이성적 판단과 논증을 통해 형성된 '의견'이 공공 토론의 핵심 요소로 기능해야 한다는 그의 사상을 엿볼 수 있다. 따라서 밀의 사상을 온전히 이해하기 위해서는 그가 왜 '의견'이라는 개념에 집중했는지를 고찰할 필요가 있다.

개인이 진리로 인식하는 명제에 대한 확신은 매우 중요하나, 그러한 확신은 합리적 사유와 논리적 근거를 토대로 이루어져야 한다. 또한, 그들은 지적 덕목을 갖추고, 활발하고 자립적인 사고를 하며, 열린 마음으로 진리의 복잡성을 이해하고 다양한 관점을 수용하는 태도를 지니는 것이 중요하다. 이 점들이 중요하다는 사실은 밀의 개별성 논의를 고려하면 논란의 여지가 없다. 행복에 이르는 수단이자 행복의 부분이기 때문이다. 그러나 이와 같은 설명만으로는 밀의 의도를 온전히 규명하기에 부족하다. 밀의 공리주의와 해악의 원칙은 개인이 자신의 이상과 목표를 자유롭게 표출하는 데 있어 일정한 한계를 설정한다. 개인의 표현 자유는 타인에게 해악을 끼치지 않는 범위 내에서만 보장된다. 이는 사회 전체의 최대 행복을 추구하는 공리주의적 가치와 밀접히 연관된다. 이러한 원칙에 따라, 개인이 자신의 신념이나 목표를 공개적으로 명확히 표현하는 것은 장려되지만, 그 표현이 타인의 권리나 복지를 침해할 때는 제한될 수 있다. 따라서 밀은 자유로운 의견 표현의 권리를 옹호하면서도 그 권리가 사회적 책임과 조화를 이루어야 함을 강조하였다.

그렇다면 밀은 무엇을 자유로운 표현으로 보았는가? 이 문제는 그의 사상을 이해하는 데 중요한 쟁점이다. 밀은 자유로운 발언을 단순한 감정의 분출이나 충동적 행위로 보지 않았다. 그는 이를 합리적 사고와 숙고를 바탕으로 한 '의견opinion'의 표현으로 이해하였다. 예를 들어, 특정 인물을 찬양하거나 비판하는 동상이나 그림이 그 제작자의 의사를 표현하는 수단이라면, 설령 그것이 일부에게 불쾌감을 줄지라도, 밀은 "모든 의견은 들려야 한다"[25]라는 원칙에 따라 이를 허용해야 한다고 주장한다. 이 원칙은 표현의 자유가 단순한 표현 행위를 보호하는 데 그치지 않음을 보여준다. 오히려 그것은 논쟁과 토론의 대상이 되는 '의견'을 보호하는 것이다. 따라서 다양한 의견이 공개적으로 표현되고 논의될 수 있어야 한다는 점을 강조한다. 이는 의견 표현의 자유가 보호하는 대상은 단순한 표현 행위가 아니라, 논쟁과 토론의 대상이 되는 '의견'임을 시사한다.

반면에, 동일한 행위라도 그 행위가 의견 표명이 아닌 단순한 감정의 분출에 불과하다면 자유로운 표현으로 볼 수 없다. 예컨대, 반전 집회에서 국기를 불태우는 행위가 반전 의견을 표현하고자 했다면 의견 표현에 해당한다. 그러나 개인의 방화 욕구 해소를 위한 행위라면 이는 의견이 아닌 감정의 표현으로 평가될 수 있다. 이와 같은 맥락에서 음란물 문제는 밀의 의견 표현 자유 개념을 이해하는 데 중요한 사례가 된다. 음란물이 단순한 성적 자극을 목적으로 제작된 경우, 이는 공적 토론이나 의견 교환의 대상인 '의견'으로 보기 어려워 표현의 자유로서의 정당성을 인정받기 어렵다. 따라서 밀의 관점에서는 표현의 자유가 보호하는 '의견'의 개념은 합리적 사유와 공공성을 내포하며, 단순한 감정 표출이나 자극적 행위는 그 범주에서 제외될 가능성이 크다.

밀은 표현의 자유에 대한 논의에서 단순한 의견의 개진 자체보다는, 그 발언이 진릿값truth value – 즉, 진실인가 허위인가 – 을 지닐 수 있는지에 주목하였다. 그는 표현이 단순한 감정이나 취향의 표명에 그칠 경우, 공적 담론에서 그 중요성이 제한된다고 보았다. 반면, 검증할 수 있는 진술이나 주장일 때 비로소 그 의미와 가치가 사회적으로 평가될 수 있다고 이해하였다. 이러한 관점에서 밀은 의견 표현의 자유가 보호받아야 하는 이유를, 그것이 진리에 도달하기 위한 필수 조건이라는 점에서 찾았다. 표현의 진위를 자유로운 토론을 통해 가리는 것이 사회 전체의 이익에 부합한다고 보았기 때문이다.[26] 이러한 관점은 리처드 베르넌Richard Vernon의 분석에서도 확인할 수 있다. 베르넌은 밀의 《자유론》 제2장의 제목이 '사상과 토론의 자유'임을 지적하며, 해당 장에서 '토론'과 '의견'이라는 용어가 빈번히 사용되는 반면, '표현expression'이라는 단어는 '의견의 표현'이라는 구절에서만 한정적으로 등장한다고 설명한다. 즉, 밀은 '논의discussion'와 '의견opinion'에 초점을 맞추고 있으며, 이는 '표현'이라는 포괄적인 개념보다 제한적인 범위에 해당함을 의미한다.[27]

앞서 살펴본 음란물 논의는, 밀의 관점에서 표현의 자유와의 관계 속에서

"음란물이 해로운가?"라는 질문을 중심으로 재구성될 수 있다. 밀은 표현의 정당성을 판단할 때, 해당 주장이 참인지 거짓인지, 즉 진릿값의 문제를 중심에 두었다. 이러한 접근은 표현이 사회에 미치는 해악보다 그 표현이 담고 있는 주장 자체의 진리 가능성에 주목하는 방식이다. 예컨대, "음란물은 해롭다." 혹은 "음란물은 유익하다."와 같은 명제의 진위가 자유로운 발언의 범위를 결정하는 핵심 요소로 간주된다. 따라서 밀은 자유로운 발언을 진릿값을 가질 수 있는 의견 표현으로 제한하였다. 진릿값을 지닌 의견만이 토론과 논의의 대상이 될 수 있다고 보았다. 이와 같은 제한은 궁극적으로 자유로운 담론의 건전한 발전과 사회적 진리 탐구의 가능성을 보장하는 데 필수적인 조건으로 이해된다.

밀은 누구도 완전한 진리를 소유할 수 없다는 전제에서 출발하여, 모든 개인의 의견이 사회 전체를 위해 중요하다고 주장한다. 인간은 오류 가능성을 지닌 존재이며, 타인의 의견과 비교 및 대조를 통해 자신의 판단을 수정하고 진리에 점진적으로 접근할 수 있다. 이러한 관용의 태도는 타인의 개별성을 존중하고 진리에 대한 독점적 권리를 경계하게 한다. 이와 같은 관점에서 표현의 자유는 단지 발화자의 권리에 머물지 않는다. 모든 구성원이 의견을 듣고 평가할 수 있도록 사회적 커뮤니케이션의 장을 보장하는 구조적 권리로 확장된다. 의견의 자유로운 유통이 제한될 경우, 사회 구성원은 '포획된 청중captive audience'으로 전락하게 된다. 표현의 자유는 화자와 청자 간의 상호 관계 속에서 실현되어야 한다.

표현의 자유가 침해되는 배경에는 오만과 두려움이라는 두 가지 심리적 요인이 작용한다. 오만은 자신이 틀릴 수 없다는 확신에서, 두려움은 바람직하지 않은 결과나 자신의 오류 가능성에 대한 불안에서 비롯된다. 그러나 이러한 태도는 진리 추구와 개인의 지적 자율성에 중대한 장애가 된다. 결과적으로, 모든 의견을 자유롭게 듣고 표현할 수 있는 권리가 보장되어야만, 개인은 정치, 도덕, 종교 등 삶의 핵심 영역에 관하여 스스로 판단하고 결정할 수 있는 주체로 성장할 수 있다. 그렇지 않으면 개인은 판단의 권한을 타인에게 넘겨주는 결과를 초래하게 된다.

커뮤니케이션 상황의 변화: '화자 중심'에서 '발화 내용 중심'으로

의견을 표현하는 행위는 곧 커뮤니케이션의 장이 열렸음을 의미한다. 커뮤니케이션은 화자, 청자, 그리고 이들 간에 교환되는 메시지로 구성되나, 밀은 이 과정을 과감히 분리하여 말하기와 듣기를 구분하였다. 그의 관점에서 의견은 사회 구성원들 간에 공유되어야 하며, 이러한 공공 영역에서는 특정 의견이 중요하거나 덜 중요하다고 평가하는 기준이 성립하지 않는다. 또한, 누가 해당 의견을 제시했느냐에 따라 그 의견의 가치가 달라지는 것도 정당하지 않다.[28] 이와 관련하여 밀은 "정의로운 목적이 공정한 수단에 의해 추구될 때, 공정한 수단은 최대한의 효과를 발휘할 수 있다"[29]라고 언급하며, 공정한 절차의 중요성을 강조하였다. 이를 위해 밀은 커뮤니케이션의 구체적 상황을 일정 부분 추상화함으로써 공정한 토론과 의견 교환의 기반을 마련하고자 하였다.

밀의 청자와 화자는 커뮤니케이션이 발생하는 맥락에서의 구체적인 존재가 아니다. 독립적이고 추상적이면서 실체가 없는 존재이다. 더불어 의견은 누가 말을 했는지가 중요하지 않고, 의견 자체에 가치가 있다. 밀이 말하는 의견은 일상적인 대화처럼 특정한 청자를 대상으로 한 발화가 아니다. 따라서 그의 의견 개념은 누구나 들을 수 있는 보편적이고 공적인 성격을 지닌다. 이러한 맥락에서 밀은 《자유론》의 제2장에서 "생각과 토론의 자유"를 다루고 있다. 특히 후반부에서는 다양한 의견들이 왜 본질적으로 가치 있는지를 심층적으로 논의한다. 이 과정에서 그는 "의견의 자유에 관한 주제 the subject of freedom of expression of opinion"[30]라는 표현을 사용함으로써, 커뮤니케이션 상황의 초점을 화자와 청자 간의 관계에서 발화 내용 자체로 이동시킨다. 즉, 밀은 발화자의 정체에 초점을 맞추는 '누가 무엇을 말했는가?'라는 개인 중심의 접근을 지양하였다. 대신 그는 '무엇이 말해졌는가?'라는 내용 중심의 관점으로 커뮤니케이션 상황을 전환하였다.

다른 사람들의 의견을 누가 무엇을 말하였는지에 상관없이, 다른 사람들의 의견을 자유롭게 들을 수 있도록 화자와 청자의 행위를 분리하였다. 그럼으로써 사회에 회자하고 있는 모든 의견을 접할 수 있고, 더불어 화자 또한 다양한 의견을 들으면서 생각을 할 수 있게 된다. 이처럼 《자유론》 제2장의 끝부분에서 밀은 누가 해당 의견을 말하였는지보다 의견 자체의 중요성을 언급하면서 절차의 공정성을 확보하고자 하였다. 해당 주제에 대한 다양한 의견들을 온전히 이해하려면, 모든 의견을 평등하게 다루는 태도가 필요하다. 반면 해당 의견이 검증할 수 있는 진술이나 주장일 때만 그 의미와 가치가 사회적으로 평가될 수 있다고 보았다.[31]

사회적 억압은 단순히 특정 의견의 표현을 제약하는 데 그치지 않고, 전반적인 지성의 활력을 저해하는 지적 평준화intellectual pacification를 초래한다. 밀은 비판적이고 탐구적인 정신을 지닌 사람들도 자신의 신념 핵심 원칙이나 철학적 근거를 명확히 드러내기보다 내면에 감추는 경향이 있다고 지적한다. 이는 그들이 자신의 신념을 외부에 쉽게 공개하지 않는 현실을 보여준다. 나아가 그들은, 공적 담론에 참여하는 사람들이 이미 내면적으로 철회했거나 의문을 품고 있는 전제들을 겉으로는 여전히 유지하는 경향이 있다고 본다. 이러한 사람들은 자신이 진정으로 믿는 바를 드러내기보다 대중이 수용할 수 있도록 자신의 입장을 조정해 표현한다. 결국 이는 담론의 진정성과 솔직함을 해치며, 공적 논의의 깊이를 제한한다. 이러한 현상은 결과적으로 사상의 진지한 검토와 토론의 가능성을 약화하며, 사회 전체의 진리 추구 과정에 장애가 된다고 밀은 우려한다.[32]

이러한 맥락에서 밀은 개인의 자유를 최고의 가치로 상정하였다. 그는 외부 권력의 횡포로부터 개인의 자유를 보호하기 위해 커뮤니케이션의 관계성을 분리하여 고찰하였다. 이 작업을 통해 의견의 중요성을 한층 강조하고 있다. 화자와 청자는 더 이상 특정한 커뮤니케이션 상황의 구성원으로 인식되지 않는다. 대신 이들은 분리되고 추상화된 존재로서 의견을 발신하고 수신하는 역할만을 수행한다. 의견은 특정 개인들 간의 커뮤니케이션을 넘어서 모든 발신자와 수신자 사이에서 개방적이고 확장된 관계 속에서 유통된다. 결과적으로 개별 화자나 청자보다 의견 자체가 더 중요한 위치를 차지한다.

밀은 커뮤니케이션의 개방성을 보장하기 위해 의견과 그 발화자 그리고 청자를 서로 구분된 요소로 취급하며 추상화된 관계 속에서 접근하고자 했다. 이는 밀의 '의견과 생각의 중요성'에 대한 인식을 반영한 것이다. 무한하고 지속적인 개방성이 작동하려면 실제 존재하는 구체적인 커뮤니케이션 주체들이 사라져야 한다. 그 자리를 의견 그 자체가 대신해야 한다. 밀은 '모든 의견'을 '청취'해야 한다고 주장하지만, 이는 반드시 '모든 사람'이 청취해야 한다는 의미는 아니다. 말하기와 쓰기는 개인의 선택에 속하지만, 개인의 자율성을 보호하고 이를 가능케 하는 무한한 개방성을 확보하기 위해, 밀은 '사람'보다 '말'을 더욱 강조할 수밖에 없다.

밀의 개방성 논증은 '생각'에 관한 특정한 개념에 기초하고 있다. 이 개념에 따르면 개인은 모든 가능한 생각을 잠재적으로 사유할 수 있어야 한다. 또한, 그러한 생각을 다양한 반박과 반대 논증에 맞서 시험하는 과정을 거쳐야 한다. 나아가 모든 가능한 생각을 듣고 이에 응답할 수 있는 능력을 갖추어야 한다. 밀은 "진정으로 신뢰할 만한 판단력을 가진 사람은 어떻게 그것을 갖게 되었는가?"라고 반문하며, "그가 자신에게 반대되는 모든 의견을 듣는 것을 실천해 왔기 때문이다. 인간이 어떤 주제에 대해 전체적인 이해에 조금이라도 다가갈 수 있는 유일한 방법은, 다양한 의견을 가진 사람들이 그 주제에 대해 말하는 모든 것을 듣는 것이라고 느껴왔기 때문이다."[33]라고 답한다. 이처럼 다른 관점과 논증을 수용하는 태도, 즉 수용성receptivity은 밀 논증의 핵심적 요소이다.

밀은 사회적 횡포가 정치적 억압보다 더욱 위험한 경우가 많다고 지적한다. 이는 사회적 억압이 개인의 삶 구석구석에 침투하여 영혼 자체를 노예화하기 때문이다. 영혼의 노예화는 특정한 사고를 추구하는 데 따른 결과를 우려하여 개인이 스스로 주저하게 되는 상황에서 발생한다. 이는 사회적 비난에 대한 두려움으로 자기 검열을 하거나, 자기 보호의 동기나 심리적 위축으로 인해 자기 의견 표현을 자제하는 현상이다. 이러한 제약을 극복하기 위해 밀은 표현의 개방성을 강조한다. 그는 사회적 불관용이 어떤 의견도 뿌리 뽑지 못하지만, 사람들이 자신 생각을 드러내지 않게 만든다고 지적한다. 결국 이는 다양한 의견의 확산과 토론을 위축시키는 결과를 초래한다.[34] 사회적 억압이 어떤 의견도 완전히 제거하지 않는다는 점은 인간 정신 내에 모든 가능한 생각이 언제나 존재하며, 이를 포착할 수 있는 뛰어난 정신이 등장하기만을 기다리고 있음을 시사한다. 다만 사회적 억압으로 인해 그러한 사고가 공개적으로 표현되지 못하고 있다는 점을 고려해야 한다. 밀은 이러한 문제를 해결하고자 커뮤니케이션 과정을 추상적인 차원에서 논의하였다.

'들리다'와 '듣는다'의 구분

밀은 《자유론》에서 '말하기'와 '듣기'를 분리하면서 의견의 중요성을 강조하였다. 이외에, 밀은 '들리다hear'와 '듣는다listen'를 구분하여 사용하고 있다. 비록 밀이 '들리다'와 '듣는다'를 간혹 호환하여 사용하고 있지만, 실제로 두 단어의 뜻은 매우 다르다. 밀은 두 단어의 차이를 구분해 사용하고 있다. 밀은 주로

'들리다'의 경우에는 다음과 같이 생각이나 의견과 관련하여 사용하고 있다. 예를 들면, "의견이 들리는 것을 봉쇄한다(to refuse a hearing to an opinion)."[35] "사람이 해당 주제에 관한 모든 것을 알기 위한 오직 한 방법은 그것에 대해 말하여지는 모든 것들이 들려야 한다(the only way in which a human being can make some approach to knowing the whole of a subject, is by hearing what can be said about it)."[36] "반대하는 의견이 들릴 가치가 있다(the dissentients have something worth hearing)."[37] 등으로 밀은 '들리다'를 의견이나 생각과 관련하여 사용하고 있다. 반면에 '듣는다'의 경우, 예를 들어 "자신을 반대하는 모든 말들을 귀담아들어야 한다(it has been his practice to listen to all that could be said against him)."[38] "악마의 변호를 주의 깊게 듣는다(listens patiently to, a devil's advocate)."[39] 등과 같이 인간의 실천 행위와 관련하여 사용하고 있다.

과연 '들리다'와 '듣는다'의 차이는 무엇인가? '들리다hear'는 중세 영어의 heren에서 유래되었는데 귀로 소리를 지각함을 의미한다. 반면에 '듣는다listen'는 중세 영어 listnen에서 유래된 표현으로, 단순히 소리를 인지하는 것을 넘어, 주의를 기울여 적극적으로 귀 기울이는 행위를 의미한다. '들리다'와 '듣는다'의 어원을 살펴보면 완전히 다른 단어임을 알 수 있다. 귀를 사용한다는 점에서 얼핏 같은 행위라고 할 수 있지만, 세상에서 전혀 다른 방법으로 존재함을 나타낸다. '듣는다'는 주의를 강조하고 있으며 다른 사람에게로 다가가는 것을 의미한다. 반면에 '들리다'는 소리의 지각, 감각 행위를 통해 단순히 무엇을 얻는 것을 의미한다. '들리다'는 개인 자신만의 경험을 강조하나, '듣는다'에서의 주의를 기울임과 겸손은 타인과의 관계를 강조한다.[40] '듣는다'는 것에는 공손함, 공감, 존경의 의미가 있다.[41] 듣는 행위는 단순히 정보의 수용을 넘어 상호적 공생의 차원을 지닌다. 상대방의 목소리를 경청하는 과정은 일방적 위계가 아니라 상호 간의 동등성을 일정 부분 보장하는 토대가 된다. 다시 말해, '듣는다'는 것은 타인의 입장을 자기 입장에 비추어 성찰하는 역지사지(易地思之)의 태도를 함축하며, 이를 통해 관계는 일방적 지배가 아닌 상호 인정과 존중의 맥락 속에서 전개될 수 있다. 따라서 듣기는 단순한 소통 기술이 아니라 상호 주체성의 확인과 공동체적 삶의 가능성을 열어주는 근본적 실천이라 할 수 있다.

'들리다'가 공간이라면 '듣는다'는 장소이다.[42] 공간은 사람이 행동할 수 있게 하지만, 장소는 사람이 특정 공간에 자신의 감정을 이입하고 관계를 형성하면서 나타난다.[43] 따라서 '들리다'와 '듣는다'의 의미 차이는 윤리적인 측면에서 다른 결과를 초래한다. 눈에 보임see이 없으면 우리는 목적을 갖고 무언가를 볼look 수 없듯이, 들리다hear가 없으면 들을listen 수 없다. 듣는다는 행위는 나와 타인의 분리를 최소화하는 노력이다. 그럼으로써 자신을 비우고 다시 다른 형태로 채우는 행위이다. 즉 "다원성의 화합이 평화다the unity of plurality is peace"[44]를 모색하는 것이다. 평화는 획일성이 아니다. 다양한 관점들이 조화롭게 공존함을 의미한다. 서로 다른 존재들이 각자의 차이를 인정하면서도 조화를 이루는 상태를 위해서는 강제적인 통합이 아니라 윤리적인 관계 속에서 이루어진다. 이러한 측면에서, '듣는다'는 자신이 타인에게 윤리적으로 반응하면서 타인과 공존의 공간을 확보한다. 그럼으로써 본인이 타인과의 경험을 공유하고자 한다. 즉, '듣는다'는 타인을 초대하는 행위다. 따라서 '듣는다'는 화자와 청자 간의 화합과 공존을 위한 실천이다.

밀은 '들리다'와 '듣는다'의 차이점에 대해서 키케로의 예를 들어 설명하고 있다. "키케로는 자신의 문제뿐만 아니라 자기 의견을 반대하는 사람의 논리적인 근거를 알고자 노력하였다."[45] 타인들과 진지한 토론을 위해서는 다른 사람들의 의견이 들리는 것만으로는 충분하지 않다. 다른 사람들의 의견을 그들의 관점에서 들어 이해할 필요가 있다.[46] 대립하는 주장들을 동등하게 들어서 두 입장을 확실하게 알고자 노력해야 한다. 이러한 노력으로 자신의 의견이 타인의 의견보다 월등하다는 생각이 없어지면서 중립적인 개인이 된다. 중립적인 개인은 타인들과 토론하면서 자신의 주장을 관철하기 위하여 노력하지 않고 다른 의견들과 비교함으로써 한층 논리적인 의견을 찾고자 노력한다.[47]

실제 생활에서 대립하고 있는 의견들이 공평하게 취급되지 않는 것은, 마치 저울대의 한쪽이 올라가면 다른 한쪽이 내려가는 현상과 같다. 따라서 진리는 대립하는 의견들을 화해시키고 결합해야 하는데, 이를 위한 공정한 마음을 가진 사람이 매우 드물다.[48] 모든 사람은 자신 의견에 애착을 가진다. 하지만 진지하고 자유로운 토론을 위해서는 반대 의견도 공정하게 이해해야 한다. 밀은 이를 통해 단순한 승패를 가리는 논쟁을 피할 수 있다고 설명한다. 시민들은 다양한 주장들을 용납할 수 있도록 냉정한 자세로 들어야 한다. 소크라테스의 태도를 가진 숙고하는 사람이 되고자 노력해야 한다.[49] 밀은 대화법에 근거한 자유로운 토론을 매우 소중하게 생각한다. 다른 사람들의 의견을 듣기 위해서는, 사회에서 해당 주제에 관한 가능한 모든 의견이 들려야 함이 필요하다.

'모든 의견은 들려야 한다'와 동등한 발언권

최근 한국 사회에서 차별금지법(일명 '평등법')을 둘러싼 논쟁이 격화되고 있다. 이 법안은 「대한민국헌법」 제11조가 보장하는 "모든 국민은 법 앞에 평등하다."라는 원칙을 실질적으로 구현하려는 입법적 시도이다. 헌법은 성별, 종교, 사회적 신분 등에 기반한 차별을 금지하고 있으며, 정치, 경제, 사회, 문화 전반에 걸쳐 평등권을 보장하고 있다. 차별금지법은 이 헌법적 가치를 토대로 성별, 인종, 병력, 장애, 나이, 성적 지향, 성별 정체성 등 다양한 사유에 의한 부당한 차별을 금지하는 내용을 담고 있다. 그러나 일부 집단을 중심으로, 차별금지법이 특정 집단에 대한 비판적 발언을 금지함으로써 표현의 자유를 위축시킬 수 있다는 우려가 제기되고 있다. 이들은 해당 법안이 통과되면 동성애에 대한 비판적 의견 표명이 제재의 대상이 될 수 있으며, 이에 따라 자율적 표현조차 자기 검열의 대상이 될 것이라 주장한다. 이러한 주장을 지금까지 고찰한 밀의 자유에 관한 논의, 특히 '모든 의견은 들려야 한다'에 비추어 그 타당성을 검토할 필요가 있다.

자신들의 표현의 자유를 위축한다는 주장이 표현의 자유 침해를 둘러싼 정당한 우려인지에 대해서는 신중한 검토가 필요하다. 특히, 지금까지 사회에서 차별적 표현이 실제로 자유로운 공론장을 확장하였는지에 관한 질문이 제기될 수 있다. 만약 차별금지법이 통과되어 기존의 차별적 언어 사용이 제한되면 이는 단순한 언어 통제에 그치지 않는다. 오히려 평등과 존중의 언어를 통해 사회적 인식의 지평을 넓히는 효과를 가져올 것이다. 이를 통해 다양한 집단의 목소리가 공론장에서 동등하게 다뤄질 수 있는 조건이 마련될 수 있다.

표현의 자유는 민주주의 사회에서 핵심적인 가치이다. 그러나 그것이 다른 사람의 존엄성과 평등권을 침해하는 방식으로 행사된다면 일정한 제약이 필요하다. 특정 개인이나 집단에 대한 차별적 언사나 혐오 발언은 그 대상이 되는 이들의 표현권과 사회적 발언권을 침해하는 결과를 초래할 수 있다. 이러한 맥락에서 밀의 자유에 관한 논의는 중요한 통찰을 제공한다. 밀은 자유의 본질이 단순히 발언이 억압받지 않는 상태에만 있는 것이 아니라고 보았다. 그는 모든 개인이 외부의 두려움이나 사회적 압력 없이 자신의 견해를 진정성 있게 표현할 수 있어야 한다고 강조한다. 이러한 조건이 보장될 때 진정한 자유가 실현된다. 그는 표현의 자유가 실질적으로 작동하기 위해서는 단지 법적 허용을 넘어 개인이 의견을 개진할 수 있는 심리적·사회적 환경이 뒷받침되어야 한다고 강조한다.

따라서 밀의 '표현의 자유'는 고립된 권리가 아니며, 타인의 자유와 평등이라는 맥락 속에서 이해되어야 한다. 이는 현대 자유민주주의 사회에서 '동등한 발언권equal speech right'이라는 개념과 연결된다. 모든 시민이 실질적으로 동등하게 의견을 표현할 수 있어야 한다. 특정 소수 집단이 구조적 배제나 편견으로 인해 침묵을 강요받는 상황은 표현의 자유의 본래 취지에 어긋난다. 이러한 관점에서 차별금지법은 단순한 권리 제한으로 볼 수 없다. 오히려 모든 사회 구성원이 평등하게 자신의 의견을 표현할 수 있는 환경을 조성하는 규범적 장치로 이해할 수 있다. 밀의 관점에서 보면, 평등과 존중의 언어는 다양한 목소리가 공론장에서 들리고 동등하게 다뤄질 수 있는 조건을 조성한다. 이를 통해 개인 인식의 가두리를 확장하는 효과를 기대할 수 있다.

결국 표현의 자유를 둘러싼 현대적 논쟁은 '누구의 표현이 보호받고 있는가?'라는 질문으로 수렴된다. 전통적으로 표현의 자유는 권력에 대한 비판이나 정치적 견해 표명의 자유를 중심으로 논의되었으나, 최근에는 혐오 표현, 플랫폼 접근권, 젠더 중립 언어 등의 이슈를 둘러싸고 복잡한 사회적 긴장이 야기되고 있다. 표현의 자유가 타인을 모욕하거나 혐오하는 수단으로 사용될 때, 이는 단순한 의견 개진을 넘어 타인의 인권과 평등권을 침해할 수 있다. 밀 역시 표현의 자유를 절대적 권리로 보지 않고 타인의 자유와 균형을 이루어야 하는 윤리적 과제로 인식하였다. 이러한 점에서 볼 때, 차별금지법은 자유와 평등이라는 민주주의의 두 가지 핵심 가치 사이의 균형을 모색하는 제도적 시도이다. 표현의 자유를 억압하기보다는 오히려 평등한 표현의 자유를 실현하기 위한 제도적 기반을 마련하고자 함이 목적이다.

캐서린 매키넌Catharine MacKinnon은 "어떤 표현의 자유 체계도 일부 사람들의 표현의 자유가 다른 사람들의 표현의 자유를 침묵하게 만드는 문제를 다루지 않는다면, 그것은 표현의 자유를 진지하게 보장하려는 것이 아니다."[50]라고 지적하며, 이러한 문제에 대한 성찰이 필요함을 강조한다. 매키넌은 전통적으로 '표현의 자유'가 모든 사람에게 평등하게 적용되는 권리이지만, 실제로는 사회와 경제 권력의 비대칭성 속에서 일부 사람들의 표현만이 공적 공간을 독점하게 되는 구조를 지적하고 있다. 즉, 현실에서는 더 큰 목소리(더 많은 자원, 플랫폼 접근성, 사회적 영향력 등)를 가진 이들이 소수자의 발언 기회를 억압하거나 위축시키는 결과를 초래할 수 있다. 표현의 자유가 타인의 침묵을 초래하는 방식으로 행사될 때, 그것은 더 이상 자유가 아니라 억압의 수단이 될 수 있다.

예를 들어, 성차별적 발언이나 인종차별적 혐오 표현은 겉보기에는 개인의 표현의 자유처럼 보인다. 그러나 실제로는 특정 집단의 공적 참여를 제한한다. 이에 그들의 자율적인 발언이 차단되는 결과를 낳는다. 매키넌은 표현의 자유가 단순히 검열되지 않는 말의 자유에 국한되어서는 안 되며, 누구나 안전하게 억압 없이 말할 수 있는 조건을 보장하는 방식으로 설계되어야 한다고 본다. 이러한 관점은 이 장에서 강조하고 있는 밀의 "모든 의견은 들려야 한다"라는 주장과도 연결된다. 표현의 자유에 대한 논의가 개별적인 발화 행위에만 국한되지 않고 담론 전체의 구조가 평등하고 공정한 방식으로 형성되어야 함을 시사한다.

이 문제를 해결하기 위한 논의는 표현의 자유에 관한 주장과 동등한 발언권에 관한 핵심 개념들을 중심으로 전개할 필요가 있다. 이 둘은 서로 동의어가 아니며, 각각 다른 원칙을 지향한다. 표현의 자유는 사고의 자유에 기반한 솔직함의 원칙을 설명하는 개념이다. 이는 외부 간섭 없이 개인이 내면적 사유를 외부로 표출할 권리를 강조한다. 반면 동등한 발언권은 공적 공간에서 타인에게 발언할 수 있는 권리를 주장한다. 더 나아가 그 발언이 타인의 주의와 고려를 받을 수 있도록 보장하는 관계적 차원의 권리까지 포함한다. 따라서 이 경우 요구되는 평등은 단순히 표현 기회의 균등 분배를 넘어선다. 각 개인이 동등한 발언자로 인정받는 호혜적인 관계 속에서 실현되어야 한다. 한 개인 의견이 타인들의 의견과 동등한 무게로 받아들이고 진지하게 고려될 수 있어야 한다.

표현의 자유를 실체론 시각에서 바라보면, 표현 행위가 자아실현의 핵심 수단이다.[51] 이는 개인이 자신의 내면을 외부 세계와 소통하는 방식으로 이해된다. 그러나 이러한 시각이 지나치게 강조되면, 개인의 표현 행위가 자율적이고 독립적인 행위로만 이해될 위험이 있다. 이에 타자와의 관계 속에서 발생하는 상호작용적 영향이 간과될 수 있다. 예를 들어, 특정 표현이 다른 이들의 표현 가능성을 제약하거나 침묵하게 만드는 경우가 있다. 이러한 가능성은 충분히 고려되어야 한다. 다시 말해, 표현의 자유를 철저히 개인 중심으로 이해할 경우, 그 표현이 사회적 맥락 안에서 어떠한 권력적 효과를 발휘할 수 있는지를 간과하게 되는 위험이 있다.

이러한 한계를 극복하기 위해, 표현의 자유를 관계론적 시각에서 재정립할 필요가 있다. 관계론적 접근은 개인을 고립된 존재로 보지 않는다. 대신, 개인은 상호 의존적인 관계망 안에서 의미를 형성하고 실현하는 존재로 이해한다. 이러한 관점에서 표현의 자유 또한 개인 간의 상호작용과 사회적 맥락 속에서 파악되어야 한다. 이 관점에서 중요한 개념은 바로 동등한 발언권이다. 이는 단순히 누구나 말할 권리가 있다는 것을 뜻하지 않는다. 모두가 동등한 조건에서 자신을 표현하는 실질적인 기회를 보장하는 기제이다.

따라서 표현의 자유가 진정으로 인권적 가치로 기능하기 위해서는 실체론적 자유 개념의 한계를 인식하고, 관계적 정의와 발언권의 평등을 심각하게 고려해야 한다. 이는 궁극적으로, 사회적 대화와 공적 담론에서 누구도 배제되지 않는 민주적 소통 구조를 정초하는 데 필수적인 윤리와 정치 과제이다. 표현의 자유가 타인의 사회적 지위를 침해할 수 있다. 그러다 보니 사회에서 평등하게 인정받지 못할 수 있다. 예를 들면, 성차별적이고 인종차별적인 언어 행위는 타인을 열등한 존재로 "등급화"하고, "사회적 위계 내에서의 그들의 위치를 고정"하는 행위이기 때문에 이에 대해서는 주의를 기울일 필요가 있다.[52] 성차별적이고 인종차별적인 발언의 잠재적 대상자들은 사회 질서에서 낙인 찍힌 집단이다. 비록 그들이 자신의 의견을 표현하더라도 다른 사람들이 이를 수용하지 않는 경우가 많다. 결과적으로 그들의 발언은 사실상 침묵[53]에 불과하다. 이러한 상황을 방지하기 위하여 동등한 발언권 개념이 매우 중요하다.

동등한 발언권은 모든 개인이 자기 생각을 자유롭게 표현하고 타인의 의견을 들을 수 있는 실질적이고 균등한 기회를 보장받는 상태를 의미한다. 이는 단지 형식적인 자유에 그치지 않는다. 사회, 문화, 제도의 조건들이 누구에게나 공평하게 마련되어야 함을 전제로 한다. 또한 표현의 자유가 실제로 행사되는 가능성 자체를 포함한다. 다시 말해, 동등한 발언권은 표현의 자유가 특정 집단이나 개인에게 편중되지 않고 모든 구성원이 공적 담론에 동등하게 참여할 수 있는 환경을 조성하는 데 핵심적인 기준으로 작용한다.

동등한 발언권은 단순히 말할 자유의 선언적 보장을 넘어, 발언의 기회, 시간, 청중의 주의, 공간과 물리적 조건 등 발언의 실질적 조건들이 공정하게 분배되어야 함을 포함한다. 만약 시간, 장소, 음향, 사회적 맥락 등과 같은 요소들이 표현 가능성에 영향을 미친다면, 이는 정당한 우선순위 원칙에 따라 공정하게 조정되어야 한다. 이와 관련해 낸시 프레이저Nancy Fraser는 이러한 차원을 "정의의 제3차원the third dimension of justice"이라 부르며, 이를 통해 사회 구성원으로서 누구를 정당한 분배와 상호 인정의 대상으로 포함할지를 결정하는 기준이 형성된다고 설명한다.[54] 다시 말해, 발언 조건에 대한 접근은 단순한 자원 배분의 문제를 넘어서며, 나아가 사회적 소속감과 시민의 자격 인정이라는 더 넓은 차원으로 확장된다.

그러나 이러한 조건의 배분 방식이 기계적 형식성에 치우칠 경우, 오히려 새로운 갈등과 문제가 나타날 수 있다. 예를 들어, 발언 순서를 어떻게 정할지, 어떤 의견이 우선될 자격이 있는지를 판단하는 기준은 본질적으로 모호하고, 정치적 갈등의 대상이 되기 쉽다. 제러미 월드론Jeremy Waldron이 지적하듯, 발언자 간의 평등은 단순한 양적 동일성을 의미하지 않는다. 서로 다른 이들이 동등한 인간이자 시민으로서 인정받는 질적 평등에 기반해야 한다.[55] 결과적으로, 동등한 발언권에 대한 실현은 단지 기회나 자원의 균등 분배에 머무르지 않고, 관계적 평등과 시민적 인정의 윤리적 원칙과 함께 고려되어야 한다. 이러한 점에서 표현의 자유의 보장은 정교한 규범적 판단과 정당화 절차가 필요하다.

기계적인 평등은 곧 분배적 정의이다. 그러나 분배적 정의로 과연 발언권의 평등을 보장할 수 있을지는 의문이다. 멜리사 슈워츠버그Melissa Schwartzberg는 밀과 같이 다수가 표현의 자유 이름으로 타인을 침묵하게 하는 것을 방지하기 위하여 동등한 발언권이 보장되어야 하는 이유를 아테네의 이세고리아isegoria에서 찾고 있다. 아테네의 이세고리아를 기반으로 한 동등한 발언권은 현대의 표현 자유 개념과 여러 중요한 면에서 구별된다. 표현의 자유 원리는 자유로운 생각이나 양심에 기초하여 보편적인 동등성의 원칙을 지향한다. 사고를 하는 자들은 자기 생각을 외부로 표현할 동등한 권리를 가져야 한다. 반면, 이세고리아는 동등한 존재로서, 특히 '인지적 존엄성epistemic dignity'을 가진 동료로서의 인정이 요구된다.[56] 이는 저자가 강조하는 지적 권위의 중요성과 맥을 같이 한다.

《자유론》에서 주장하고 있는 자기 의견을 자유롭게 표현해야 한다는 것은 단지 표현의 자유만이 아님을 시사한다. 밀의 《자유론》에서 그가 주장하고자 한 바를 정확히 이해하려면, 그의 사상이 뿌리내리고 있는 공리주의적 맥락에서 접근할 필요가 있다. 밀의 자유에 대한 논의는 벤담의 공리주의를 수정한 자신의 공리주의 철학에 근거를 두고 있기 때문이다. 밀에 있어 공리는 개인의 행복을 증진하는 행위는 정당하지만, 그렇지 않은 행위들은 정당하지 않다는 의미이다. 사람들의 고도 쾌락, 즉 행복을 위해서는 지적인 능력이 필요하며, 이를 제고시키기 위해 사람들은 자유로워야 한다. 생각의 자유, 표현의 자유, 토론의 자유가 개인들에게 매우 중요한 이유이다.

밀이 강조하고 있는 토론이 제대로 수행되기 위해서는 무엇보다도 다양한 의견들이 자유롭게 표현되어야 한다. 진리라고 여기는 그 어떠한 의견도 검증 절차를 거치지 않으면 죽어 있는 교리가 된다. 이러한 검증 절차를 위해 그릇된 의견이라도 들려야 한다. 자신이 진리라고 믿는 의견이라도 다양한 의견을 듣는listen 가운데 수정될 수 있다. 이를 통해 지적 능력이 향상되고, 그 의견은 진리에 한층 더 가까워진다. 따라서 검증을 거쳐 의견을 수정하는 것은 매우 중요하다. 이러한 맥락에서 특정 사안에 대한 다양한 의견이 충분히 들리지 hear 않는다면, 개인들은 그 사안을 다각도로 바라볼 기회를 잃게 된다. 결과적으로 다양한 관점들을 비교하고 평가하는 과정이 어려워진다. 이는 결국 이성적인 판단 능력 자체가 제한되는 결과를 초래한다. 의견의 다양성이 보장되지 않을 경우, 개인은 충분한 정보와 논거에 기반한 숙고를 거쳐 자기 입장을 형성할 수 있는 조건을 상실하게 된다. 이는 표현의 자유가 지향하는 자율적 판단 능력의 형성과 실현을 심각하게 저해하는 결과를 초래할 수 있다. 자신의 생각과 다양한 의견을 대조하고 비교할 기회를 잃으면, 사람들은 스스로 지적 능력을 깊이 있게 발전시킬 자유를 상실하게 된다. 이는 개인의 사고의 폭과 깊이를 확장하는 데 큰 제약이 된다.

비록 표현의 자유가 법적으로 명문화되었다고 해서, 사회로부터의 압력은 사라지지 않는다. 이를 우려한 밀은 표현의 자유가 보장되어야 하며, 비록 이상적일 수 있지만, 나아가 '모든 의견이 들리는 사회 분위기'가 조성되어야 함을 강조하고 있다. 사람들이 자신의 개별성 제고를 원한다면 특정 주제에 관한 다양한 의견들을 자유롭게 들어야 한다. 이러한 측면에서 동등한 발언권은 밀이 주장한 의견의 공공성과 모든 의견이 들려야 함과 논리를 공유한다. 생각의 자유는 궁극적으로 개인들이 자기 의견을 자유롭게 표현해야 하는 자유에 근거를 두고 있기보다 들을 자유에 논리의 근거를 두고 있다. 표현의 자유는 듣는 자를 위해 존재함을 잊지 말아야 한다.

지금까지 밀의 의견 표현의 자유에 관한 논의를 중심으로 그의 사상을 검토하였다. 이제는 밀의 사상을 통해 그가 궁극적으로 전달하고자 했던 핵심적인 메시지가 무엇인지에 대해 성찰할 필요가 있다. 《자유론》을 비롯한 그의 여러 저작에서 밀은 의견 표현의 자유가 갖는 사회적 의미와 더불어, 자유가 성립하기 위한 포괄이고 구조적인 조건들에 대해 논의하였다. 이러한 문제의식을 바탕으로, 다음 장에서는 현대 사회의 맥락 속에서 밀의 사상이 지니는 철학적 함의를 살펴보고, 그것이 현실적인 차원에서 제시할 수 있는 방향성을 모색하고자 한다.

8장

인식의 주체로서의 개인을 위한
합리적 자유

인식의 주체로서의 개인을 위한 합리적 자유

밀은 《자유론》에서 "사람이 무엇을 하는가와 더불어 그 사람이 어떠한 사람인지가 중요하다."[1]고 서술한다. 이 구절에서 주목할 점은 '어떠한 사람manner of men'이라는 표현의 의미이다. 이는 단순한 행위 차원에 국한되지 않고, 개인이 지닌 성격적 특성이나 능력, 다시 말해 그 사람됨의 질적 차원까지 포함한다고 볼 수 있다. 밀은 인간의 행위 자체도 중요하지만, 그 행위를 수행하는 주체의 성격과 자질 역시 중요한 고려 요소라고 본다. 이와 같은 관점은 단순한 결과 중심의 평가를 넘어서, 행위자의 도덕과 인격 구성에 관한 관심을 반영한다.

개인의 성격은 고정불변의 속성이 아니다. 개인이 처한 사회와 문화 환경과 개인 간의 상호작용을 통해 형성된다. 특히 개인의 환경 가운데 핵심적인 요소로 밀은 인간 상호 관계를 강조한다. 인간은 고립된 실체가 아니라 타인과의 관계 속에서 자신을 형성하고 삶을 영위하는 존재라고 본다. 이는 인간을 고정된 실체로 보기보다는 타인 및 사회와의 관계 속에서 이해해야 함을 의미한다.

이러한 맥락에서 밀은 '모든 인간은 평등하다'라는 명제가 단지 추상적인 원칙에 머물러서는 안 되며, 구체적인 사회적 관계의 역학 속에서 어떻게 실현될 수 있는지를 탐구한다. 평등은 형식적인 권리의 평등에 그쳐서는 안 되며, 서로 다른 개인들이 관계 속에서 동등한 존엄과 고려를 보장받을 수 있는 실질적 조건들을 포함해야 한다고 밀은 주장하고 있다.

민주주의 인간으로서의 주체적 인식이란

스티브 잡스 Steve Jobs는 2005년 스탠퍼드대 졸업식 연설문에서 "당신의 시간은 한정되어 있다. 그러니 다른 사람의 삶을 사는 데에 시간을 낭비하지 말라(Your time is limited, so don't waste it living someone else's life)."고 말한다.[2] 그의 이 말은 밀이 경고하였던 순응과 일맥상통한다. 자기 삶이 아니라 남들 속에 파묻혀, 마치 그것이 자신의 삶인지를 착각하고 사는 경우가 많다. 우리들은 살면서 남의 눈을 의식하는 경우가 많다. 남이 자신을 어떻게 생각할지를 염려한다. 그리고 남들과 비슷하게, 혹은 자신이 보기에 남들보다 수준 높게 살고자 한다.

과연 이러한 삶이 자신의 삶인지 아니면 남의 삶을 살고 있는지에 대해 생각할 필요가 있다. 이러한 측면에서 밀은 사회적 순응이 단지 외적 행동의 통제에 그치지 않는다고 보았다. 나아가 그것이 개인의 내면과 정신, 곧 '영혼'까지 예속시킬 수 있다고 보았다. 그는 표현과 사고의 자유가 억제될 때, 개인은 점차 독립적 사고 능력을 상실하고, 타인의 기대나 사회적 규범에 무비판적으로 복종하게 된다고 우려하였다. 따라서 밀은 인간을 단순히 자유를 누리는 수동적인 존재로 보지 않는다. 그는 적극적으로 사고하고 표현하고 사회적 압력에 맞서 저항하는 주체적 행위자로서의 인간을 강조한다. 이는 자유로운 사회를 구성하기 위한 핵심 조건으로 비판적 성찰과 자율적 판단을 실천하는 개인의 역할을 중시하는 밀의 자유론적 이상을 잘 보여준다.

밀은 《자유론》에서 공리를 인간의 진보로 상정하고 있다. 그는 끊임없이 자신의 능력을 계발하며 완전성을 추구하는 인간의 모습을 제시한다. 또한, 이러한 노력을 보장하는 사회 분위기가 어떻게 조성되어야 하는지에 대해 논의하고 있다. 사람들은 관습과 전통의 굴레에서 벗어나기가 어렵다. 즉, 자신들의 이익과 자신이 속한 계층의 이익으로부터 자신들을 분리하는 것이 그리 쉬운 일은 아니다. 이를 극복하기 위해 밀은 스스로 생각하고 판단하는 지적인 능력이 있는 개인을 요구한다.

자신의 믿음이 진리인지는 중요하지 않다. 밀은 《자유론》과 《천재에 관하여 On Genius》(1832)에서, 지적 권위자로서 지적 능력을 충분히 발휘하는 것이 무엇보다 중요하다고 강조한다. 대상에 대한 지식을 자신이 스스로 정확하게 알고자 하는 노력이 중요하다. 바로 이것이 인간이 갖추어야 할 윤리 요소이다. 밀은 "모든 사람에게 공통적인 의무는 바로 스스로 알아야 한다는 것이다."[3]라고 강조한다. 이는 그가 인간의 자율성과 지적 성장을 중요하게 여겼다는 점을 분명히 드러낸다. 개인의 도덕적·지적 책임은 단순히 외부에서 주어진 지식을 수동적으로 받아들이는 데 있지 않다. 오히려 능동적으로 사고하고 판단하는 데 그 본질이 있음을 강조한다. 이러한 관점은 밀의 《자유론》 전체를 관통하는 핵심 원리이다. 자유로운 의견 표현과 토론이 결국 개인의 자기 이해와 인식의 증진을 위한 필수적 조건임을 시사한다.

개인이 진리를 혹은 진리가 아닌 것을 믿고 있는지보다, 자신이 진리라고 주장하는 것을 어떠한 방법으로 알게 되었는가에 대한 과정이 중요하다. 개인 스스로 진리라고 판단할 수 있는 지적인 권위를 갖추어야 한다. 그리고 자신이 스스로 알아야 한다.[4] 밀이 의미하는 '천재'는 "알려지지 않은 진리를 발견"[5]한 사람이 아니라 "생각의 능력 자체"[6]이다. 비록 사람마다 생각의 능력에 차이는 있지만, 누구나 스스로 생각할 수 있는 능력이 있다. 이에 이러한 능력을 계발할 필요가 있음을 강조하고 있다. 생각의 능력을 훈련하면서 스스로 알고자 하는 과정에서 지적인 권위를 갖춘 행위자, 즉 능숙한 판단자로서의 개별성을 중요하게 생각하는 개인이 될 수 있다.

　다른 사람들이 이미 만들어 낸 지식을 단순하게 암기하고 추종하는 "신뢰에 근거한 믿음"은 개인의 지력을 저해한다. 생각하는 능력을 제고하기 위하여 지금까지 아무도 발견하지 않은 진리를 찾아내고 알아내는 것보다 "개인이 해당 진리를 어떻게 알게 되었는가?"가 중요하다고 밀은 강조한다. 자신이 알고 있는 지식을 어디에서 누구로부터 알게 되었다는 것은 그리 중요하지 않다. 개인이 진정으로 안다는 것은 "이것은 나의 생각이며, 내가 스스로 나에게 질문하면서 알았기 때문에 입증할 수"[7] 있어야 한다. 이제는 사회 감정이 더 이상 개인의 독특한 생각을 비난하지 말아야 한다. 우리는 다른 사람들의 생각에 관하여 충분한 생각도 없이 성급하게 결론을 내리는 것을 경계해야 한다. 자기 의견과 대조되는 생각들을 충분하게 살피지도 않으면서 자기 생각만이 옳다고 하는 자만심은 지양해야 한다. 사람은 밀이 언급한 민주주의 개인이 되기 위해 부단히 노력해야 한다.

개인의 완전성에 대한 밀의 저작물에서의 논의

　밀의 저작물들을 읽어 보면 관통하는 주제가 있음을 알 수 있다. 사람은 스스로 생각하고, 판단하고, 행동해야 한다는 것이다. 이를 위해서 밀은 개별성을 자유 논의에서 중요하게 다루고 있다. 더불어 그는 타인과의 관계를 원활히 유지하는 것의 중요성을 강조한다. 나아가 자신뿐만 아니라 타인과 사회의 복지를 위해 무엇을 할지 고민하는 존재가 될 것을 촉구한다. 이러한 맥락에서 밀은 개인의 완전성을 이루기 위해 어떤 조건들이 필요하다고 보았다. 또한 이러한 조건들이 결핍될 경우, 개인과 사회에 어떤 부정적인 결과가 초래되는지를 논의하고 있다. 이제 밀이 주장하고 있는 개인의 완전성에 관하여 대표적인 저작물에서 어떻게 기술하고 있는지를 살펴보고자 한다.

밀의 《자서전》

밀의 어린 시절의 교육은 환경이 성격 형성에 영향을 미친다는 오언의 주장을 신봉하였던 아버지의 철저한 지도로 이루어졌다. 환경이 아이들의 성격과 교육에 큰 영향을 준다고 믿은 밀의 아버지는 철저히 계획된 교육 방침에 따라 밀을 훈육하고 감독했다. 그는 아들에게 체계적이고 엄격한 교육을 시행했다. 그러나 마치 감옥과도 같은 폐쇄적인 환경 속에서 밀은 또래에 어울리지 않는 교육을 받아야 했다. 그러다 보니 또래 친구와의 자연스러운 교류도 이루어지지 않았다. 밀은 캐롤라인 폭스Caroline Fox에게 보낸 편지에서 다음과 같이 고백했다. "나는 소년인 적이 없었다. 크리켓도 즐기지 못했다."[8] 또한 밀은 "나의 교육은 사랑보다 공포의 교육이었다."라고 밝혔다. 그러나 이 말은 《자서전 Autobiography》(1873) 마지막 판에서 삭제되었다.[9] 밀은 어린 시절 따뜻한 사랑보다는 아버지의 엄격하고 체계적인 교육 속에서 자랐다. 특히 부모나 또래들과의 감정적 유대보다는 지적 훈련이 강조되는 환경에 놓여 있었다. 이러한 환경으로 인해 밀은 깊은 내면적 불안과 갈등을 겪었다. 결국 그는 심각한 정신적 위기를 경험하게 되었다. 이 과정에서 그는 자신이 이전까지 도덕의 참된 의미를 제대로 이해하지 못하고 있었음을 깨닫게 되었다.

밀은 자신의 성장 과정에서 진정한 도덕적 가르침보다는 권위적이고 엄격한 훈육이 중심이었음을 인정한다. 그는 이러한 경험이 자신에게 깊은 영향을 미쳤다고 보았다. 특히 그것이 자유의 중요성을 강조하는 그의 사상을 형성하는 데 중요한 계기가 되었음을 시사한다. 나아가 밀은 자신이 행한 일에 대해 자신이 책임을 지는 도덕 행위자보다 자신의 강력한 후견자이고 지도 선생인 아버지에게 모든 것을 의존하게 되었다. 더욱이 밀은 아버지 친구인 벤담의 이론에 감명을 받으면서 "1821년 겨울부터, 내가 벤담의 책을 처음 읽었을 때, 세상을 개혁하는 일을 삶의 목적으로 여겼다."라고 회고하였다.[10] 그러나 밀이 20대 초반에 정신적인 위기[11]를 겪은 이후에, 더 이상 벤담과 아버지의 "이치만 따지는 기계reasoning machine"[12]로 움직이는 것에 대해 반발하면서 자신의 고유한 정신세계를 찾기 시작하였다.

밀은 자신이 인생의 목적을 달성하였지만, 행복하지 않음을 깨달으면서 필연성의 철학에 대해 의심하였다. 필연성의 철학은 사람들에게 자율성을 보장하지 않는다. 자신이 통제할 수 없는 원인이 성격과 인생의 방향을 결정한다면, 개인은 자신의 삶을 주도할 수 없다. 결국 그는 외부 요인에 의해 전적으로 지배받는 노예와 같은 존재가 된다. 밀은 아버지와 벤담에게는 단지 기계와 같은 역할을 해야만 했다. 자유 의지와 뚜렷한 목적의식 없이 아버지가 원하는 것을 수행해야 했다. 그러다 보니, 밀은 환경에 의해서 형성된 성격 때문에 고통스러운 결과를 경험[13]했음을 회고하였다.

밀은 마르몽뗄Marmontel의 아버지 죽음과 관련한 회상록을 읽으면서 새로운 경험, 즉 눈물을 흘리는 자신을 관찰하면서 지금까지 몰랐던 공감에 대해 생각하게 되었다.[14] 이 경험으로 인해 밀은 성격 형성에 관심을 가지게 되고, 《논리학 체계》의 제6장에서 인성학Ethology을 논의하였다. 앞에서 논의한 환경이 성격을 전적으로 결정하는 것이 아니라 자신이 주체적으로 자신의 성격을 만들어 갈 수 있다고 보았다.

밀의 《여성의 종속》

밀의 《자서전》은 한 개인의 이야기를 하고 있지만, 《여성의 종속*The Subjection of Women*》(1869)은 인류의 반을 차지하고 있는 여성들의 성격이 남성들에 의해, 남성들을 위해 형성됨으로써 인류에게 커다란 불행을 초래했음을 다음과 같이 논의하고 있다. 여성들은 어린 시절부터 복종적이고 희생을 강요당하고 남성에게 매력적이어야 한다고 듣고 산다. 지적인 면보다는 외모적인 면을 강조한다. 이러한 심리적 억압은 여성으로 하여금 자신을 독립적인 존재가 아닌 남성에게 종속된 존재로 인식하게 만드는 데 이바지한다. 결과적으로, 여성의 자율성과 주체성이 제한된다. 이는 성별에 기반한 불평등한 권력관계를 당연시하는 사회적 태도를 강화하는 역할을 한다고 할 수 있다.

남성은 여성들의 복종뿐만 아니라 여성들의 감정도 원한다. 이러한 남성들의 욕구는 여성들의 마음을 지배하기 위해 갖은 수단을 동원한다. 여성들은 천성적으로 남성들과는 전혀 다른 성격을 갖고 있다는 전제하에 여성은 당연히 자율 의지가 없어 타인의 통제를 받아야 한다고 교육받는다.[15] 남성들의 여성에 대한 통제 욕구는 여성의 선택 가능성을 제한하는 결과를 초래한다. 이는 여성에게 자연스럽게 현모양처와 같은 특정한 도덕적 역할을 내면화하도록 만드는 사회적 압력으로 작용한다. 이러한 구조는 성별에 따라 정해진 역할을 당연시하게 만들고, 여성이 스스로 선택하고 살아가는 가능성을 제한한다. 만약 여성들이 부인과 어머니가 되고자 하면 우선 남편을 찾아야 한다. 이를 위해 여성들은 남성들에게 매력적이어야 한다. 그러나 밀은 강조한다. 과연 여성들의 천성이 어디에 있으며 그것이 무엇인지를 어떻게 알 수 있는가?

남성들이 말하는 여성들의 천성은 바로 남성에 의한 교육으로 인한 "인위적인artificial" 결과에 불과하다.[16] 이 교육은 여성들이 자신이 선택한 삶을 살지 못하도록 한다. 여성의 천성을 인위적으로 만드는 이유는 바로 남성들의 즐거움을 위하여 여성들이 기꺼이 희생해야 한다고 하는 남성들의 욕망에서 비롯되었다. 남성들이 원하는 바를 충족시키는 것이 여성들의 가장 중요한 미덕이라고 강요한다. 그렇다면, 과연 여성들의 천성은 무엇인가? 밀은 그것은 아무도 모른다고 말한다. 자신의 능력을 발휘할 기회가 거의 없었기 때문에 심지어 여성 자신들도 알지 못한다는 것이다.[17] 그렇다면 이러한 일방적인 교육은 어떻게 가능한가? 그것은 바로 '관계의 불평등'에서 비롯되었다.

밀은 《여성의 종속》에서 관계의 불평등으로 인류의 절반이 자신이 선택하지 않은 삶을 마치 당연한 삶이라 여기며 사는 것에 대해 개탄하고 있다. 과거와 달리 인간은 자신의 능력과 기회를 이용하여 자신이 원하는 삶과 목적을 위해 살아가는 자유인[18]이 되어야 한다. 그러나 한쪽은 지배하는 위치에 있고, 다른 한쪽은 복종하는 위치에 있다면, 완벽한 상호 신뢰가 가능할 것인지 의문이다. 종속의 위치에 있는 사람이 자신의 마음을 열어 솔직하게 자기 말을 하는 것이 어찌 가능할 수 있을까?[19] 인간이 갖추어야 할 아름다운 덕목은 바로 다른 사람들과 평등하게 살 수 있는 능력이다. 민주주의 사회에서의 시민권은 평등을 가르치고 습득하는 교육을 통해 가능하다.[20]

여성과 남성의 불평등한 관계로 인해 여성의 삶이 인위적으로 설정되어 있다는 것은 여성에게도 불행이지만, 남성에게도 엄청난 불행이다. 여성들의 왜곡된 성격은 여성들에게도 불행을 가져오고, 남성들에게도 좋지 않은 영향을 미친다. 남성들이 어렸을 때부터 여성을 종속의 위치로 바라보면, 자신이 원하는 모든 것들을 위하여 여성들이 자신들을 위해 수행해야 한다는 의식이 자연스럽게 나타난다. 이러한 의식은 세월이 흐르며 굳어지면서 제2의 천성이 된다. 남성들은 자신이 여성들보다 우월해서 특권을 누려야 하고, 자신이 누리는 특권에 대해 "최악의 긍지 the worst of pride"[21]를 갖게 된다. 왜곡된 우월감에 기초하여, 남성들은 자신들의 사회적 지위를 정당한 것으로 여기고, 여성에 대한 지배적 위치를 자연스럽고 정당한 권리로 받아들이며 이를 당연시한다. 한 인간 그리고 사회적 존재로서 남성에게 이러한 상황이 도움이 된다고 볼 수 있는가?[22] 나아가 인위적으로 지배자와 피지배자가 존재한다면, 과연 정의가 구현될 수 있는가? 왜곡된 불평등의 관계는 전체 인류에게 커다란 불행을 초래하고 있다. 여성과 남성의 관계가 평등해지고, 여성과 남성이 동등한 삶을 살 수 있다면 사회 구조는 크게 달라질 것이다. 인류의 절반이 과거와 달리 사회 발전을 위해 여러모로 도움이 될 것이며, 남성들 또한 여성들과 공정한 경쟁을 통해 자신들의 능력을 제고하고자 노력할 것이다.[23] 이러한 왜곡된 현상을 방지하기 위해 밀은 관계의 평등이 무엇인지를 논의하고 있다.

밀의 《자유론》

지금까지 한 개인과 인류 절반의 성격 형성에 관련된 삶에 대해서 살펴보았다. 밀은 《자서전》에서 자신의 삶을 회고하면서 자신의 성격이 어떻게 형성되었고, 타율적으로 형성된 성격이 자신의 삶에 어떠한 영향을 미쳤는지를 서술하였다. 《여성의 종속》에서는 남성과 여성의 불평등 관계로 인한 여성의 성격 형성과 남성에 의해 설계된 여성의 삶의 폐해를 인류 전체의 복지 차원에서 서술하였다. 두 사례에서 보듯이 밀은 인간의 성격 형성이 그들의 삶의 방향에 지대한 영향을 미치고 있음을 관찰하며 《자유론 On Liberty》(1859)에서 자율적으로 성격을 형성하고 발전시키기 위해 무엇이 요구되는지를 논의하고 있다. 밀은 《자서전》에서 《자유론》은 "한 가지 진리에 관한 철학 교과서"[24]라고 주장한다. 그래서 자신이 쓴 책 중에서 오랫동안 사람들에게 사랑을 받을 것이라고 조심스럽게 말하고 있다.

밀이 언급한 《자유론》의 한 가지 진리가 무엇인가? 인간의 성격은 다양하므로 사람들이 자신의 성격을 다양한 방향으로 발전하기 위해서는 자유가 보장되어야 한다[25]고 강조하고 있다. 인간은 이미 정해진 틀에 맞추어 사는 기계가 아니다. 마치 내부의 힘inner forces으로 다양한 방향으로 스스로 자라고 발전하는 나무와 같은 존재이다.[26] 밀의 논의에서 저자는 대조적인 성격 - "소극적이고 무기력한inert and torpid 그리고 적극적이고 활기 넘치는active and energetic"[27] - 에 집중하고자 한다. 소극적이고 무기력한 성격은 밀이 경고하고 있는 주변으로부터 많은 억압을 받으면서 현재의 자신에 만족하는 순종의 자세를 견지한다. 반면에, 후자의 성격 소유자는 호기심이 많고 용감하고 자신이 원하는 삶을 찾기 위해 부단히 노력하면서, 자신의 고유한 의견을 갖고자 한다.

인류의 역사를 보면, 대부분의 시대와 사회는 후자보다 전자 성격의 소유자를 선호하는 경향이 있다. 소크라테스와 예수를 사형시켰으며, 갈릴레오를 침묵하게 하고, 수많은 이들로 하여금 스스로 입을 닫게 했다. 사회의 억압적 분위기는 자유롭게 말할 수 있는 능력이 있음에도 불구하고, 불이익을 우려해 말하지 않는 자기 검열을 초래한다. 이러한 행위들은 인류 문명의 발전을 저해할 수 있는 개연성이 있다. 인간은 본질적으로 불완전하기 때문에 어떤 의견도 절대적 진리로 단정될 수 없다. 따라서 다양한 의견의 공존은 인류의 발전과 개인의 복지를 위해 필수적이며, 삶의 실험experiments in living 또한 다양하게 수행되어야 한다.[28] 이를 위해서는 개인의 자유가 보장되는 사회 분위기가 중요하다. 다양한 삶의 형태와 적극적이고 활기 넘치는 개인이 나타날 수 있는 조건들에 대해 《자유론》에서 논의하고 있다.

그렇다면, 민주주의 사회가 개인에게 자유를 보장한다고 말할 수 있을까? 민주주의 사회에서 개인은 자유롭게 투표할 수 있다. 후보자를 스스로 선택하며, 심지어 유권자들이 선거 후보자가 될 수 있다. 그러나 기억해야 할 일이 있다. 고대 그리스 아테네가 민주주의 전형이라고 하지만, 아테네 사람들은 소크라테스를 사형시켰다. 그들은 자신들의 자유를 이용하여 사람들의 토론과 생각을 억누르면서 침묵하게 하였다. 이 점을 밀은 우려하고 있다. 앞에서 논의하였듯이, 다수들이 소수들에게 자신들의 의견뿐만 아니라 취향 심지어 감정까지 자신들에게 맞추는 것을 강요한다. 민주주의에서 경고해야 할 순종 현상을 어떻게 방지하여 개인들로 하여금 자신이 원하는 삶을 선택하여 영위할 수 있는가에 대한 논의를 하고 있다. 자유로운 사회는 바로 타인의 의견을 무조건 추종하는 사람들을 원하지 않는다. 자신의 생각을 형성하고 이를 자유롭게 표현할 수 있는 능동적 개인이 부재할 경우, 사회는 활력을 상실하게 된다. 밀의 생각에 이런 사회는 지옥일 것이다. 그러나 한 집단의 낙원은 다른 집단에는 지옥이다.

개인성과 사회성의 조화로서의 개인

많은 학자가 개인의 자유를 논할 때는 자연스럽게 선험적인 자연권을 언급한다. 그러나 밀은 이러한 논의가 권력관계에서 나타날 수 있는 관계의 불평등을 고려하지 않기 때문에 현실적이지 않다고 비판하였다. 밀의 저작물에서 논의하였듯이, 개인의 삶이 자율성을 상실하는 이유는 관계의 불평등에서 비롯되었다. 그러나 선험적인 자연권 논의는 인간을 존재하고 있지 않은 "상상의 자연 상태 the imaginary being Nature"를 근거로 이해하고자 하였다. 이를 밀은 강하게 반대한다.[29] 인간 행위의 주체가 존재하지 않는 추상적 실체라고 하는 논의는 인간관계에 의해 나타나는 실천적인 모습을 설명할 수 없다. 인간은 보이지 않는 힘이 조종하는 단순한 기계 부품이 아니다. 사람의 행위를 보편성의 이름으로 설명하는 형이상학적 설명은 개인의 역사성을 고려하지 않기 때문에 경험에 근거를 두고 있지 않다. 따라서 많은 결점을 보인다.[30]

현실에서의 인간은 추상적이지 않다. 더불어 보편적이지도 않다. 사람은 사람들 간의 관계에 영향을 받으면서 역사성과 사회성을 갖고 있다.[31] 사람의 본성이라고 일컫는 것은 사회와 역사의 발전에서 부수적으로 발생하는 결과를 보고 추측하는 것에 불과하다. 비록 보편성을 강조하는 추상적인 권리 논의가 개인의 주체성을 언급하지만, 역사성과 사회성을 간과한 공염불에 불과하다. 이를 극복하기 위해, 밀은 개인과 사회에 도움이 되는 '진보하는 인간의 영원한 이익'을 공리로 설정하여 개인의 자율성에 영향을 미치는 관계의 역학을 강조하였다. 진보를 추구하는 존재로서 자신과 타인의 행복을 위해 자유롭게 자기 발전을 할 수 있어야 한다는 공리를 근거로 자유에 관한 논의를 전개하고 있다.

지금까지의 논의를 보면, 밀은 인간의 삶에서 관계 측면의 가치를 강조하고 있음을 알 수 있다. 다른 사람들을 동등하게 취급하기 위해서는 인간관계에서 지배와 복종으로 인해 나타나는 정의롭지 않은 부분을 제거해야 한다. 인간의 자율성을 위한 실천적인 방안으로서 '관계의 평등'을 밀은 강조한다. 공동체주의자들은 자유론자들이 인간관계의 중요성을 간과하고 있다고 비판한다. 그러나 밀은 다르다는 것을 명심해야 한다. 밀은 타인들의 복지를 희생하면서 자신의 이익만을 추구하는 추상적인 개인을 반대한다. 밀은 진보하는 인간으로 구성된 역동적인 사회를 주장한다.

그렇다면 밀의 진보는 무엇을 의미하는가? 밀은 인간을 자신이 스스로 인식할 수 있는 능력과 타인을 고려하는 공감 능력을 발전시키는 관계의 존재라고 보고 있다. 사람은 다른 사람들과의 관계를 벗어나서 자신의 삶을 생각할 수 없다. 인류 역사를 돌이켜보면, 사람은 다른 사람들의 이익을 등한시하고 살아갈 수 없다.[32] 관계의 개인은 개인이자 사회적 존재이다. 따라서 모든 사람의 이익이 평등하게 취급되어야 한다.[33] 이를 위해 평등한 관계가 보장되어야 한다.[34] 사람은 자신의 이익과 타인의 복지를 고려하면서 자신의 능력을 최대로 계발하고 발휘해야 한다고 밀은 제안한다. 이러한 인간의 진보 추구는 사회·정치적으로 특정한 조건에서 가능하다. 벤담은 쾌락을 주로 외적이고 계산이 가능한 차원에서 이해하였기에, 개인의 자기 계발이나 내면의 성숙에서 오는 쾌락을 충분히 고려하지 못했다. 그러다 보니 그는 타인과의 관계 속에서 이루어지는 삶의 실천적 측면을 포착하는 데 한계를 드러냈다. 이를 지적하면서 밀은 타인과의 관계를 동료애로 승화시키는 공감을 강조하였다. 이러한 의미에서 밀은 동등하고 공감에 근거한 인간관계가 무엇인지에 대해 논의하고 있다. 사람들은 공감의 능력을 배양하여 지배와 복종의 관계를 혐오하고 동료애와 민주적인 협조의 호혜적인 관계를 선호하게 된다. 호혜적인 관계는 사람들의 사회성 제고에 도움을 주면서 사람들의 도덕성 함양과 모든 사람의 복지를 위해 각자가 노력하게 한다.

합리적 자유와 상호 우월성을 인정한 상호 호혜 관계

밀이 말하는 "합리적 자유 rational freedom"[35]는 단순히 외부의 간섭에서 벗어나는 차원을 넘어, 이성적 자기 형성과 개별성의 발현을 통해 개인과 사회의 발전을 함께 이끄는 자유를 뜻한다. 이는 주체적 삶을 가능케 하면서, 행위자가 마주하는 다양한 사회 권력관계와도 밀접하게 맞물려 있다. 행위자로서의 개인이 어떠한 권력 구조에 처해 있는가에 따라 자신이 주체적으로 행위를 할 수 있는가가 결정된다.[36] 합리적 자유rational freedom 개념은 자유론자의 자유 개념과 매우 다르다. 아리스토텔레스부터 시작된 개념으로서, 인간은 자신들을 개인적으로 특성화individuation하기 위해서 공적인 삶에 참여해야 하는 사회적 존재이다. 자신이 남과 구별되는 특성을 갖기 위해서는 상호 호혜 관계reciprocal relations가 필요하다. 이를 통해 개인들은 서로의 발전을 위해 협조해야 한다. 합리적인 자유는 개인만을 강조하는 자유의 개념이 아니라 '관계에서의 자유'를 의미한다. 관계를 배제한 자유에 관한 논의는 추상적일 수밖에 없다. 사람에게 자유라는 개념은 바로 사람들이 다른 사람들과의 관계를 맺으면서 현실의 문제로 다가온다. 사람이 혼자 산다면 자유가 문제가 되지 않는다. 다른 사람들과 관계를 맺으면서 자유의 중요성이 부각된다. 따라서 그러한 자유는 개인과 사회의 선을 실현하기 위해 비록 분리된 개인이지만 하나로 융합됨을 실현하기 위한 공동체 수준 관계에서 가능하다. 아리스토텔레스 철학의 교훈은 사람으로서의 존재 이유가 비록 다른 사람이지만 하나로 융합하는 데 있다.[37]

밀은 《여성의 종속》에서 합리적 자유를 언급하며 이를 위해 바람직한 사람들 간의 관계를 "상호 우월성을 인정한 상호 호혜 관계reciprocal superiority"[38]로 주장하고 있다. 상호 호혜 관계는 인간관계의 이상형으로 인식될 수 있으며, 이는 서로 협조하며 혼자서는 가능하지 않은 새로운 지식을 만들어 내는 관계이다. 밀은 자신의 부인인 해리엇 테일러Harriet Taylor Mill과의 관계를 설명하였는데, 여기서 저자는 밀이 추구하고자 하는 인간관계를 파악할 수 있다.

"우리들은 서로 각자의 고유한 능력이 있으면서 마음과 마음의 우정을 지속적으로 가능하게 하는 넘치는 샘물을 공유하고 있다. 그것은 똑같음이 아니다. 왜냐하면 그 어떠한 것도 사람들에게 자신과 똑같은 존재에게는 그리 흥미를 느끼지 않기 때문이다. 이는 바로 서로의 우월성을 인정한 상호 호혜적인 관계(reciprocal superiority)다. 우리는 각각 상대방이 알고 있지 않은 것을 많이 알고 있다. 더불어 상대방이 소중하게 생각하고 있지만 할 수 없는 혹은 잘하지 못하는 많은 것을 서로를 위해 할 수 있다. 각자에게 상대방이 매우 소중할 수밖에 없는 다른 성격을 소유하고 있다. 우리는 상대방을 보완하는 역할을 한다. 그러다 보니 각자가 혼자 있을 때보다 같이 있을 때 더욱 강할 수밖에 없다."[39]

밀이 강조한 상대방의 우월성을 인정하는 상호 호혜적 관계는 단순한 협력 이상의 의미를 지닌다. 이는 서로의 차이를 배우고, 배려와 협력을 통해 새로운 지식을 함께 깨우치는 관계를 말한다. 이러한 관계는 개인들의 지적인 성장을 가능하게 한다. 서로 다른 경험과 생각들을 서로가 존경하고 사랑으로 – 당시의 상황에서는 가능하지 않았던 – 서로 관여함을 의미한다. 이러한 맥락에서 생각과 경험의 교환은 새로운 지식을 습득하고, 서로를 인정하면서 인간관계의 새로운 세계를 경험할 수 있다. 밀은 상호 호혜적인 관계를 통해 친구 사이에서 각자가 상대방으로부터 배울 수 있고 상대방을 존경해야 한다고 언급한다. 사람들은 자신과 동일한 존재에 대해 흥미를 느끼지 못하기 때문에 친구 사이의 다름이 매우 중요하다며, 상호 호혜 관계를 통해 상대방을 존경하는 즐거움을 만끽하게 된다.[40]

밀의 설명에서 저자는 다음의 의미를 강조하고자 한다. 밀은 추상적 수준에서의 평등함이 아니라 다른 사람이 하지 못하는 일을 주위에서 가능하게 해줌으로써 서로에게 도움을 줄 수 있는 관계를 주장하고 있다. 개인의 자유와 타인을 지배하고자 하는 권력은 영원히 대립할 수밖에 없다.[41] 따라서 정치 혹은 사회의 삶에서 개인을 제외하고 사람들의 선택권을 축소할 수 있는 권력은 제한되어야 한다. 사람들의 성격 형성 과정에는 부정적인 영향을 미치는 수많은 권력이 존재한다. 이러한 권력은 개인이 스스로 성격을 형성하고 결정을 내릴 수 있는 능력을 침해하며 작동하고 있다. 심리적 억압으로 인해 개인의 내면이 위축되면 자유는 형식적인 선언에 불과하다. 밀은 여성에게 법적으로 자유가 보장되어도 실제 사회 환경이 이를 뒷받침하지 못하는 현실을 비판한다. 그는 이를 극복하기 위하여 타인과의 관계에서 평등과 상호 존중의 균형을 강조한다.

밀은 《여성의 종속》에서 남성에 의해 여성들 스스로가 위축된 모습에 대해 논의하고 있다. 밀은 이러한 심리적인 위축의 상태를 벗어나 자신이 주체가 될 수 있는 삶을 "합리적인 자유의 삶"[42]이라고 하였다. 합리적인 자유는 개인에게 영향을 줄 수 있는 사회 세력들이 균형을 이루면서 개인의 개별성을 스스로 제고시키고, 주체적인 삶을 영위할 수 있는 자유를 말한다. 단순히 법률적 차원에서 남녀평등을 보장하는 것만으로는 여성의 주체적인 삶을 충분히 담보할 수 없다. 남성들의 여성에 대한 보이지 않는 인식론적 차원의 횡포가 불공정하다고 인식될 필요가 있다. 남성과 여성의 불평등한 관계는 여성의 도덕적인 권리를 앗아가기도 하고, 남성에게도 좋지 않은 영향을 미친다.

성문법 차원에서의 평등이 문제가 아니라 도덕적인 차원에서의 평등이 요구된다. 모든 사람이 주체적으로 자신의 삶을 계획하고 실천하는 것을 위해 타인에게 그 어떠한 압력도 행사하지 말아야 한다는 도덕성을 가질 필요가 있다. '도덕성이 전제된 합리적인 자유'는 모든 사람이 타인을 위한 객체가 아니라 스스로 주체가 되어야 함을 목적으로 한다. 밀의 자유에 대한 논의는 추상적으로 명문화된 자유에 대한 법의 존재 그 이상을 의미한다. 개인들이 처한 상황

요인들이 개인에게 어떠한 영향을 주고 있는가를 파악해야 한다. 개인들에게 영향을 줄 수 있는 다양한 권력 간의 역학 관계로 인해 개인들이 자신의 주체성을 발휘할 수 있게 하는 자유의 존재 여부가 결정되기 때문이다.

인식의 주체로서의 개인과 바람직한 인간관계

밀의 논의에서 중요한 개념인 개별성은 개인과 사회를 연결하는 접점의 역할을 한다. 사회 계약론자들은 사회가 개인들 간의 계약으로 형성되었다고 본다. 따라서 개인의 자유를 논할 때, 사회 질서와 개인의 이분법 구도에서 자유를 논의한다. 사람들은 관계망에서 살고 있다.[43] 원자론적인 개인이 아니라 관계에 근거한 개인relational being을 밀은 상정하고 있다. 사람들은 일반적으로 주변 사람들이 무엇을 어떻게 생각하고 있는지를 살핀다. 인간의 사회성으로 인해, 사람들은 주변 사람들의 의견에 무의식적으로 순응하는 경향이 있다. 게다가 사람은 타인을 지배하고자 하는 욕망이 있다. 이러한 욕망이 다수의 이름으로 타인의 주체성을 침해한다. 이를 방지하기 위해 밀은 의견을 표현하는 자유, 토론의 자유, 지적인 자유를 주장하면서 해악의 원리를 제시하였다.

개인의 개별성에 해를 끼칠 수 있는 행위를 규제함으로써 소수에 대한 다수의 횡포를 막고자 하였다. 이러한 맥락에서 밀은 개별성에 영향을 미칠 수 있는 '다양한 관계들의 균형점'이 보장될 수 있는 '소크라테스 대화법'을 높이 평가하였다. 소크라테스 대화법은 누가 어느 의견을 말했는지가 중요하지 않다. 상호 협조하에 자기 의견의 문제점을 발견하고 수정해 나가는 토론의 자유와 지적 자유, 나아가 생각의 자유를 통해 개별성을 제고할 수 있는 열린 커뮤니케이션이 필요하다. 이 부분에서 밀은 상호 우월성을 인정한 호혜 관계 reciprocal superiority를 강조한다.

우리들은 다른 사람들과의 관계 속에서 살면서 다양한 압력과 강요를 받을 수밖에 없다. 더불어 우리들은 조상, 가족, 동료 집단으로부터 해당 공동체에서 중요하다고 생각되는 가치와 신념을 배우면서 살아간다. 특히 현대인들은 많은 사람들과 연계성을 가지면서 자신과 관계를 맺고 있는 다양한 사람들의 생각과 가치관을 받아들이며 살아야 한다. 타인과의 관계를 무난하게 할 필요가 있다. 그러다 보면, 현재의 자기를 파괴하면서 지향해야 하는 개별성을 제고하는 기회를 잃어버릴 수 있다. 이 부분에서 밀의 관계에 관한 논의는 주목할 만하다. 서로를 지배해야 할 대상이 아닌 삶의 동반자라는 태도가 요구된다. 자신과 다른 의견이나 가치관에 대해서도 열린 마음이 필요하다. 열린 마음은 자신이 불완전하다고 함을 인정해야만 가능하다. 이를 위해 밀은 토론의 자유를 주장하고 있다. 따라서 개별성은 사적인 공간에서는 이루어질 수 없다. 타인들과의 활발한 교류의 공적인 공간이 전제되어야 한다.

사람들은 종종 자신들이 소속된 집단의 생각이나 가치관들을 무의식적으로 표출하는 경향이 있다. 중요한 점은 이러한 표현들이 비판적인 성찰의 과정을 통해 나타났다면, 그리 문제가 되지 않는다. 그러나 자신이 속한 집단의 생각이나 가치관이 옳다고 믿거나, 그 집단이 지배적인 권력을 가지고 있다고 해서 이를 타인에게 강요한다면 문제가 발생한다. 이러한 태도는 결국 생각이나 가치관이 도그마나 편견으로 전락하는 결과를 초래하기 쉽다. 따라서 권력을 행사하는 집단 구성원은 자신의 개별성을 위하여 자기 절제와 깊은 성찰을 해야 한다. 비록 자신이 속한 집단의 의견이 중요하지만, 왜 중요한지에 대한 깊은 성찰을 바탕으로 자신의 의견 표현에 대해 책임질 필요가 있다.

개인은 주변 사람들과 관계를 맺고 교류하면서 자신만의 세계를 형성해 간다. 모든 사람이 의견을 자유롭게 표현하고 토론할 수 있는 사회 분위기가 매우 중요하다. 우리는 그러한 사회 분위기 속에서 다른 사람들이 무엇을 주장하는지 그리고 그 논리가 어떠한지를 자신의 논리와 비교할 수 있다. 이를 통해 끊임없이 자신의 지적 능력을 향상할 수 있다. 밀은 개인의 개별성과 성격이 관계 속에서 형성되기 때문에 '도덕성' 역시 강조하고 있다. 이러한 밀의 논의에 해를 끼치는 요인이 바로 '다수의 횡포'이다. 즉, 다수가 소수에게 자신들의 의견을 강요하는 것이다. 다수의 소수에 대한 횡포도 우려할 사안이지만, 밀은 다수에 속한 사람들이 자신들 스스로 판단을 한 것인지에 대해 자신에게 질문할 필요가 있음을 강조한다. 자유를 논의할 때, 벌린Berlin의 소극적 혹은 적극적 의미의 자유 구분을 많이 참고한다. 그러나 밀은 자유를 인식론적인 측면에서 타인의 영향을 벗어나 '인식의 주체로서의 개인'이 되기 위한 사회 분위기와 사람들 간의 바람직한 관계의 모습을 강조하고 있음을 주지할 필요가 있다. 밀의 관심사는 인간의 자유였으며, 그는 특히 사회적 권력의 형태들, 예를 들면 명시적이거나 암묵적인 방식으로 특정한 사람들을 예속에 적응하도록 교육하는 권력을 경계했다. 만약 정신이 억압당하고, 감정이 왜곡되며, 영혼이 짓밟힌다면, 자유에 대한 논의는 싫증이 나는 노래, 결국 "짜증이 나는 그럴듯한 미사여구a piece of tiresome cant"[44]에 불과하다. 관계의 평등이 없는 곳에서 인식의 자유가 어떻게 가능하단 말인가?

사람들의 사회적 위상은 자기결정을 실현할 가능성과 기회를 확장하거나 제한하는 요인으로 작용한다. 추상적인 진공 상태에서의 자유는 아무 의미가 없다. 이는 정치와 시민의 삶 속에서 다양한 권력관계와 맞물려 위치 지어진 맥락에서 고려되어야 한다. 밀의 자유 이론은 다양한 사회적 권력 구조 속에서 개인의 사회적 위치가 자유를 가능하게 하거나 방해하는 방식의 복잡성과 다양성을 다루고 있다. 밀이 파악한 전제 형태의 지배 역학에 대한 논의를 재조명할 필요가 있다. 개인의 인식 자유를 가능하게 하는 사회 환경에 대한 지속적인 관심을 유지해야 한다. 이를 통해 인간의 도덕성에 근거한 자유 논의가 가능하다. 순종은 때로는 지배의 결과일 수 있지만, 다른 경우에는 단순히 습관이나 편안함의 문제일 수 있다. 밀은 능동적인 마음을 개별성의 중요한 부분이라고 주장한다.

밀은 자신의 시대를 고대 그리스 시대와 견주었을 때, 개인들이 지닌 정신적·도덕적 성숙과 개별성의 풍부함이라는 측면에서 과연 그에 필적할 수 있을지 의문을 제기한다. "우리의 정신적 빛이 그 강도를 잃지 않았는지" 또는 현대의 개인들이 "순식간에 왜소한 사람들의 무리가 되어버리는 것이 아닌지"[45]를 묻고 있다. 밀은 이 문장을 1832년 8월 〈Monthly Repository〉 저널에 익명으로 발표된 "고대와 현대가 천재성의 발전에 미치는 비교적 영향에 관한 몇 가지 고찰(Some Considerations respecting the Comparative Influence of Ancient and Modern Times on the Development of Genius)" 기사에 대한 응답으로 작성하였다. 해당 기사에서는 천재를 새로운 진리를 발견하는 소수의 탁월한 인물로 한정하여 묘사하고 있었으나, 밀은 이에 반대하며 천재의 범주를 보다 민주적인 의미로 확장하였다. 밀은 이러한 민주적 천재의 개념을 고대 아테네에서 찾았는데, 그가 상상한 아테네 시민들은 두려움 없이 자율적으로 창조적인 주체로서, 자신의 의지와 힘으로 역사를 능동적으로 변화시킨 존재들이었다.[46]

합리적 자유 개념은 개인주의적 자유 개념과는 다르다. 합리적 자유는 공동체적 자유의 개념을 담고 있으며, 자유가 공동체적인 틀 안에서만 가능하다는 것을 의미한다. 그 틀이 제도적, 윤리적, 사회적일 수 있다. 이 틀 밖에서 가능한 자유는 추상적인 자유에 불과하다. 합리적 자유는 평등한 관계의 공동체 내에서만 가능하다. 인식의 주체를 위한 지적인 독립은 사람들이 타인의 영향을 전혀 받지 않고 주체적으로 판단을 하는 상태를 의미한다. 일반적으로 자유란 타인의 강요나 제약 없이 개인이 자신의 의지에 따라 행위를 할 수 있는 상태를 의미한다. 과연 사람들은 인생을 살면서 다른 사람들의 영향을 전혀 받지 않고 살 수 있는지? 그렇다면 그러한 상태는 바로 로빈슨 크루소의 삶이 아닌지? 로빈슨 크루소는 일상생활에서 자신 능력의 한계를 경험한다. 즉 자연과의 투쟁에서 자신이 할 수 없는 것들을 깨닫게 된다. 이럴 때 로빈슨 크루소는 자유의 필요성을 주장할 수 있는지? 인간에게 자유는 타인들과의 관계가 시작되면서 인식된다. 사람들과의 관계 속에서 자신들의 욕구를 충분하게 만족할 수 없음을 깨닫게 되면서 개인의 자유가 어디까지 보장되어야 하는가에 대한 논의들이 시작되었다.

개인의 자유를 핵심 가치로 내세운 계몽주의 사상가들은 사회 질서와 개인의 관계 속에서 자유의 논리적 근거와 그 한계에 대해 다양한 관점을 제시하였다. 그러나 밀은 개인과 타인의 관계를 단순히 대립적으로 보지 않았다. 그는 협력과 경쟁이 조화를 이루는 평등한 관계를 전제로 삼았다. 이를 바탕으로 개인의 자유와 사회 진보가 어떻게 상호작용 하는지를 논의한다.

저자는 밀의 핵심 메시지를 다음과 같이 요약한다. 개인은 자유로운 의견 표현과 공개적 토론이 보장되는 사회에서 도덕적으로 성숙해질 수 있다. 이러한 성숙은 타인에 대한 공감을 바탕으로 이루어진다. 이를 통해 개인은 사회 진보를 가능하게 하는 "독립적인 발전의 중심possible independent centers of improvement"[47]이 되는 지적 권위를 갖추기 위해 노력해야 한다. 개인은 타인과 관계 맺으면서, 서로 격려하고 경쟁하면서 자율적으로 사고하고 지속적으로 성장할 수 있는 독립적 주체여야 한다. 이는 곧 인식의 자유가 보장될 때 비로소 실현될 수 있다.

9장

나가면서

나가면서

　오늘날 한국 사회는 보수와 진보 간의 이념 갈등이 점점 더 극단화되고 있다. 정치 분야뿐만 아니라 일상적 대화에서도 의견의 양극화가 뚜렷하게 나타나고 있다. 서로를 이해할 수 없는 타자로 규정하며 공동체 내 심각한 신뢰의 위기가 우려된다. 그러다 보니, 서로 간의 토론이 논쟁으로 번지는 경우가 종종 목격된다. 이에 민주주의 핵심인 자유로운 생각과 의견 표현의 근간이 위협을 받는다. 밀은 사람들이 진리에 가까워지기 위해서는 서로 다른 생각, 심지어 틀린 생각이라도 자유롭게 표현되고 논의될 수 있어야 한다고 보았다. 자신이 옳다고 믿는 사람조차 다른 사람의 반론을 통해 자신의 생각을 더 깊이 이해하고 검토해야 한다. 하지만 한국 사회에서는 의견 차이를 통해 배우기보다 상대방을 무조건 틀렸다고 판단하고 비난하는 경우가 많다. 이는 결국 서로를 이해할 수 없는 존재로 만들고, 사회 전체의 신뢰와 연대감을 해치는 결과로 이어진다.

　진보는 자신을 정의와 인권의 대변자로, 보수는 질서와 안보의 수호자로 인식하는 경향이 있다. 이러한 정체성은 집단 감정과 무의식적 신념에 깊이 뿌리

내리고 있다. 보수와 진보 모두 자극적인 정보에 자동으로 반응하며, 자신의 관점을 강화하는 사고의 순환 구조에 빠지고 있다. 이러한 사고 구조는 밀의 표현을 빌리면, 사회 통념을 맹목적으로 신뢰하는 데서 나타났다고 본다. 양 진영 모두 진리를 향한 열린 태도보다는 자신이 이미 알고 있다고 믿는 진실을 방어하는 데 모든 노력을 쏟는다. 이렇게 극명하게 대립하고 있는 이념 갈등을 극복하기 위해서는 무엇이 고려되어야 하는지를 지금까지 밀의 논의를 통해 살펴봤다. 한국 사회에 몇 가지 화두를 던지면서 이 책을 마무리하고자 한다.

첫째, 밀의 표현의 자유는 인식론 관점에서 이해해야 한다. 밀은 민주 사회의 핵심 조건으로 의견 표현의 자유, 개별성, 다양한 의견의 공존, 그리고 이를 통한 진리 탐구의 과정을 강조한다. 그는 자유를 단순한 정치적 권리로 보지 않고, 진리를 향한 인식론적 조건으로 이해한다. 특히 개인의 의견 표현 자유는 집단적 지적 성장의 토대이며, 잘못된 의견조차 비판과 토론을 통해 진리에 다가갈 수 있다고 보았다. 밀은 '살아 있는 진리' 개념을 중심으로, 진리가 개인의 내면적 자각과 사회적 논쟁 과정을 통해 점진적으로 형성된다고 주장한다. 따라서 타인의 견해를 경청하고 논박하는 열린 공론장은 진리 탐구의 장이자 민주주의의 본질적 기반이다. 이 과정에서 개별성은 단순한 자기표현이 아닌 성찰적 인격의 표현으로, 사회적 창의성과 진리 추구의 원천이 된다. 이를 위해 밀은 의견 표현의 자유를 화자뿐만 아니라 청자의 자유로 확장한다. 이는 다양한 의견을 들을 수 있는 권리, 즉 자신의 사고 체계를 넘어서 타인의 견해를 수용함으로써 인식의 자유를 실현하는 가능성을 열어준다. 이를 위해 밀은 의견이 개인의 소유가 아닌 공공성을 지닌 공공재로 보고 있음을 중요하게 생각해야 한다. 결국, 다양한 개별성이 충돌하고 협력하는 사회 분위기 조성이 민주주의의 질적 발전을 가능하게 하며, 이는 단지 관용을 넘어선 지적 성숙의 조건이다.

둘째, 밀은 개인의 지적 권위를 강조하고 있다. 이는 권위주의와 완전히 다르다. 진정한 지적 권위는 강제력에 의존하지 않는다. 그것은 이성적인 설득력과 타당성에서 비롯된다. 의견이 권위를 갖기 위해서는 다수의 동의만으로는 충분하지 않다. 그것은 충분한 논증과 비판을 견뎌냈기 때문이다. 이는 오늘날 한국 사회에 중요한 시사점을 제공한다. 진정한 지적 권위는 비판을 억압하는 권위주의적 태도와는 반대로, 오히려 비판을 장려하고 다양한 의견을 수용하는 태도에서 가능하다. 우리가 어떤 권위에 복종할 때, 그것이 감정적 수용인지, 이성적 비판을 거친 자발적 동의인지 구분해야 한다. 토론에 근거한 개인의 지적 권위가 권위주의로 변질되는 과정을 밀은 경계했다. 다수가 공유하는 관습이나 여론이 어떠한 비판 없이 개인에게 강요된다면, 개인의 지적 권위가 침해되면서 인식의 노예로 전락한다. 진정한 지적 권위는 고정되어 변하지 않는 것이 아니다. 그것은 타인의 비판을 수용하며 열린 태도를 유지하는 권위여야 한다.

셋째, 밀은 '자연스럽다'라는 표현이 도덕적 정당성을 자동으로 담보하지 않으며, 오히려 억압의 언어로 기능할 수 있음을 경고한다. 그는 개인의 많은 생각과 신념이 자율적으로 형성된 것이 아니다. 사회의 전통과 관습, 교육, 언론 등을 통해 무의식적으로 내면화된 것이라 지적한다. 특히 '자연스러움'이라는 개념은 종종 특정한 인간상이나 행동 양식을 정당화하며, 자유로운 개별성의 형성을 저해하는 규범적 틀로 작동한다. 밀은 이러한 통념들이 겉으로는 중립적이고 조화로운 질서를 암시하지만, 실제로는 사회 권력 구조 속에서 반복되며 개인의 자율성과 다양성을 억압한다고 본다. 이는 오늘날 디지털 알고리즘이 형성하고 강화하는 정보 환경 속에서도 여전히 중요한 문제로 남아 있다. 알고리즘은 사용자에게 익숙하고 유사한 정보만을 반복적으로 제공한다. 그로 인해 사용자는 비판적 성찰 없이 익숙한 사고방식을 기계적으로 반복하게 된다. 결과적으로 이러한 과정은 확증 편향을 더욱 심화시킬 수 있다.

밀은 '익숙한 사고'가 무비판적으로 반복되는 상태를 심각한 문제로 인식했다. 이는 자신의 신념과 판단을 점검하지 않은 채 자동으로 수용하는 상태를 말한다. 그는 이러한 상태를 자각하지 못한다면 진정한 인식의 자유가 실현될 수 없다고 보았다. 따라서 밀은 진정한 자유를 단지 외적 억압이 없는 상태라고 생각하지 않는다. 자유는 자율적인 사유 능력이 보장되는 내적 조건에 달려 있다. 이러한 인식의 자유는 비판적 성찰과 개별성을 존중하는 사회 분위기에서만 실현될 수 있다고 보았다.

넷째, 밀은 자유를 단지 외적 권리에 한정하지 않고 사유와 양심의 자유, 즉 '인식의 자율성'을 민주주의의 근본 조건으로 본다. 그는 사고의 반복성과 무비판적 수용을 경계하며, 개인의 인식 구조가 과거 경험과 감정에 반응하는 방식으로 형성된다는 점을 강조한다. 이러한 수동적 사고는 진리 탐구와 도덕적 성숙을 방해한다. 이를 극복하기 위해서는 교육과 비판적 토론을 통한 의식적인 훈련이 필요하다. 밀에 따르면 진정한 자유는 자신과 다른 의견을 경청하고 불편한 진실을 마주할 수 있는 내면의 용기에서 비롯된다. 그는 침묵 당한 의견 속에도 진리의 일면이 있을 수 있음을 인정할 때 비로소 개인의 지적 권위가 정당화된다고 보았다. 그러나 한국 사회는 심리적 안정감과 정체성의 명확성을 중요하게 여긴다. 그로 인해 이질적인 의견을 종종 위험하거나 잘못된 것으로 간주하는 경향이 강하다. 이는 밀의 자유 개념과 상반되며, 진리를 추구하는 데 필요한 개방적 태도가 부족함을 드러낸다.

밀은 다양한 의견 간의 충돌을 통해 진리에 접근하는 과정을 민주적 사유의 핵심으로 보았다. 이는 단순한 관용이 아니다. 상호 다름을 통해 사고를 확장해 나가는 '대화 문화'를 지향하는 것이다. 오늘날 한국 사회가 직면한 문제는 정치 분열을 넘어, 타인의 생각과 인식을 수용하지 못하는 '인식의 위기'이며, 이를 극복하기 위해서는 내면의 자유와 지적 권위의 회복이 절실하다고 할 수 있다.

다섯째, 밀은 진정한 변화와 자유가 외적 문제 해결보다는 '문제를 인식하는 방식'에 대한 성찰에서 비롯된다고 주장한다. 그는 인간이 문제를 객관적으로 인식한다고 믿지만, 실제로는 자신의 감정, 경험, 관습에 의해 형성된 인식 틀을 통해 세계를 바라본다고 지적한다. 따라서 중요한 것은 '무엇이 문제인가?'가 아니다. 오히려 '왜 그것을 문제로 인식했는가?'라는 질문이 더 본질적이다. 이러한 성찰적 태도는 밀의 철학에서 핵심적 위치를 차지한다. 밀의《자서전》은 이러한 사고 전환의 구체적인 사례를 보여준다. 그는 젊은 시절 벤담의 공리주의를 내면화했지만, 점차 그것이 정서적 공허함을 남긴다는 사실을 깨닫게 된다. 이에 그는 내면의 위기를 경험한다. 이 위기는 단순히 이념을 수정하는 데 그치지 않는다. 그것은 사고의 구조 자체를 깊이 성찰하고 변화시키는 중요한 계기가 된다. 밀은 쾌락의 질적인 차이를 강조하는 고차원적 쾌락 개념을 제시하고 있다. 진정한 행복은 단순히 쾌락의 양에 의존하지 않으며, 삶을 깊이 성찰하는 태도에서 비롯되는 만족이 핵심이다.

밀의 공리주의는 외적 규칙 준수를 넘어, 쾌락과 고통에 대한 개인의 '인식 구조를 성찰'하고 개선하는 데 초점을 둔다. 그는 문제 해결보다 문제 인식의 방식, 즉 사고와 감정의 기원을 되묻는 자세에서 삶의 방향성과 자유가 결정된다고 본다. 이는 자유로운 인간이란 끊임없이 자기 사고의 한계를 성찰하고 이를 통해 삶의 질을 고양하는 존재라는 인식의 자유와도 연결된다. 결국 밀은 인간이 단순히 기술적 수단으로 문제를 해결하는 존재이기보다 문제를 인식하는 자기 자신을 성찰할 수 있는 존재임을 강조한다. 이러한 성찰을 통해 개인은 외부 환경을 바꾸기 전에 자신의 인식 구조를 해체해야 한다. 그리고 이를 바탕으로 새로운 구조로 재구성할 수 있어야 한다. 밀은 바로 그 지점에서 진정한 자유와 변화의 가능성이 열린다고 보았다. 즉 밀은 우리에게 '자신의 생각을 성찰할 자유'를 요구한다.

여섯째, 밀은 표현의 자유를 단순히 개인의 권리로만 보지 않는다. 그는 그것이 사회적 관계 속에서 구체적으로 실현되는 것이라고 이해한다. 그는 자유를 외적 간섭의 부재로만 보지 않고 타자와의 상호작용을 통해 자율적 주체로 성장해 나가는 과정으로 간주한다. 이러한 관점은 자유를 고립된 개인의 소유물로 간주하지 않는다. 사회적 맥락과 관계 속에서 형성되고 실현되는 '관계적 자유relational freedom'로 확장하는 사유이다.

자유로운 개인은 타인에 무관심한 존재가 아니다. 타인의 고통과 기쁨에 감응할 수 있는 윤리적 주체이며, 이는 밀의 공리주의 윤리학과도 맞닿아 있다. 그는 공공선의 실현을 단순한 다수의 이익 극대화로 보지 않았다. 대신 공감과 공동체적 감수성에 기초한 결과로 이해하였다. 이처럼 자유는 이기적 권리의 주장이 아니다. 자율적 성찰을 통해 공동체적 유대를 형성하는 윤리적 실천으로 재정의된다. 밀의 표현의 자유 개념은 오늘날 한국 사회에 중요한 시사점을 제공한다. 한국에서는 표현의 자유가 주로 개인의 자기표현 권리로 축소되어 이해되는 경향이 강한데, 이는 고전적 자유주의 전통에 뿌리를 두고 있다.

그러나 밀은 표현의 자유를 단순한 자기실현을 넘어서, 진리 탐구와 공적 토론 속에서 책임 있게 행사되어야 할 행위로 보았다. 즉, 표현은 단순한 발화의 자유가 아니다. 반론과 응답을 포함하는 대화적 행위이며, 이는 민주주의의 지속 가능성을 위한 핵심 조건이다. 현실에서는 자기표현에 초점을 둔 표현의 자유가 타인의 이해나 대화, 비판을 요구하지 않는 추상적 권리로 전락할 위험이 크다. 특히 한국 사회의 정치적 양극화와 SNS 문화는 이러한 자기중심적 자유 이해를 심화시키고 있다. 이는 표현의 자유를 사회적 책임과 공적 대화에서 분리하며, 공공의 진리 탐구와 민주적 토론을 위축시키는 문제로 이어진다. 밀은 진리가 사회적 논의와 비판을 통해 점진적으로 형성된다고 보았는데, 혐오 표현과 허위 뉴스의 확산은 이러한 원칙의 왜곡된 결과라 할 수 있다.

일곱째, 밀은 진리를 단순한 개인의 주관적 인식으로 보지 않는다. 그는 합리적인 주체들 간의 공개적인 대화와 토론을 통해 형성되는 상호주관적 진리로 정의한다. 이러한 진리는 고정된 결과가 아니라 지속적으로 검증되고 갱신되는 과정이며, 소크라테스식 문답법이 보여주듯 비판과 반론을 통한 성찰의 과정을 전제한다. 밀의 진리는 혼자만의 생각이 아닌 상호작용을 통해 구성되는 공동의 인식이다.

그러나 이러한 상호주관적 진리는 현실에서 다음과 같은 이유로 실현되기 어렵다.

첫째, 사람들은 자신의 의견과 자아를 동일시하여 반대 의견을 개인에 대한 공격으로 받아들이는 경향이 있다. 한국 사회는 유교적 전통과 집단주의적 문화가 강하게 남아 있어 체면, 공적 이미지, 자기 보존이 강하게 작동한다. 이에 개인은 자기 의견이 반박당할 때 자존심이 훼손되었다고 느끼기 쉬우며, 반론을 곧 인신공격으로 오해하는 경우가 많다. 이러한 모습은 정치 토론, 지역 사회 갈등, 교육 현장에서도 빈번하게 나타난다. 이와 같은 심리적 기제는 공적 토론에서의 방어적 태도를 강화하며, 비판을 인격적 공격으로 오인하기도 한다. 이러한 문제를 해결하기 위해서는 개인이 의견과 자아를 동일시하는 경향을 철저히 성찰할 필요가 있다. 밀은 타인의 반론이나 비판은 단지 의견의 오류 가능성을 드러내는 것이며, 이를 통해 서로가 협조하여 진리에 더욱 가까이 갈 수 있는 기회를 제공한다고 보았다. 의견이 반박당했다는 사실은 개인의 존재 자체를 부정하는 것이 아니다. 오히려 자신의 주장과 논리의 정당성을 시험하고 보완할 수 있는 이성적 성장의 계기로 삼아야 한다.

밀은 인간의 의견이 오류 가능성을 항상 내포하고 있다는 점에서, 다른 의견의 존재는 필수적이며 유익한 것이라 강조한다. 만약 어떤 의견이 참일지라도 자유로운 논박의 과정을 거치지 않으면, 사람들은 그것을 이성적 신념이 아니라 단순한 선입견으로 받아들이게 된다. 이처럼 밀의 사유는, 반대 의견에 직면했을 때 개인이 느끼는 방어적 감정을 해소하고, 이를 비판적 성찰을 통해 인식의 가두리를 제고하는 기회로 받아들여야 한다. 따라서 의견이 반박당했을 때, 그것을 개인 자존심의 상처로 받아들이기보다 자신의 주장에 내재한 논리의 허점을 점검할 수 있는 인지 성숙의 기회로 받아들이는 태도가 필요하다.

개인의 덕목을 넘어, 이는 상호주관적인 진리 형성을 가능하게 하는 공적 대화의 윤리적 기반이다. 밀의 시각에서 비판은 개인을 겨냥한 적대적 행위가 아니다. 더 정교하고 성숙한 사고와 표현에 도달하도록 유도하는 하나의 사회 협업 과정이다. 따라서 반론을 제기하는 타인에게 감사할 줄 아는 태도는 자유로운 사회를 구성하는 데 핵심적인 민주 시민의 자질이자, 공적 담론 문화를 지탱하는 필수 요소라 할 수 있다.

둘째, 현실의 담론은 종종 권력관계에 의해 구조화되어 있어, 밀의 이상과 달리 자유로운 의견 교환이 제약받는다. 이와 같은 조건 속에서 소수 의견은 정당성을 갖추기 이전에 배제될 위험이 크다. 한국의 차별금지법 논의는 소수 의견이 권력관계와 문화적 저항 속에서 배제되는 현실을 보여주는 대표적 사례이다. 밀의 자유 논의 관점에서 보면, 진정한 자유와 진리는 다수와 소수 의견이 대등한 조건에서 교환되고, 상호 비판을 통해 발전할 때만 가능하다. 따라서 제도와 문화 차원의 다각적 노력이 병행되어야만 한국 사회에서도 상호주관적 진리 형성과 공존의 민주주의가 실현될 수 있다.

이를 위하여, 밀은 사회관계의 평등과 의견의 공공성을 강조하면서, 권력의 불균형이 개인의 자유를 제한할 수 있다는 점을 경고한다. 타자와의 상호작용 속에서 각자의 자유가 평등하게 존중받아야 함을 의미한다. 특정 집단이 다른 집단의 자유를 제한하거나 우월성을 주장하는 것은 자신뿐만 아니라 타인의 자유를 해치는 행위이다. 자유가 진정으로 실현되기 위해서는 평등한 관계 속에서만 가능하다. 밀의 자유는 '생각의 훈련'이며, 타자와의 만남을 통해 실현된다. 자유는 자기 성찰과 대화의 실천으로 재구성된다. 밀의 자유는 타자의 얼굴 앞에서 자신 생각을 되묻는 '윤리적 결단'이며, 이는 민주주의의 가장 깊은 뿌리이다. 누구나 윤리적 결단을 통해 지적 권위를 지닌 주체로 성장할 수 있다. 이를 가능하게 하기 위해서는 인식의 자유가 필수적이다. 나아가 그러한 자유가 존중되는 사회 분위기 조성이 필요하다. 결국 개인은 사회 발전의 핵심적인 기반이 되어야 한다.

참고문헌

국내 문헌

고영화 (2008). 論語에 나타난 듣기관의 교육적 고찰. 〈어문연구〉, 36권 3호, 371-391.

김도원 (2020). 명예훼손죄 비범죄화에 대한 논의와 〈자유론〉의 입장: 존 스튜어트 밀 〈자유론〉을 중심으로. 〈연세 공공거버넌스와 법〉, 11권 2호, 39-54.

김은미·최현철 (2021). 질적 공리주의에 있어서 '능숙한 판단자(competent judges)'의 자질. 〈동서철학연구〉, 102호, 239-258.

박혜경·이호규 (2020). 존 스튜어트 밀의 개별성 제고를 위한 대화 형식으로서의 토론의 자유. 〈한국언론학보〉, 64권 2호, 158-183.

윤성현 (2013). 미국 헌법상 표현의 자유의 지지 논변으로서 사상의 시장론. 〈공법연구〉, 42권 2호, 215-239.

이호규 (2002). 가상 공동체 개념 정립: 공간, 장소, 그리고 신뢰를 중심으로. 〈언론과 사회〉, 10권 3호, 88-116.

이호규 (2019). 존 스튜어트 밀의 시민상: 개별성과 토론의 자유의 관점에서. 〈사회과학연구〉, 26권 3호, 39-60.

이호규 (2021). 모든 의견은 들려야 한다: 존 스튜어트 밀의 공리주의와 표현의 자유에 관한 연구. 〈사회과학연구〉, 28권 1호, 7-29.

이호규 (2022). 존 스튜어트 밀의 자유 개념에 관한 논의: 개별성 개념을 중심으로. 〈커뮤니케이션 이론〉, 18권 2호, 52-84.

이호규 (2023). 인식의 주체로서의 개인: 존 스튜어트 밀과 소크라테스 대화법의 만남에서. 〈커뮤니케이션 이론〉, 19권 3호, 54-89.

조은숙 (2001). 조선 중기 사대부 일기 속에 나타난 여성의 지위 고찰: 김돈이(金敦伊)의 삶을 중심으로. 〈고전문학과 교육〉, 46호, 139-180.

한선 (2019). '말할 권리'를 넘어 '듣는 용기'로: '호혜적' 커뮤니케이션권 구축을 위한 탐색적 제언. 〈민주주의와 인권〉, 19권 1호, 89-121.

밀의 원문

Mill, J. S. (1825). "Law of Libel and Liberty of the Press," In The Collected Works of John Stuart Mill, Volume 21.

Mill, J. S. (1828). "The Church," In The Collected Works of John Stuart Mill, Volume 36.

Mill, J. S. (1828). "The Laches," In The Collected Works of John Stuart Mill, Volume 11.
Mill, J. S. (1831). "Spirit of the Age I, II, III," In The Collected Works of John Stuart Mill, Volume 22.
Mill, J. S. (1832). "On Genius," In The Collected Works of John Stuart Mill, Volume 1.
Mill, J. S. (1833). "Remarks on Bentham's Philosophy," In The Collected Works of John Stuart Mill, Volume 10.
Mill, J. S. (1834). "The Phædrus," In The Collected Works of John Stuart Mill, Volume 11.
Mill, J. S. (1834). "Gorgias," In The Collected Works of John Stuart Mill, Volume 11.
Mill, J. S. (1835). "Sedgwick's Discourse," In The Collected Works of John Stuart Mill, Volume 10.
Mill, J. S. (1836). "Civilization," In The Collected Works of John Stuart Mill, Volume 18.
Mill, J. S. (1838). "Bentham," In The Collected Works of John Stuart Mill, Volume 10.
Mill, J. S. (1840). "Coleridge," In The Collected Works of John Stuart Mill, Volume 10.
Mill, J. S. (1843). "Electoral Districts," In The Collected Works of John Stuart Mill, Volume 25.
Mill, J. S. (1843a). "System of Logic I," In The Collected Works of John Stuart Mill, Volume 7.
Mill, J. S. (1843b). "System of Logic II," In The Collected Works of John Stuart Mill, Volume 8.
Mill, J. S. (1845). "The Claims of Labour," In The Collected Works of John Stuart Mill, Volume 4.
Mill, J. S. (1848). "Principles of Political Economy Part II," In The Collected Works of John Stuart Mill, Volume 3.
Mill, J. S. (1853). "Grote's History of Greece II," In The Collected Works of John Stuart Mill, Volume 11.
Mill, J. S. (1853-1856). The Early Draft Of John Stuart Mill's Autobiography. (Ed. Stillinger, Jack).(1961). Urbana: University of Illinois Press.
Mill, J. S. (1861). "Considerations on Representative Government," In The Collected Works of John Stuart Mill, Volume 19.
Mill, J. S. (1865). "Auguste Comte and Positivism," In The Collected Works of John Stuart Mill, Volume 10.

Mill, J. S. (1865). "An Examination of Sir William Hamilton's Philosophy," In The Collected Works of John Stuart Mill, Volume 9.

Mill, J. S. (1865년 4월 29일). "Romilly's Public Responsibility and the Ballot," In The Collected Works of John Stuart Mill, Volume 25.

Mill, J. S. (1866). "Grote's Plato," In The Collected Works of John Stuart Mill, Volume 11.

Mill, J. S. (1867). "Inaugural Address at the University of St. Andrews," In The Collected Works of John Stuart Mill, Volume 21.

Mill, J. S. (1873). "Grote's Aristotle," In The Collected Works of John Stuart Mill, Volume 11.

Mill, J. S. (1874). "Nature," In The Collected Works of John Stuart Mill, Volume 10.

Mill, J. S. (1874). "Three Essays on Religion," In The Collected Works of John Stuart Mill, Volume 10.

Mill, J. S. (1879). "Chapters on Socialism," In The Collected Works of John Stuart Mill, Volume 10.

밀 저작물 번역서

Mill, J. S. (1859). *On liberty*. London: John W. Parker and Son. 정성화·손영호 (공역) (1993). 〈존 스튜어트 밀 자유론〉. 서울: 명지대학교 출판부.

Mill, J. S. (1859). *On liberty*. London: John W. Parker and Son. 서병훈 (역) (2013). 〈존 스튜어트 밀 자유론〉. 서울: 책세상.

Mill, J. S. (1861). *Utilitarianism*. London: Parker, Son, and Bourn. 이을상 (역) (2008). 〈공리주의〉. 서울: 지만지.

Mill, J. S. (1861). *Utilitarianism*. London: Parker, Son, and Bourn. 이종인 (역) (2020). 〈공리주의〉. 서울: 현대지성.

Mill, J. S. (1869). *The subjection of women*. London: Longmans, Green, Reader, and Dyer. 서병훈 (역) (2006). 〈존 스튜어트 밀 여성의 종속〉. 서울: 책세상.

Mill, J. S. (1873). *Autobiography*. London: Longmans, Green, Reader, and Dyer. 최명관 (역) (2016). 〈존 스튜어트 밀 자서전〉. 서울: 도서출판 창.

밀 관련 외국 문헌

Acton, J. (1907). *The history of freedom and other essays.* London: Macmillan.

Abrams, M. (1953). *The mirror and the lamp: Romantic theory and the critical tradition.* New York: Norton & Company Inc.

Arieli, Y. (1964), *Individualism and nationalism in American ideology.* Cambridge, MA: Harvard University Press.

Aristotle. (1932). *The rhetoric of Aristotle* (L. Cooper, Trans.). New York, NY: Appleton-Century-Crofts. (Original work published B.C. 350).

Arnold, M. (1865). *Essays in criticism.* London: Oxford University Press.

August, E. (1975). *John Stuart Mill: A mind at large.* New York: Scribner.

Baccarini, E., & Ivanković, V. (2015). Mill's Case for Plural Voting and the Need for Balanced Public Decisions. *Prolegomena, 14*(2), 137-156.

Barber, B. (1984). *Strong democracy: Participatory politics for a new age.* Berkeley: University of California Press.

Baum, B. (2000). *Rereading power and freedom in J. S. Mill.* Toronto, Canada: University of Toronto Press.

Bentham, J. (1995). *Panopticon writings.* (M. Bozovic. Ed.). London: Verso. (Original work published 1785).

Bentley, M. (2011). Shape and pattern in British historical writing, 1815-1945 in Macintyre, S., J. Maiguashca and A. Pók (Eds.), *The Oxford history of historical writing: 1800-1945, vol. 4* (pp. 204-224). Oxford: Oxford University Press.

Bercovitch, S. (1990). Emerson, Individualism, and the Ambiguities of Dissent. *The South Atlantic Quarterly, 89*(3), 623-662.

Berlin, I. (2002). *Liberty: Incorporating four essays on liberty* (2nd ed., H. Hardy, Ed.). Oxford: Oxford University Press.

Bickford, S. (1996). *The dissonance of democracy: Listening, conflict, and citizenship.* Ithaca, NY: Cornell University Press.

Bohm, D. (2004). *On dialogue.* Hove, UK: Psychology Press.

Cavell, S. (1988). *Conditions handsome and unhandsome: The constitution of emersonian perfectionism: The Caruslectures.* Chicago, IL: University of Chicago Press.

Clark, S. (1975). *Aristotle's man: Speculations upon Aristotle's anthropology.* Oxford: Clarendon Press.

Devigne, R. (2006). *Reforming liberalism: J. S. Mill's use of ancient, religious, liberal, and Romantic moralities*. New Haven: Yale University Press.

Donner, W. (1991). *The liberal self: John Stuart Mill's moral and political theory*. Ithaca, NY: Cornell University Press.

Emerson, T. (1970). *The system of freedom of expression*. New York: Random House.

Fraser, N. (2008). *Scales of justice: Reimagining political space in a globalizing world*. New York: Columbia University Press.

Fuller, T. (1971). *John Stuart Mill and the transformation of politics in representative government, Utilitarianism and On Liberty*, Unpublished PhD Dissertation. University of London.

Goux, J. (2001). Utility: Equivocation and Demoralisation, *Discourse, 23*(3), 3-23.

Greenwalt, K. (1989). *Speech, crime and the uses of language*. Oxford: Oxford University Press.

Halevy, E. (1901). *The growth of philosophic radicalism*. (M. Morris Trans.). London: Faber. (Original work published 1972).

Hobbes, T. (1909). *Hobbes's Leviathan: Reprinted from The edition of 1651 with an essay by the late W. G. Pogson Smith*. Oxford: Clarendon Press. (Original work published 1651).

Hogg, M. A. (2005), All Animals Are Equal but Some Animals Are More Equal than Others: Social Identity and Marginal Membership, in Kipling D. Williams, Joseph P. Forgas, and William von Hippel (Eds.), *The Social Outcast: Ostracism, Social Exclusion, Rejection, and Bullying* (pp. 243-261). New York: Psychology Press.

Humboldt, W. (1969). *The Limits of State Action*. (Ed. J. Burrow). Cambridge University Press. (Original work published 1851).

James. W. (1980). *William James' writings 1902-1910*. New York: Literary Classics of the United States.

Kinzer, B. (2007). *J. S. Mill revisited: Biographical and political explorations*. New York: Palgrave Macmillan.

Kowalewski, D. (1979). Politics and Emotion in the Thought of John Stuart Mill. *Journal of Psychohistory, 7*(4), 455-466.

Krishnamurti, J. (1969). *Freedom from the known.* Bombay: The Indcom Press.

Levi, A. (1956). The Idea of Socrates: The Philosophic Hero in the Nineteenth Century. *Journal of the History of Ideas, 17*(1), 89-108.

Levinas, E. (1969). *Totality and infinity.* (A. Lingis Trans.). Duquesne University Press.

Lipari, L. (2010). Listening, Thinking, Being. *Communication Theory, 20*, 348-362.

Lloyd, G. (1993). *The Man of reason.* Minneapolis: University of Minnesota Press.

MacKinnon, C. (1987). *Feminism unmodified: Discourses on life and law.* Harvard University Press.

Macleod, C. (2021). Mill on the Liberty of Thought and Discussion. In A. Stone & F. Schauer (Eds.), *The Oxford Handbook of Freedom of Speech* (pp. 3-19). Oxford, UK: Oxford University Press.

Maitra, I., & McGowan, M. K. (Eds.). (2012). *Speech and harm: Controversies over free speech.* Oxford: Oxford University Press.

Mandelbaum, M. (1971). *History, man, and reason: A study in nineteenth-century thought.* Baltimore: The John Hopkins Press.

Meiklejohn, A. (1950). Freedom to hear and to Judge. *Lawyers Guild Review, 10*(2), 26-30.

Mondal, A. (2018). On Liberty on Listening: John Stuart Mill and the Limits of Liberal Responsiveness, In T. Dreher, & A. Mondal (Eds.), *Ethical Responsiveness and the Politics of Difference* (pp. 41-56). Palgrave Macmillan.

Nordquest, D. (2016). Mill and the Gorgias. *Utilitas, 28*(1), 19-27.

O'Rourke, K. (2001). *John Stuart Mill and freedom of expression: The genesis of a theory.* Hove, UK: Psychology Press.

Owen, R. (1991). *A new view of society and other writings.* (G. Claeys Ed.). London: Penguin. (Original work published 1813).

Peters, J. (2005). *Courting the abyss: Free speech and liberal tradition.* Chicago, IL and London: University of Chicago Press.

Pörksen, U. (1995). *Plastic words: The tyranny of a modular language* (J. Mason & D. Cayley, Trans.), University Park, Pennsylvania: The Pennsylvania State University Press (Original work published 1988).

Pym, H. (1882). *Memories of old friends: Being extracts from the journals and letters of caroline fox, of Penjerrick, Cornwall, From 1835 to 1871*. London: Smith, Elder and Co.

Rachels, J. (1986). *The end of life: Euthanasia and morality*. Oxford: Oxford University.

Richards, D. (1986). *Toleration and the constitution*, New York, NY: Oxford University Press.

Roberts. J. (2004). John Stuart Mill, Free Speech and the Public Sphere: A Bakhtinian Critique, *The Sociological Review*, 52(1), 67-87.

Russell, B. (1944). *The value of free thought*. Kansas: Haldeman-Julius Publications.

Scanlon, T. (1979). Freedom of Expression and Categories of Expression, *University of Pittsburgh Law Review*, 40(3), 519-550.

Schauer, F. (1982). *Free speech: a philosophical enquiry*. Cambridge: Cambridge University Press.

Schauer, F. (2017). Free Speech, the Search for Truth, and the Problem of Collective Knowledge. *SMU Law Review*, 70(2), 231-251.

Schleiermacher, F. (1833). The worth of Socrates as a philosopher. In G. F. Wiggers (Ed.), *A life of Socrates* (pp. cxxxiii-cxlv).(1930). London, UK: Taylor and Walton.

Schwartz, P. (1972). *The new political economy of J. S. Mill*. London: Weidenfeld And Nicolson.

Schwartzberg, M. (2014). *Counting the many: The origins and limits of super majority rules*. New York, NY: Cambridge University Press.

Searle, J. (2010). *Making the social world: The structure of human civilization*. Oxford: Oxford University Press.

Sidgwick, H. (1886). *Outlines of the history of ethics*. Cambridge: Hackett Publishing Company.

Simmel, G. (1971). *On Individuality and Social Forms*. (D. Levine Ed.). Chicago, IL: University of Chicago Press.

Smith, F. (1980). The Logic of J. S. Mill on Freedom. *Political Studies*, 28(2), 238-252.

Swart, K. W. (1962). Individualism in the Mid-Nineteenth Century(1820-1860). *Journal of the History of Ideas*, 23, 77-90.

Taylor, C. (1975). *Hegel*. Cambridge: Cambridge University Press.

Taylor, C. (1989). *Sources of the self: the making of the modern identity.* Cambridge, MA: Harvard University Press.

Thompson, D. (1976). *John Stuart Mill and representative government.* Princeton: Princeton University Press.

Tocqueville, A. (2010). *Democracy in America.* (J. T. Schleifer Trans.). Liberty Fund. (Original work published 1840).

Urbinati, N. (2007). The Many Heads of the Hydra J. S. Mill on Despotism. In Nadia Urbinati & Alex Zakaras (Eds.), *J. S. Mill's Political Thought: A Bicentennial Reassessment* (pp. 66-97). Cambridge: Cambridge University Press.

Urbinati, N. (2013). John Stuart Mill, Romantics' Socrates and the public role of the intellectual. In K. N. Demetriou and A. Loizides (Eds.), *John Stuart Mill: A British Socrates* (pp. 49-74). New York, NY: Palgrave Macmillan.

Vernon, R. (1996). John Stuart Mill and Pornography: Beyond the Harm Principle. *Ethics, 106*(3), 621-632.

Villa, D. (2001). *Socratic citizenship.* Princeton, NJ: Princeton University Press.

Waldron, J. (2017). *One another's equals: The basis of human equality.* Cambridge, MA: Harvard University Press.

주

제1장 들어가면서

1 [수습기자 첫 취재, 광장] '촛불 vs 태극기' 갈라진 광장…"답답하고 안타까울 뿐"(헤럴드경제, 2017.03.07.)

제2장 다수 횡포의 민주주의 폐해와 밀의 개별성

1 Tocqueville, 1835/2010, p. 760.
2 이러한 순응 현상이 현재 한국에서도 관찰된다. 학업 성적이 뛰어난 경우에, 개인이 무엇을 하고 싶은지를 알아보지 않고, 많은 사람이 무슨 대학 무슨 학과에 가는 것을 마치 진리처럼 생각하는 경향이 있다. 나아가 자신이 특정 정치 집단에 속하고 있으면서, 왜 내가 그 집단을 지지하는지에 대한 자신의 논리도 없이, 이 집단을 좋아하고 집단에 속해 있음을 기분 좋게 생각한다면 밀이 우려한 무조건의 순응이다.
3 Acton, 1907, p. 20.
4 Tocqueville, 1835/2010. pp. 410 420.
토크빌은 다수의 횡포는 육체를 고문하지 않고 영혼에 직접 작용한다(p. 420)고 주장한다. 이러한 예는 한국에서 빈번하게 나타나고 있다. 좌빨, 빨갱이, 보수꼴통, 대깨문, 개딸, 토착 왜구 등의 특정 집단을 호명함으로써 자신과 구분한다.
5 Mill/서병훈, 1859/2013, 자유론, 24-25쪽.

6   Mill/서병훈, 1859/2013, 자유론, 39-40쪽.
    밀은 사람들이 자신의 의견이나 성향을 다른 사람에게 강요하려는 성향이 단순한 사회적 조건 때문만이 아니라 인간의 본성 그 자체에 뿌리내려 있다고 본다. 이 통제 욕구는 인간의 다양한 감정, 즉 도덕적 열정, 정의감, 공동체에 대한 책임감 등과 같은 긍정적인 감정과 질투나 증오, 권력욕과 같은 부정적인 감정 모두에 의해 정당화되고 강화된다. 예를 들면, 누군가는 "저건 옳지 않아, 모두가 바른길로 가야 해."라는 도덕적 확신으로 남을 통제하려 할 수 있고, 다른 누군가는 "쟤는 나랑 너무 달라서 불편해."라는 배척의 감정에서 그런 행동을 할 수 있다. 타인을 통제하고자 하는 성향은 인간이 선하거나 악해서 생기는 게 아니라, 다양한 인간 감정에 뿌리를 두고 있기 때문에 매우 강력하며 제어하기 어렵다는 점을 밀은 강조하고 있다.
7   Searle, 2010, p. 108.
8   Hogg, 2005, p. 251.
9   Mill/서병훈, 1859/2013, 자유론, 118-119쪽.
10 Mill/서병훈, 1859/2013, 자유론, 46쪽.
11 Mill/서병훈, 1859/2013, 자유론, 53쪽.
12 Mill/서병훈, 1859/2013, 자유론, 162쪽.
13 Mill/정성화·손영호, 1859/1993, 자유론, 33쪽.
14 Mill/서병훈, 1859/2013, 자유론, 27쪽.
15 Mill/서병훈, 1869/2006, 여성의 종속, 7쪽.
16 Mill/서병훈, 1859/2013, 자유론, 39쪽.
17 Mill/서병훈, 1859/2013, 자유론, 56쪽.
18 Mill/서병훈, 1859/2013, 자유론, 57-58쪽.
19 한국에서 지역 주민들을 특정 방식으로 호명하는 현상이 자주 목격된다. 예를 들면, 전라도 사람들을 화와이언, 빨갱이 등으로 호칭한다. 밀이 주장하였듯이, 이러한 호명들은 자신들과 구분하고 타인들을 사회의 이단자로 간주하면서 사회의 주류가 아님을 확인하고자 하는 작업이다. 그러나 여기서 우리들이 간과하고 있는 점은 이러한 호칭들이 자신의 인식의 자유를 스스로 침해하고 있다는 사실이다. 타인을 특정한 용어로, 지속적으로 호명하게 되면, 그 사람들을 하나의 고정된 범주로만 보게 되고, 그들의 다양한 정체성과 경험을 이해하려는 노력이 점차 약화한다. 결과적으로 자신들이 조성한 인식의 가두리 안에 살게 된다. '인식의 가두리'라는 개념은 제5장에서 자세하게 설명할 예정이다.

20 Mil/서병훈, 1859/2013, 자유론, 31쪽.
21 Mill/서병훈, 1859/2013, 자유론, 28쪽.
22 Mill/서병훈, 1859/2013, 자유론, 28-29쪽.
23 Mill/서병훈, 1859/2013, 자유론, 27쪽, 29쪽.
24 첫째, 감정이 신념을 강화하는 방식으로서, 감정은 우리가 어떤 생각이나 믿음을 더 확신하게 만드는 힘이 있다. 분노나 두려움과 같은 감정은 특정 집단에 대한 기존의 불신이나 선입견을 더욱 강하게 만들어, 다른 의견이나 관점을 수용하려는 태도를 제한할 수 있다. 이때는 편견이 굳어지는 방향으로 작용한다. 예를 들어, "나는 원래 저 사람들을 못 믿었어. 오늘 뉴스 보니까 더 확실해졌어."라고 감정이 신념을 강화한다. 둘째, 감정이 진리에 다가가게 하는 방식으로서, 감정은 때로 기존의 신념이 잘못되었음을 깨닫게 해주는 계기를 제공한다. 연민, 슬픔, 양심의 가책 같은 감정은 우리가 누군가를 오해하고 있었음을 깨닫게 하고, 더 깊이 생각하게 만들 수 있다. 우리가 더 진실되고 공정한 시각을 갖게 되는 방향으로 감정이 작용하는 경우이다. 예를 들어, "그 사람 이야기를 듣고 나니까 미안해졌어. 내가 너무 성급하게 판단했나 봐."라고 하면서 감정이 편견을 넘어서는 계기를 제공한다.
25 Mill/서병훈, 1859/2013, 자유론, 46쪽.
26 Mill/서병훈, 1859/2013, 자유론, 76쪽.
27 Mill/서병훈, 1859/2013, 자유론, 77쪽.
28 Mill/서병훈, 1859/2013, 자유론, 28쪽.
29 Mill/서병훈, 1859/2013, 자유론, 123쪽.
30 Mill/서병훈, 1859/2013, 자유론, 72쪽.
31 Mill/서병훈, 1859/2013, 자유론, 118쪽.
32 Mill/서병훈, 1859/2013, 자유론, 118쪽.
33 예를 들면, 학교나 직장과 같은 제도적 공간에서는 '이렇게 해야 한다'는 규칙이나 문화가 강하게 작용하는 경우가 많다. 이러한 규범은 구성원 간의 질서 유시와 효율성을 도모하는 데 도움이 될 수 있지만, 동시에 개인이 자율적으로 사고하거나 다른 가능성을 탐색할 여지를 제약하기도 한다. 마찬가지로, 사회 전반에 퍼져 있는 암묵적인 기대, 예를 들어, '이런 직업을 가져야 성공한 것이다.', '이런 방식으로 옷을 입어야 적절하다.', '이런 생각을 가져야 정상이다.' 등은 개인의 선택과 사고를 일정한 틀 안에 가두는 경향이 있다. 겉보기에

는 자유로운 선택처럼 보일 수 있으나, 실제로는 '다른 사람들도 그렇게 하니까', '주류의 기준이 그러하니까'라는 이유로 비판적 검토 없이 이를 수용하는 태도는 이른바 '보이지 않는 억압'의 한 예로 이해될 수 있다. 이와 같은 사회 분위기와 관습은 명시적인 강요 없이, 개인이 자발적으로 기존 질서에 순응하게 만든다는 점에서, 외적 강제가 아닌 내면화된 통제로 작용한다. 물론 이러한 규범은 조직이나 사회의 안정적 운영에 도움이 되지만, 그 이면에는 개인 고유의 시각과 판단력이 약화하는 위험도 내포되어 있다. 따라서 우리는 이러한 규범의 필요성을 인정함과 동시에, 그것이 개인의 자율성과 창의성을 억제하지는 않는지에 대해 비판적으로 성찰할 필요가 있다.

34 Mill, 1836, *Civilization*. vol. 18, p. 162.
35 Mill, 1836, *Civilization*. vol. 18, p. 165.
   밀은 상상의 공동체를 언급하지 않았다. 다만 그가 《문명》에서 언급한 내용을 보면 베네딕트 앤더슨(Benedict Anderson, 1983)의 상상의 공동체와 맥을 같이한다고 저자는 판단하였다.
36 Mill, 1836, *Civilization*. vol. 18, p. 173.
37 Mill/서병훈, 1859/2013, 자유론, 24쪽.
38 Mill/서병훈, 1859/2013, 자유론, 139쪽.
39 Mill/서병훈, 1869/2006, 여성의 종속, 31쪽.
40 Urbinati, 2007, pp. 66-97.
41 Mill, 1840, *Coleridge*, vol. 10, p. 204.
42 Mill/서병훈, 1869/2006, 여성의 종속, 88쪽.
43 Mill/서병훈, 1869/2006, 여성의 종속, 38쪽.
44 Mill/서병훈, 1859/2013, 자유론, 113쪽.
45 Mill/서병훈, 1859/2013, 자유론, 44쪽.
46 Mill/서병훈, 1859/2013, 자유론, 71쪽.

제3장 밀의 주관적 행복과 능숙한 판단자

1   Mandelbaum, 1971, p. 145.
2   Mill, 1843b, *A System of Logic II*, vol. 8, p. 167.
3   Mill/서병훈, 1859/2013, 자유론, 117쪽.
4   Mill/서병훈, 1859/2013, 자유론, 115쪽.
5   Owen, 1813/1991, pp. 84-85.
6   Owen, 1813/1991, p. 25.
7   Mill, 1843b, *A System of Logic II*, vol. 8, p. 152.
8   Hobbes, 1651/1909. p. 161.
9   Mill/최명관, 1873/2010, 자서전, 178쪽.
10 Mill/최명관, 1873/2010, 자서전, 178쪽.
11 Mill, 1838, *Bentham*, vol. 10.
12 Bentham, 1785/1995. p. 89.
13 Mill, 1838, *Bentham*, vol. 10, p. 176.
14 Mill, 1874, *Three Essays on Religion*, vol. 10, p. 408.
15 Mill, 1865, *August Comte and Positivism*, vol. 10, p. 331.
16 Mill, 1865, *An Examination of William Hamilton's Philosophy*, vol. 9, p. 198.
17 Mill, 1865, *August Comte and Positivism*, 1865, vol. 10, p. 311.
18 Mill, 1865, *August Comte and Positivism*, 1865, vol. 10, p. 137.
19 이호규, 2019, 51쪽.
20 이호규, 2019, 52쪽.
21 Mill/서병훈, 1859/2013, 자유론, 145쪽.
22 Mill/서병훈, 1859/2013, 자유론, 143쪽.
23 Taylor, 1989, pp. 374-380.
24 Mill/서병훈, 1859/2013, 자유론, 70쪽.
25 Mill, 1874, *Three Essays on Religion*, vol. 10, p. 406.
26 Mill/서병훈, 1859/2013, 자유론, 129쪽.
27 Humboldt, 1851/1969, p. 35
28 Humboldt, 1851/1969, p. 32.

29 Mill/서병훈, 1859/2013, 자유론, 121쪽.
30 Mill/이을상, 1861/2008, 공리주의 172쪽.
31 Mill/최명관, 1873/2010, 자서전, 152쪽.
32 Mill/최명관, 1873/2010, 자서전, 152쪽.
33 Mill/최명관, 1873/2010, 자서전, 143쪽.
34 Halevy, 1901/1972, pp. 465-466.
35 Schwartz, 1972, p. 55.
36 Mill/최명관, 1873/2010, 자서전, 152쪽.
37 Mill/이을상, 1861/2008, 공리주의, 27-28쪽.
38 Mill/최명관, 1873/2010, 자서전, 151쪽.
39 Mill/최명관, 1873/2010, 자서전, 152쪽.
40 1826년의 밀의 정신적 위기는 그가 기존 벤담의 공리주의에 한계를 느끼고, 삶의 의미와 인간 본성에 대해 깊이 고민하며 겪은 심리적·철학적 혼란이다. 이를 계기로 밀은 공리주의를 비판적으로 재검토하고, 개인의 자유와 행복의 질적 측면을 강조하는 이론을 모색하게 되었다.
41 Schwartz, 1972, p. 55.
42 Mill/이을상, 1861/2008, 공리주의, 37쪽.
43 Mill/이을상, 1861/2008, 공리주의, 45쪽.
    능숙한 판단자는 김은미와 최현철의 〈질적 공리주의에 있어서 '능숙한 판단자(competent judges)'의 자질〉이라는 논문을 참고하였음을 밝힌다. 김은미와 최현철은 논문의 각주 1에서 "국내에서 '능숙한 판단자'의 주된 번역은 '자격 있는 판단자'나 '유능한 판단자' 혹은 '정당한 판단자'이다. 이러한 번역은 일반적으로 판단자의 전문성이나 특별한 능력을 전제로 한다. 그리고 '숙달된 판단자'라는 번역어는 판단자의 경험이나 숙련된 능력을 전제로 하는 뉘앙스가 강하다. 그래서 저자들은 이 글에서는 원문의 'competent judges'를 '능숙한 판단자'로 번역할 것이며, 여기서 '능숙함'이란 "능력과 경험의 균형감을 갖추었음을 의미한다."라고 서술하고 있다.
44 Fuller, 1971, p. 153.
45 Mill/이을상, 1861/2008, 공리주의, 52쪽.
46 Berlin, 2002, p. 237.

47   Halevy, 1901/1972, pp. 17-18.
48   Mill/이을상, 1861/2008, 공리주의, 110쪽.
49   Goux, 2001, p. 4.
50   Mill/이을상, 1861/2008, 공리주의, 34쪽.
51   Mill/이을상, 1861/2008, 공리주의, 35쪽.
52   Mill/이을상, 1861/2008, 공리주의, 43쪽.
53   Mill/이을상, 1861/2008, 공리주의, 43쪽.
54   Mill/이종인, 1861/2020, 공리주의, 21쪽.
     이 부분은 이을상의 번역이 아니라 이종인의 번역을 참고하였음을 밝힌다. 이종인은 밀의 '의도하였던'을 통하여 인간의 의도성을 강조하고 있다.
55   Mill/이을상, 1861/2008, 공리주의, 42쪽.
     이을상은 이를 '품위감'으로 번역하였으나, 저자는 밀의 본래 의도를 보다 정확히 반영하는 표현으로 '존엄감'이 더 적절하다고 판단하여 본문에서는 '존엄감'이라는 용어를 사용하였음을 밝혀둔다.
56   Smith, 1980, p. 250.
57   Rachels, 1986.
58   Mill/이을상, 1861/2008, 공리주의, 54쪽.
59   Mill/이을상, 1861/2008, 공리주의, 56쪽.
60   Mill/이을상, 1861/2008, 공리주의, 85쪽.
61   Mill/서병훈, 1859/2013, 자유론, 34쪽.
62   밀이 Harriet Mill에게 1855년 1월 15일에 보낸 편지, vol. 14, p. 268.
63   Mill, 1838, Bentham, vol. 10, p. 18.
64   Mill, 1838, Bentham, vol. 10, p. 17.
65   Mill, 1838, Bentham, vol. 10, p. 21.
66   Mill/최명관, 1873/2010, 자서전, 151쪽.
67   Mill/최명관, 1873/2010, 자서전, 158쪽.
68   Kowalewski, 1979, pp. 455-466.
69   Mill/최명관, 1873/2010, 자서전, 151쪽.
70   Mill/서병훈, 1859/2013, 자유론, 72쪽.

71 Mill/서병훈, 1859/2013, 자유론, 38쪽.
72 Sidgwick, 1886, p. 159ff.
73 Mill/최명관, 1873/2010, 자서전, 70-71쪽.
74 Mill/최명관, 1873/2010, 자서전, 62쪽.
75 Mill, 1835, *Sedgwick's Discourse*, vol. 10, p. 6.
76 Mill/이을상, 1861/2008, 공리주의, 97쪽.
77 Mill/이을상, 1861/2008, 공리주의, 98쪽.
78 Mill/이을상, 1861/2008, 공리주의, 100쪽.
79 Mill/이을상, 1861/2008, 공리주의, 32-33쪽.

제4장 밀의 개별성과 토론: 개인성과 사회성의 만남

1 Mill, 1843b, *A System of Logic II*, vol. 8, p. 212.
2 Mill/서병훈, 1859/2013, 자유론, 146쪽.
3 Mill/서병훈, 1859/2013, 자유론, 21쪽.
4 Mill/서병훈, 1859/2013, 자유론, 115쪽.
5 Mill, 1879, *Chapters on Socialism*, vol. 10, p. 249.
6 Arieli 1964, p. 193.
7 Simmel, 1971, p. 224.
8 Mill/서병훈, 1859/2013, 자유론, 121쪽.
9 Taylor, 1975, p. 15.
10 Swart, 1962, p. 79.
11 Swart, 1962, p. 79.
12 Bercovitch, 1990, p. 634.
13 August, 1975, p. 10.
14 Mill/서병훈, 1859/2013, 자유론, 115쪽.
15 Mill/서병훈, 1859/2013, 자유론, 122쪽.
16 '삶의 실험(experiments in living)'은 《자유론》에서 중심적으로 제시되는 개념이다. 개인이 기존의 사회 규범이나 관습에 무조건 순응하지 않고, 다양한 방식으로 자신만의 삶을

살아보는 시도를 말한다. 이러한 실험을 통해 개인은 자기 자신을 발견하고, 삶의 다양한 가능성을 탐색한다.

17 Mill/이을상, 1861/2008, 공리주의, 55쪽.
18 Mill/서병훈, 1859/2013, 자유론, 145쪽.
19 Mill/서병훈, 1859/2013, 자유론, 32쪽.
20 Mill/서병훈, 1859/2013, 자유론, 122쪽.
21 Mill, 1833, *Remarks on Bentham's Philosophy*, vol. 10, p.113.
22 Mill/서병훈, 1859/2013, 자유론, 110-111쪽.
23 Mill/서병훈, 1859/2013, 자유론, 111쪽.
24 Mill/서병훈, 1859/2013, 자유론, 123-124쪽.
25 Mill/서병훈, 1859/2013, 자유론, 126쪽.
26 Mill/서병훈, 1859/2013, 자유론, 133쪽.
27 Mill/서병훈, 1859/2013, 자유론, 152쪽.
28 Cavell, 1988, p. xxxiv.
29 Mill, 1848, *Principles of Political Economy Part II*, vol. 3, p. 229.
30 Donner, 1991, pp. 107-112.

밀의 내면의 세계는 스스로 판단할 수 있는 지적 능력 이외에 밀이 정신적 위기를 극복한 후 인간에게 이성뿐만 아니라 감성도 매우 중요함을 인식하면서 남을 생각하는 공감과 같은 능력 등을 의미한다. 이는 밀이 지적하고 있는 인간의 사회성을 지지하는 개념이다. 밀은 인간은 독립된 존재이지만 타인들과 더불어 살면서 자신의 내면세계를 만들어 갈 필요성을 강조한다.

31 Urbinati, 2013, p. 67.
32 저자는 '현모양처'라는 용어가 지닌 문제점을 비판적으로 고찰하고자 한다. 한국 사회에서 '현모양처'는 오랜 시간 동안 여성의 이상적인 역할 모델로 정형화되어 왔으며, 여성들이 지향해야 할 전통적 가치로 간주되어 왔다. 그러나 현대 사회를 살아가는 여성이 단지 전통이라는 이유만으로 아무런 비판적 성찰 없이 이를 수용한다면, 이는 자신의 삶을 아내와 어머니라는 역할로 한정 짓는 결과를 초래할 수 있다. 나아가, 이러한 정체성이 과연 자율적으로 선택된 것인지, 혹은 단지 관습적으로 주어진 것을 수동적으로 수용한 것인지에 대한 물음은 여성의 자유 개념에 대해 재고할 필요성을 제기한다. 즉, '현모양처'로 살아가는

여성의 삶이 외형상 자유로운 선택처럼 보일 수 있으나, 그것이 자기 결정적인 성찰적 선택의 결과가 아니라면, 진정한 의미의 자유로 간주할 수 있는지는 비판적으로 검토되어야 한다.

33 Mill/서병훈, 1859/2013, 자유론, 113쪽.
34 이 부분에서 저자는 지두 크리슈나무르티(Jiddu Krishnamurti)의 《아는 것으로부터의 자유(Freedom from the Known)》의 주장과 맥을 같이한다고 본다. 그는 자신의 책에서 우리들이 확신하고 있는 지식이나 개념의 대부분은 외부의 권위에 의존하고 있다고 서술한다. 따라서 우리들이 우리들의 인생을 주체적으로 살기 위해서는 외부의 권위에서 과감하게 벗어날 필요가 있다고 주장한다. 예를 들면, 가족이라는 울타리 안에서만 성장한 청년을 생각해 보자. 그는 자신이 자라온 환경에서 접한 의견이나 사고방식 외에 다른 것이 있다는 것을 결코 꿈꾸지 못한다. 혹시 다른 것이 있다는 이야기를 들었더라도, 그것을 도덕적 결함이나 본성 또는 교육의 열등함 탓으로 돌릴 것이다. 그의 가족이 보수적이라면, 그는 진보주의자가 되는 가능성을 상상하지 못한다. 반대로 진보주의자라면 보수주의자가 되는 가능성을 상상하지 못할 것이다. 한 가정의 개념과 습관이 외부와 교류가 없는 소년에게 그러하듯, 자신의 나라 외에는 어떤 것도 모르는 사람에게 자기 나라의 개념과 습관은 인간 본성 그 자체처럼 여겨진다. 그에게서 벗어난 모든 것은 정신적으로 이해할 수 없는 이상한 현상이며, 다른 방식이 옳거나 자신의 방식만큼 옳다고 여길 수 있는 생각은 상상조차 할 수 없다. 이는 각 나라가 여전히 다른 나라들로부터 배워야 할 많은 것들을 눈앞에서 보지 못하게 할 뿐만 아니라, 그 나라가 스스로 도달할 수 있는 개선에도 장애물이 된다.
35 Mill/최명관, 1873/2010, 자서전, 171쪽.
36 Mill/최명관, 1873/2010, 자서전, 169-170쪽.
37 Mill, 1840, *Coleridge*, vol. 10, pp. 179-180.
38 밀이 Gustave D'Eichthal에게 1829년 10월 8일에 보낸 편지, vol. 12, p. 45.

저자는 다음의 예로 부연 설명하고자 한다. 요즘 한국에서는 '가짜 뉴스'라는 말이 일상적인 용어가 되고 있다. 가짜 뉴스가 있다면, 진짜 뉴스는 무엇인지에 대해 저자는 질문을 던지고 싶다. 예를 들어, 만약 초등학교 5학년 학생 100명이 있다고 하자. 이 중에 40명이 담배를 핀다고 하는 통계 결과가 나왔다고 하자. 이 조사가 신뢰있는 조사 기관에서 실시되었다면, 사실이다. 여기서 인간 인식의 차이가 나타난다. 어떤 사람들은 사회가 망했다고 할 수 있고, 어떤 사람들은 우려할 수준은 아니라고 할 수 있다. 상반된 입장은 동일한 현상을 목격하면서 각자의 해석이 다르다는 것을 보여주고 있다. 이것이 인간 인식의 실체이다. 과연 가짜 뉴스라고 규정된 기사가 사실에 근거하였다면, "왜 가짜 뉴스인가?"에 대해 생각할 필요가 있다.

39 Mill, 1828, *The Church*, vol. 26, p. 425.
40 밀이 Gustave D'Eichthal에게 1829년 11월 7일에 보낸 편지, vol. 12, p. 50.
41 Mill/서병훈, 1859/2013. 자유론, 75-76쪽.
42 Mill/서병훈, 1859/2013, 자유론, 50쪽.
43 Mill/서병훈, 1859/2013, 자유론, 73-74쪽.
44 Mill/서병훈, 1859/2013, 자유론, 113쪽.
45 Mill/서병훈, 1859/2013, 자유론, 81쪽.
46 Mill/서병훈, 1859/2013, 자유론, 54쪽.
47 《논어》에 '삼인행 필유아사언(三人行必有我師焉)'이라는 구절이 있다. 세 사람 중에 반드시 나의 스승이 있음을 의미한다. 사람은 누구나 장단점이 있다. 따라서 장점은 배우고, 단점은 자신을 성찰하는 기회로 삼을 수 있다.
48 Mill/서병훈, 1859/2013, 자유론, 102쪽.
49 Mill/서병훈, 1859/2013, 자유론, 27쪽.
50 밀은 플라톤을 힘들게 만든 것은 소피스트들이 아니라 당시의 일반적인 사람들이 사실이라고 믿었던 상식이라고 주장하였다(Mill의 1866, *Grote's Plato*, vol. 11에서).
51 Mill, 1843b, *A System of Logic II*, vol. 8, p. 77.
52 Mill, 1843b. *A System of Logic II*, vol. 8, pp. 76-78.
53 Mill, 1843a, *A System of Logic I*, vol 7, p. 461.
54 대개 구라파 사람들은 가죽이 희고, 털이 명주실같이 곱고, 얼굴이 분명하게 생겼으며, 코가 바르고, 눈이 크고 확실하게 박혔으며, 동양인은 가죽이 누르고, 털이 검고 뻣뻣하며, 눈이 기울어지게 박혔으며, 이가 밖으로 두드러지게 났으며, 흑인들은 가죽이 검으며, 털이 양의 털같이 곱슬곱슬하며, 턱이 튀어나왔으며, 코가 넓적한 고로, 동양인보다도 미련하고 흰 인종보다는 매우 천한지라…(〈독립신문〉의 1897년 6월 24일 자 사설의 일부). 이러한 시각은 서양인 자신들이 정복한 민족들을 지배하기 위한 정당성 주장으로 사회진화론을 무조건 수용한 결과라고 저자는 판단한다. 현재에도 이러한 시각이 지배적으로 작동하고 있음은 주지의 사실이다.

제5장 밀이 해석한 소크라테스 대화법과 인식의 주체

1   이 책에서는 대화법이라 언급하고자 한다.
2   Mill/서병훈, 1859/2013, 자유론, 89쪽; Mill/최명관, 1873/2010, 자서전, 33쪽.
3   Mill, 1866, *Grote's Plato*, vol. 11, p. 361.
4   Mill, 1866, *Grote's Plato*, vol. 11, p. 364.
5   Mill, 1866, *Grote's Plato*, vol. 11, p. 370.
6   Mill/서병훈, 1859/2013, 자유론, 25-26쪽.
7   밀에 대한 대부분의 논의가 밀이 표현의 자유를 최대한 보장함을 주장하였다고 하는데, 밀은 표현을 항상 의견과 관련지어 언급하였다. 이 부분에서 표현의 자유와 의견 표현의 자유의 차이를 생각할 필요가 있다. 이와 관련하여 제7장에서 자세하게 논의할 것임을 밝힌다.
8   Mill/서병훈, 1859/2013, 자유론, 102-103쪽.
9   이 토론 사회에서는 최종적으로 누가 승자가 될 것인지가 매우 중요하였다. 왜냐하면 토론을 끝내기 위하여 투표로 결정하였기 때문이다. 이에 승리를 위해 다양한 방법을 동원하여 자신의 논리를 '백병전(lutte corps-àcorps)'(Mill/최명관, 1873/2010, 자서전, 134쪽)과 같이 타인을 어떻게 설득할 것인가 만을 생각할 수밖에 없었다. 여기서 백병전은 다양한 의견 표현을 통해 합리적인 합의를 구함이 목적이 아니다. 자신의 의견이 진리이기 때문에 맹목적인 신념에 근거한 다툼을 의미한다. 밀은 단순한 의견 표현이 이데올로기로 전환됨을 우려하였다. 자신 힘의 우월성을 근거로, 자신 의견에 자연의 법칙이라고 하는 옷을 입혀서, 누구든지 마땅히 받아들여야 한다고 하는 그릇된 신념이 형성된다. 밀은 누구의 의견이 우세하고 열등한지를 판가름하는 런던 토론 사회의 폐해를 목격하면서 런던 토론 사회를 탈퇴하고 그로테 하우스(Grote's House)에 가입하였다. 그로테 하우스에서는 소크라테스의 대화법과 같이 승자를 결정함이 아니라 타인 의견과 자신 의견의 논리적 근거를 비교함으로써 자신 논리의 결함을 찾아서 극복하고자 함을 목적으로 하였다(Mill, 1866, *Grote's Plato*, vol. 11). 밀이 강조하고 있는 토론은 의견의 우월함을 결정함이 아니라 자신 논리의 결함을 찾고자 함이다.
10 밀이 Thomas Carlyle에게 1833년 10월 5일에 보낸 편지, vol. 12, p. 152.
11 Schleiermacher, 1833/1930, pp. cxxxiii-cxlv.
12 Schleiermacher, 1833/1930, pp. cxlviii-cxlix.

13 소크라테스 대화법의 부정적·긍정적인 면은 밀의 용어를 그대로 인용하였음을 밝힌다. 밀은 《자유론》에서 소크라테스가 상대방 의견의 모순을 드러내고자 하는 부정적인 변증법을 사용하였다(Mill/서병훈, 1859/2013, 자유론, 89쪽). 한편, 슐라이어마허에 관한 논의 중 밀은 칼라일에게 보낸 편지에서 소크라테스 대화법의 긍정적인 측면을 주목하였다. 그는 소크라테스의 대화법이 단순히 상대의 견해를 논박하거나 반박하는 데 그치지 않고, 오히려 대화를 통해 새로운 통찰과 창조적인 사유의 가능성을 확장한다는 점을 강조하였다. 이러한 접근은 대화를 일종의 생산적 사유 과정으로 바라보는 관점을 반영하며, 비판적 질문과 자기 성찰을 통해 보다 심층적이고 발전적인 이해에 도달할 수 있음을 시사한다. 밀의 이러한 관점은 슐라이어마허의 해석학적 전통과 연결되어, 소크라테스식 대화법이 인간을 이해하고 지식을 형성하는 과정에서 핵심적인 방법론으로 작동함을 드러낸다(밀이 Thomas Carlyle에게 1833년 10월 5일에 보낸 편지, vol. 12, pp. 152-153).

14 Mill, 1828, *The Laches*, vol. 11, pp. 221-223.

15 Mill, 1866, *Grote's Plato*, vol. 11, p. 365.

16 Levi, 1956, p. 103.

17 Bohm. 2004, pp. 52-53.

18 '인식의 가두리'는 사람들의 인식이 갖는 한계를 가두리 양식장의 물고기에 비유하여 강조하고자 저자가 제시한 은유이다. 물고기들은 자신이 갇혀 있는 가두리 양식장이 전부인 양 인식하며, 그 안에서 자유롭게 유영하는 듯 보인다. 이와 유사하게, 사람들도 자신의 인식 세계가 한정되지 않고 전체라고 간주함으로써, 자신의 판단이 절대적으로 옳다고 주장하는 경향이 있다. 여기서 속인(俗人)과 선인(仙人)을 구별할 필요가 있다. 속인의 시야는 계곡에 머물고, 선인의 시야는 산정에 머문다. 위치의 고저는 곧 인식의 깊이와 넓이로 이어지며, 이에 우리가 진실을 인식할 수 있는 한계는 본질적으로 제약될 수밖에 없다. 그러므로 자기 인식의 한계를 인지하고, 우리가 과연 무엇을 얼마나 알 수 있는지를 지속적으로 성찰하는 자세가 요구된다. 새뮤얼 테일러 콜리지(Samuel Taylor Coleridge)는 다음과 같이 언급하였다: "우리는 다른 사람들의 개념을 배제하기 위해 우리가 그은 선에 의해 우리의 개념을 스스로 가두었다(We have imprisoned our own conceptions by the lines which we have drawn in order to exclude the conceptions of others.)"(Coleridge, (1817/2014). Biographia Literaria, Edited by Adam Roberts, Edinburgh University Press. p. 177).

19 Mill/서병훈, 1859/2013, 자유론, 28쪽.

20 Mill, 1834, *The Phædrus*, vol. 11, p. 134.

21 Mill, 1834, *The Phædrus*, vol. 11, p. 134.

22 Mill, 1843b, *A System of Logic II*, vol. 8, p. 76.

23 Mill, 1874, *Nature*, vol. 10, p. 387.

24 Mill, 1874, *Nature*, vol. 10, p. 387.

25 Mill, 1874, *Nature*, vol. 10, p. 390.

26 Mill/서병훈, 1869/2006, 여성의 종속.

27 Mill, 1843b, *A System of Logic II*, vol. 8, p. 26.

28 Mill, 1843a, *A System of Logic I*, vol. 7, pp. 90-99.

29 Mill, 1874, *Nature*, vol. 10, p. 387.

30 Mill, 1874, *Nature*, vol. 10, p. 390.

31 Mill, 1843b, *A System of Logic II*, p. 228.

32 Mill, 1874, *Nature*, vol. 10, p. 387.

33 Mill, 1874, *Nature*, vol. 10, p. 388.

34 Mill, 1874, *Nature*, vol. 10, p. 388.

35 Mill, 1874, *Nature*, vol. 10, p. 389.

36 Mill, 1874, *Nature*, vol. 10, p. 401.

37 Mill, 1874, *Nature*, vol. 10, p. 390.

38 Mill, 1874, *Nature*, vol. 10, p. 405.

39 Mill, 1874, *Nature*, vol. 10, p. 407.

40 Mill, 1874, *Nature*, vol. 10, p. 410.

41 Mill, 1874, *Nature*, vol. 10, p. 394.

42 자연스럽다는 것에 의문을 제기할 필요가 있다는 밀의 주장은 한국의 예에서도 찾아볼 수 있다. 삼종지도(三從之道), 부창부수(夫唱婦隨), 남존여비(男尊女卑), 칠거지악(七去之惡) 등이 여성의 지위를 상징한다. 우리가 여성의 지위를 고려할 때, 기정의 사실이라고 객관적으로 받아들이고 있는 이런 개념들의 '객관성'을 재고해야 한다. 이러한 여성의 지위를 나타내는 표현들이 한국의 결혼제도가 남귀여가혼(男歸女家婚)에서 친영제(親迎制)로 바뀌면서 나타났음을 보면 과연 여성은 '이래야 한다'라고 하는 주장이 자연적인가? 혹은 우

연에 의해 나타났는가?(조은숙, 2001).

43 Mill, 1843b, *A System of Logic II*, pp. 177-178.

이 부분의 논의는 우베 포어크센(Uwe Pörksen)의 논의와 맥을 같이한다. 우베 포어크센은 일상생활에서 단어들이 시간이 지나면서 다양한 의미를 갖게 되고 나아가 다른 단어와 결합하면서 의미의 모호함이 나타난다고 하면서 이러한 단어들을 플라스틱 단어(plastic words)라 명명하였다. 예를 들면, 발전적인 생각을 타인에게 강요만 한다고 하자. 과연 발전적인 생각이 무엇인지에 관한 명료한 의미를 대화 참가자들이 공유하고 있는지가 의심스럽다. 그런데 상대방에게 발전적인 생각을 하지 못한다고 말하게 되면, 듣는 사람은 무척 당황하고 자신이 능력 없는 사람이라고 여길 수 있다. 이러한 면들이 바로 플라스틱 단어의 횡포이다(Pörksen, 1995).

44 예를 들어, 일부는 평화를 단순히 군사적 충돌이 없는 상태로 이해하는 반면, 다른 이들은 정치적 통일이나 경제적 협력까지 포함하는 포괄적인 개념으로 인식한다. 또한, 한쪽에서는 상대방 체제의 인정과 주권 문제를 평화의 필수 조건으로 보지만, 다른 쪽에서는 이를 위협으로 간주하기도 한다. 이처럼 평화에 대한 다양한 해석 차이는 한반도 내 남북 관계뿐 아니라 국제사회 내에서의 외교적 긴장과 신뢰 문제를 초래하며, 내부적으로도 정치적 견해 차이로 인한 분열과 갈등을 심화시키는 결과를 초래한다. 결국, 평화라는 용어가 구체적으로 합의된 정의가 없이 사용될 때, 서로 다른 기대와 이해가 충돌하여 실질적인 평화 구축 과정에 장애가 될 수 있다.

45 Mill, 1843b, *A System of Logic II*, p. 33.
46 Mill, 1843b, *A System of Logic II*, pp. 33-34.
47 Mill/서병훈, 1859/2013, 자유론, 89쪽.
48 Mill, 1866, *Grote's Plato*, vol. 11, p. 364.
49 Mill, 1865, *An Examination of Sir William Hamilton's Philosophy*, vol. 9, p. 126.
50 Mill, 1840, *Coleridge*, p. 199.
51 Mill, 1843a, *A System of Logic I*, vol. 7, p. 485.
52 Mill, 1843a, *A System of Logic I*, vol. 7, p. 24.
53 Macleod, 2021, p. 3.
54 Mill/서병훈, 1859/2013, 자유론, 48-49쪽.
55 Mill/서병훈, 1859/2013, 자유론, 50쪽.

56 밀이 Theodorg Gomperz에게 1854년 8월 19일에 보낸 편지, vol. 14, p. 224.
57 Mill/서병훈, 1859/2013, 자유론, 45쪽.
58 Mill/서병훈, 1859/2013, 자유론, 52쪽.
59 Aristotle, B.C. 350/1932, p. 11.
60 Mill/서병훈, 1859/2013, 자유론, 75쪽.
61 Mill/서병훈, 1859/2013, 자유론, 49쪽.
62 Mill/서병훈, 1859/2013, 자유론, 50-51쪽.
63 Mill/서병훈, 1859/2013, 자유론, 74쪽.
64 Mill, 1873, *Grote's Aristotle*, vol. 11. p. 428.
65 Mill/서병훈, 1859/2013, 자유론, 59쪽; Mill/정성화·손영호, 1859/1993, 60쪽.
    서병훈의 번역은 가해자들이 아니라 예수와 소크라테스를, 반면 정성화·손영호는 예수와 소크라테스를 박해한 사람들로 지칭하고 있다. 원문을 살펴보면, 정성화·손영호의 번역이 타당하다고 판단한다.
66 Mill/서병훈, 1859/2013, 자유론, 72쪽.
67 밀이 Alexander Bain에게 1859년 8월 6일에 보낸 편지, vol. 14, p. 16.
    이 편지는 《자유론》이 출간된 이후에 베인에게 보낸 편지이다. 밀은 1859년 《자유론》이 출판된 직후에 알렉산더 베인(Alexander Bain)에게 보낸 편지에서 베인의 엘리트 위주의 태도를 반대하면서, 모든 사람이 진리를 추구할 수 있다고 강조하였다.
68 Baccarini and Ivankovic, 2015, p. 140.
69 Mill, 1861, *Considerations on Representative Government*, vol. 19, p. 93.

제6장 밀의 진리에 대한 태도 변화와 개인의 지적 권위

1 Schauer, 1982, p. 24.
2 김도원, 2020.
3 Berlin, 2002, p. 235.
4 윤성현, 2013.
5 Shauer, 2017, p. 237.

6 밀은 truth를 언급할 때, 'livelier impression of truth', 'assuming its truth', 'a better truth', 'search for truth', 'the reception of new truths', 'a living truth', 'the truth which they nominally recognise', 'the intelligent and living apprehension of a truth', 'the new fragment of truth', 'the portion of truth', 'truth in the great practical concerns of life', 'more than half-truths', 'the whole truth', 'a part of the truth', 'parts of the truth', 'any fraction of the truth' 등과 같이 사용하고 있다. 밀이 《자유론》에서 진리와 더불어 사용한 단어들을 살펴보면 그는 확실히 절대적인 진리, 즉 객관적인 진리가 아니라 자신이 진리라고 생각하는 의견에 대한 신념을 의미하고 있음을 알 수 있다.

7 James, 1980, p. 588.
8 James, 1980, p. 581.
9 Mill, 1836, *Civilization*, vol. 18, p. 45.
10 Bentley, 2011, p. 205.
11 Mill, 1831, *The Spirit of the Age III*, vol. 22, p. 338.
12 Mill, 1831, *The Spirit of the Age I*, vol. 22, p. 317.
13 Mill/최명관, 1873/2010, 자서전, 172쪽.
14 생시몽의 비판적인 시기와 밀의 '변화의 시기'의 시대에 관한 정의는 동일하고, 단지 용어만 대체하였음을 밝힌다.
15 Mill, 1831, *The Spirit of the Age I*, vol. 22, p. 315.
16 Mill, 1831, *The Spirit of the Age III*, vol. 22, p. 339.
17 Mill/최명관, 1873/2010, 자서전, 172-173쪽.
18 밀이 Gustave D'Eichthal에게 1830년 2월 9일 보낸 편지, vol. 12, pp. 52-53.
19 Mill, 1840, *Coleridge*, vol. 10, p. 18.
20 Mill, 1859/2013, 자유론, 94쪽.
21 Mill, 1831, *The Spirit of the Age III*, vol. 22, p. 324.

오늘날 한국 사회 또한 밀의 시대와 유사하게 기존의 사회적·도덕적 준거 틀이 더 이상 유효하지 않으면서, 전환기를 맞이하고 있다. 산업화와 민주화 이후 급속한 경제 성장과 정치적 변화, 디지털 기술의 확산은 전통적 권위와 질서, 공동체 기반의 가치관에 도전을 가하고 있다. 특히 세대 간 인식 차이, 젠더 갈등, 이념적 분열, 지역·계층 간 격차 등은 한국 사회의 기존 통합 메커니즘이 더 이상 충분히 작동하지 않음을 보여준다. 이러한 맥락에서, 존 스튜어트 밀이 19세기 영국에서 제기했던 문제의식, 즉 전통적 권위의 해체 이후 어떤 새로운 준거 틀이 필요한가에 대한 고민은 오늘날 한국 사회에도 유효하게 적용될 수 있다. 밀은 기존의 절대적 가치가 붕괴하는 상황에서, 개인의 이성과 자유로운 토론을 통해 새로운 사회적 기준을 정립해야 한다고 주장한다. 이는 현재 한국 사회에서도 각 개인이 자신의 목소리를 내고, 상반된 의견이 공존하며 충돌하는 가운데 새로운 사회적 합의를 모색할 필요성이 커지고 있다는 점에서 시사하는 바가 크다. 결국 한국 사회 역시 더 이상 과거의 전통이나 단일한 이념만으로는 복잡한 사회 문제들을 설명하거나 해결하기 어려운 상황에 직면해 있다. 밀의 사유를 현대적으로 재맥락화할 때, 오늘날 한국 사회에 요구되는 바는 다원성, 자율성 그리고 비판적 사유를 존중하는 방향으로 사회적 가치와 규범을 철학적 및 정치적으로 재정립하고자 하는 시도가 요구된다.

22 Mill, 1831, *The Spirit of the Age III*, vol. 22, p. 324.
23 밀은 자신의 저작물에서 시간과 공간을 초월한 진리를 지칭하기 위해 '추상적 진리(abstract truth), 위대한 진리(great truth), 객관적 진리(objective truth)'를 번갈아 사용하고 있음을 밝힌다.
24 밀이 John Sterling에게 1831년 10월 20일부터 22일까지 보낸 편지, vol. 12, p. 76.
25 1831년 영국 총선은 선거 개혁을 목적으로 한 영국 정치사에서 중대한 전환점이었다. 개혁을 주도한 휘그당은 큰 지지를 얻어 토리당에 비해 상당한 다수를 차지했지만, 토리당이 휘그당 찰스 그레이 수상의 선거법 개정에 반발하자, 수상의 건의로 윌리엄 4세에 의해 의회가 해산되었다. 이러한 모습을 본 밀은 보수주의자들의 기득권 수호를 시대의 변화를 읽지 못하고 있다고 비난하였다.
26 밀이 John Sterling에게 1831년 10월 20일부터 22일까지 보낸 편지, vol. 12, p. 80.
27 밀이 John Sterling에게 1831년 10월 20일부터 22일까지 보낸 편지. vol. 12, p. 80.
28 Kinzer, 2007, p. 124.
29 Kinzer, 2007, p. 124.
30 Mill, 1843a, *A System of Logic I*, vol. 7, pp. 75-80.
31 Mill, 1865, *An Examination of Sir William Hamilton's Philosophy*. vol. 9, p. 126.
32 Mill, 1831, *The Spirit of the Age III*, vol. 22, p. 325.
33 Mill/서병훈, 1859/2013, 자유론, 48쪽.
34 Mill, 1865년 4월 29일, *Romilly's Public Responsibility and the Ballot*, vol. 25, p. 135.

35 Mill, 1843b, *A System of Logic II*, vol. 8, p. 460.
36 Mill, 1843b, *A System of Logic II*, vol. 8, p. 7.
37 Mill, 1843b, *A System of Logic II*, vol. 8, p. 100.
38 Mill, 1843b, *A System of Logic II*, vol. 8, p. 110.
39 Mill, 1865, *An Examination of Sir William Hamilton's Philosophy*. vol. 9, p. 4.
40 Arnold, 1865, p. 48.
41 Mill, 1865. *An Examination of Sir William Hamilton's Philosophy*. vol. 9.
42 Mill, 1865, *An Examination of Sir William Hamilton's Philosophy*. vol. 9, p. 88.
43 Mill, 1865, *An Examination of Sir William Hamilton's Philosophy*. vol. 9, p. 88.
44 Mill, 1865, *An Examination of Sir William Hamilton's Philosophy*. vol. 9, p. 337.
45 Mill, 1865, *An Examination of Sir William Hamilton's Philosophy*. vol. 9, p. 87.
46 Mill, 1865, *An Examination of Sir William Hamilton's Philosophy*. vol. 9, p. 116.
47 칸트는 현상계와 예지계를 구분하여, 인간의 지식이 현상계에 제한되어 있다고 주장했다. 우리는 물질적인 세계를 감각과 경험을 통해 이해하지만, 예지계는 감각을 통해 알 수 없는 것이기 때문에 인간의 지식으로는 도달할 수 없는 곳이다.
48 Mill, 1865, *An Examination of Sir William Hamilton's Philosophy*. vol. 9, p. 21.
49 Mill/서병훈, 1859/2013, 자유론, 51쪽.
50 선험적 지식은 없다. 인간의 직관적인 증거에 근거한 지식은 존재하지 않는다. 감각과 자신 행동에 대한 의식이 인간 지식의 유일한 원천이다(There is no knowledge a priori; and grounded on intuitive evidence. Sensation, and the mind's consciousness of its own acts, are only the exclusive sources of our knowledge)(Mill, 1840, *Coleridge*, Vol. 10, p. 199).
51 Mill, 1867, *Inaugural Address at the University of St. Andrews*. vol. 21, p. 243.
52 Mill/최명관, 1873/2010, 자서전, 32쪽.
53 Mill, 1867, *Inaugural Address at the University of St. Andrews*. vol. 21, p. 243.
54 Mill, 1843a, *A System of Logic I*, vol. 7, p. 78.
55 Mill, 1831, *The Spirit of the Age III*, vol. 22, p. 318.
56 Mill/서병훈, 1859/2013, 자유론, 45쪽.
57 Mill, 1843a, *A System of Logic I*, vol. 7, p. 25.

58 18세기는 인간의 이성을 마치 신의 선물로 간주하여 객관적인 이성으로 간주하였다. "자연 상태에는 그것을 지배하는 자연법이 있으며 그 법은 모든 사람을 구속한다. 그리고 그 법인 이성은 조언을 구하는 모든 인류에게 인간은 모두 평등하고 독립된 존재이므로 누구도 다른 사람의 생명, 건강, 자유 또는 소유물에 위해를 가해서는 안 된다고 가르친다. 왜냐하면 모든 인간은 유일하고 전지전능한 조물주의 작품이기 때문이다."(Locke, 1689/2007, 13쪽).
그러나 여성주의자와 포스트 모던론자들은 이성의 객관성에 대해 의문을 제기하였다. 이성이라고 하는 개념은 실제로 특정 집단들에 의해 구성되었다. 자신들의 주관성을 객관성의 이름으로 사람들을 현혹하였다(Lloyd, 1993).
밀은 이성의 객관성과 주관성을 둘러싼 논쟁을 단순한 대립 구도로 두지 않고, 토론 과정을 통해 두 차원을 매개·통합하려 하였으며, 이를 통해 이성이 실제 사회적 맥락 속에서 살아 있는 힘으로 기능하는 방식을 보여주었다. 사람들이 지식이라고 하는 것은 검증을 받지 않은 경우가 많다. 검증을 받지 않은 지식은 대부분이 감정과 개인의 느낌에 근거하고 있는 경우가 많다. 그러나 18세기에는 이성이 흔들리지 않는 것으로 간주하여 사람의 지식을 이성에 근거한 보편적인 지식이라고 간주하였다. 19세기에는 인간 본성의 비이성적 요소인 본능(instinct)을 고려할 필요가 있다고 주장하게 되었다. 예를 들면, 우리들의 믿음을 합리적으로 설명하기 어려운 것은 모두 본능이라고 부른다. 우리들이 본능이라고 간주하는 여러 관계가 사회의 권력관계로부터 도출되었지만, 본능의 이름으로 사람들에게 강요하는 경향이 있다(Mill/서병훈, 1869/2006, 여성의 종속, 17-18쪽). 따라서 토론을 통한 검증 작업을 통해 이성의 추상성이 이성의 실천성으로 전환된다.
59 Mill/서병훈, 1859/2013, 자유론, 57쪽.
60 Mill/서병훈, 1859/2013, 자유론, 45쪽.
61 Devigne, 2006, pp. 84-85.
62 Mill, 1832, *On Genius*. vol. 1, pp. 283-284(Knowledge comes only from within; all that comes from without is but questioning, or else it is mere authority.)
63 Villa, 2001, p. 60.
64 Mill, 1859/2013, 자유론, 81쪽.
65 밀은 19세기 영국에서 나타난 소책자 운동(Tractarianism)의 '사적인 판단 제지'에 대해 깊은 우려를 나타냈다(Gustave d'Eichtal에게 1839년 12월 27일 보낸 편지). 19세기 중엽 중산계층의 세력이 확대되고, 이들을 중심으로 기독교 자유주의가 확산함에 따라, 교인들은

교회의 권위가 침해되는 것을 방지하고 신학 사상을 알리기 위한 문서 운동을 전개했다. 그들의 목적은 서방교회의 전통을 중시하던 교회를 신학적 자유주의로부터 방어하고 오염된 자유주의의 영향을 정화하여 국가 권력으로부터 해방해서 초대 교회의 정신을 본받아 내면적으로 갱신하려고 했다. 이들은 뉴먼(J. H. Newman)을 편집 책임자로 선임하여 《시대를 위한 책자(Tracts for the Times)》라는 소책자(pamphlet)를 발행함에 따라 대중으로부터 많은 반향을 불러일으켜 '소책자 운동(Tractarianism)'으로까지 불리게 되었다. 밀은 하나의 의견이 절대적이기 때문에 다른 의견을 허용하지 않는 사회 분위기를 지양하고자 하였다.

66 Mill/서병훈, 1859/2013, 자유론, 52쪽.
67 Mill/서병훈, 1859/2013, 자유론, 74쪽.
68 Mill, 1843a, A System of Logic I, vol. 7, pp. 141-143.
69 Mill, 1843b, A System of Logic II, vol. 8, p. 93.
70 Mill/서병훈, 1859/2013, 자유론, 133쪽.
71 Abrams, 1953.
    이 부분은 밀이 벤담과 콜리지의 다른 인식론을 융합하고자 한 노력의 일환이다. 벤담은 다른 사람들의 진술을 접할 때 "항상 그것은 참인가(Is it true?)" 하는 제삼자 관점에서 바라보았다. 그러나 콜리지는 "해당 진술의 의미가 무엇인가?", 즉 "그 사람이 왜 그렇게 생각하는가?", 사람들이 해당 진술을 참이라고 생각한다면 "왜 그렇게 생각하는지?" 그 심리적, 역사적, 문화적 배경을 알고자 하였다(Mill, 1840, Coleridge, vol. 10, p. 195).
72 Mill/서병훈, 1859/2013, 자유론, 33쪽.
73 Mill/서병훈, 1859/2013, 자유론, 74쪽.
74 Mill/서병훈, 1859/2013, 자유론, 51쪽.
75 밀은 진리를 이해하기 위해 다음의 두 가지 측면, 즉 '진리에 대한 명확한 파악과 깊은 감정(clear apprehension and deep feeling of truth)'(Mill/서병훈, 1859/2013, 자유론, 91쪽)이 필요하다고 설명한다. 즉, 밀은 개인의 주관적 진리를 위해서는 이해와 강한 믿음의 감정을 강조하고 있음을 알 수 있다.
76 Mill, 1843a, A System of Logic I, vol. 7, p. 461.
77 Thompson, 1976, p. 81.
78 Mill/서병훈, 1859/2013, 자유론, 91쪽.
79 Mill/서병훈, 1859/2013, 자유론, 95쪽.

80 Mill이 Gustave D'Eichthal에게 1829년 11월 7일 보낸 편지, vol. 12, p. 50.
81 사람은 자기 의견이 옳다고 하는 믿음이 있기 때문에 행동한다. 여기서 문제가 발생한다. 과연 자기 의견에 대한 믿음이 광신에 가까운지 아니면 합리적인 확신의 믿음인지를 점검할 필요가 있다. 이를 위해 밀은 변증법에 근거한 토론이 필요하다고 주장한다.
82 Mill, 1843a, *A System of Logic I*, vol. 7, p. 7.
83 Mill/최명관, 1873/2010, 자서전, 33쪽.
84 Mill/서병훈, 1859/2013, 자유론, 115쪽.
85 Mill/서병훈, 1859/2013, 자유론, 34쪽.

제7장 모든 의견은 들려야 한다

1 O'Rourke, 2001.
2 Meiklejohn, 1950.
3 Greenwalt, 1989, p. 16.
4 Scanlon, 1979, p. 93.
5 한선, 2019.
6 고영화, 2008.
7 Bickford, 1996.
8 Mill/서병훈, 1859/2013, 자유론, 73-74쪽.
9 Mill, 1834, *Gorgias*, vol. 11, p. 158; Nordquest, 2016, p. 21.
10 Mill/서병훈, 1859/2013, 자유론, 81쪽.
11 밀이 Henry William Carr에게 1852년 1월 7일에 보낸 편지, vol. 14, p. 101.
12 Mill/서병훈, 1859/2013, 자유론, 40쪽.
13 Schauer, 1982, p. 53.
14 Mill/서병훈, 1859/2013, 자유론, 40쪽.
15 Schauer, 1982, pp. 53-59.
16 Russell, 1944, p. 3.
17 Mill/서병훈, 1859/2013, 자유론, 45-46쪽.
18 Mill/서병훈, 1859/2013, 자유론, 56쪽.

19 Mill, 1825, *Law of Libel and Liberty of the Press*, vol. 21, p. 75.
20 Mill, 1825, *Law of Libel and Liberty of the Press*, vol. 21, p. 76.
21 Mill/서병훈, 1859/2013, 자유론, 51쪽.
22 Richards, 1986, pp. 167-169.
23 Emerson, 1970.
24 Mill/서병훈, 1859/2013, 자유론, 44쪽.
25 존 스튜어트 밀이 《자유론》 그리고 이외의 저작물에서 '모든 의견이 들려야 한다.'라고 명확하게 언급하지는 않았다. 다만, 《자유론》에서 다양한 의견의 들릴 필요성을 생각과 토론의 자유와 관련하여 논의하고 있다. 다양한 의견이 사회에 들려야 자유로운 토론이 가능하고 나아가 생각의 자유를 보장할 수 있다. 특히 밀이 제2장 마지막 부분에서 1) 만약 침묵을 강요당한 의견이 옳다면, 2) 만약 침묵을 강요당한 의견이 그르다면, 그리고 3) 만약 침묵을 강요당한 의견이 반은 참이고 반은 참이 아니라면 등의 경우를 예시하면서, 각각의 상황에 해당하는 의견들이 개인의 공리 나아가 사회의 공리를 위해 들려야 되는 논리적인 근거에 관해 설명하고 있다. 다만 타인의 이해관계에 해를 끼치는 의견의 경우에는 제재를 가해야 한다고 주장하고 있다. 이를 위하여, 밀은 "모든 의견이 자유롭게 표현되어야 함이 허락되어야 한다(the free expression of all opinions should be permitted)(Mill/서병훈, 1859/2013, 자유론, 103쪽).”라고 강하게 주장하고 있다. 저자는 이외의 저작물들을 근거로 '모든 의견이 들려야 한다.'를 밀이 시사하고 있음을 주장한다.
26 O'Rourke, 2001, p. 140.
27 Vernon, 1996, pp. 621-632.
28 Mill, 1845, *The Claims of Labour*, vol. 4, pp. 313-316.
29 Mill, 1843, July, 25, *Electoral Districts*, vol. 25, p. 26.
30 Mill/서병훈, 1859/2013, 자유론, 103쪽.
31 밀이 Thomas Bayley Potter에게 1865년 3월 16일 보낸 편지, vol. 16, pp. 35-36.
32 Mill/서병훈, 1859/2013, 자유론, 70쪽.
33 Mill/서병훈, 1859/2013, 자유론, 50쪽.
34 Mill/서병훈, 1859/2013, 자유론, 69쪽.
35 Mill/서병훈, 1859/2013, 자유론, 45쪽.
36 Mill/서병훈, 1859/2013, 자유론, 50쪽.

37 Mill/서병훈, 1859/2013, 자유론, 95쪽.
38 Mill/서병훈, 1859/2013, 자유론, 50쪽.
39 Mill/서병훈, 1859/2013, 자유론, 51쪽.
40 Lipari, 2010, p. 349.
41 Barber 1984, pp. 222-223.
42 Mondal, 2018, p. 49.
43 이호규, 2002.
44 Levinas, 1969, p. 306.
45 Mill/서병훈, 1859/2013, 자유론, 76쪽.
46 Mill/서병훈, 1859/2013, 자유론, 77쪽.
47 Roberts, 2004, p. 76.
48 Mill/서병훈, 1859/2013, 자유론, 94쪽.
49 Peters, 2005, p. 135.
50 MacKinnon, 1987, p. 193.
51 실체론 시각에서 표현의 자유를 바라보면, 표현은 단순한 커뮤니케이션 행위가 아니라 인간 존재의 본질적인 구성 요소라 할 수 있다. 예를 들어, 인간은 자기 생각을 말하고, 감정을 표현하며, 가치관을 드러내는 존재이다. 이런 표현 행위는 곧 자기 정체성과 개별성을 실현하는 방식이다. 표현의 자유는 인간이 '존재하는 방식', 곧 자신을 세상에 드러내는 행위 그 자체로서 필수적이라는 의미이다.
52 Maitra and McGowan, 2012, p. 7.
53 만해 한용운 선생의 〈님의 침묵〉 시에서 우리는 '님'의 의미에 대해 초점을 맞추는 경향이 있다. 저자는 '침묵'에 방점을 두고자 한다. 만해 선생이 원한 평화를 위해서는 남을 침묵하게 하는 행위가 지양되어야 한다. 만해의 작품들을 살펴보면서 필자는 침묵이 세 가지 형태로 나타난다고 본다. 첫째, 물리적인 강압에 의한 침묵, 둘째, 타인의 말을 듣고자 노력하지 않는 경우, 셋째, 자신이 무슨 말을 할지 모르는 인식의 노예 상태 등이다. 만해의 논의를 살펴보면 둘째와 셋째 경우가 밀의 논의와 맥을 공유한다.
54 Fraser, 2008, pp. 16-17.
55 Waldron, 2017.
56 Schwartzberg, 2014. p. 21.

제8장 인식의 주체로서의 개인을 위한 합리적 자유

1 Mill/정성화·손영호, 1859/1993, 자유론, 104쪽.
  원문의 문장인 It really is of importance, not only what men do, but also what manner of men을 정성화·손영호 번역을 참고하였음을 밝힌다.
2 https://www.librarianshipstudies.com/2018/07/your-time-is-limited-so-dont-waste-it.html
3 Mill, 1832, *On Genius*, vol. 1, p. 289.
4 Mill, 1832, *On Genius*, vol. 1, p. 286.
5 Mill, 1832, *On Genius*, vol. 1, p. 285.
6 Mill, 1832, *On Genius*, vol. 1, p. 285.
7 Mill, 1832, *On Genius*, vol. 1, p. 282.
8 Pym, 1882, pp. 163-164.
9 Mill, 1853-1856/1961, p. 66.
10 Mill/최명관, 1873/2010, 자서전, 142쪽.
11 청년기 시절 겪었던 깊은 우울증과 내적 갈등을 가리키는데, 당시 그는 삶의 의미와 자신이 추구해야 할 진정한 가치에 대해 극심한 회의와 절망에 빠졌다. 이러한 정신적 위기는 밀이 기존의 전통적 권위와 도덕, 그리고 자신에게 부과된 기대들에 대한 반발과 성찰을 자극하였고, 이후 그의 자유주의 철학과 공리주의 사상의 형성에 결정적인 영향을 미쳤다.
12 Mill/최명관, 1873/2010, 자서전, 119쪽.
13 Mill, 1843b, *A System of Logic II*, vol. 8, pp. 840-841.
14 Mill/최명관, 1873/2010, 자서전, 150-151쪽.
15 Mill/서병훈, 1869/2005, 여성의 종속, 38-39쪽.
16 Mill/서병훈, 1869/2005, 여성의 종속, 48쪽.
17 Mill/서병훈, 1869/2005, 여성의 종속, 52쪽.
18 Mill/서병훈, 1869/2005, 여성의 종속, 40쪽.
19 Mill/서병훈, 1869/2005, 여성의 종속, 53쪽.
20 Mill/서병훈, 1869/2005, 여성의 종속, 91쪽.
21 Mill/서병훈, 1869/2005, 여성의 종속, 160쪽.
22 Mill/서병훈, 1869/2005, 여성의 종속, 159쪽.
23 Mill/서병훈, 1869/2005, 여성의 종속, 161-162쪽.

24 Mill/최명관, 1873/2010, 자서전, 254쪽.
25 Mill/최명관, 1873/2010, 자서전, 254쪽.
26 Mill/서병훈, 1859/2010, 자유론, 115쪽.
27 Mill/서병훈, 1859/2010, 자유론, 4쪽.
28 Mill/서병훈, 1859/2010, 자유론, 110쪽.
29 Mill, 1865, *August Comte and Positivism*, vol. 10, p. 331.
30 Mill, 1865, *August Comte and Positivism*, vol. 10, p. 311.
31 Mill, 1865, *August Comte and Positivism*, vol. 10, p. 337.
32 Mill/이을상, 1863/2008, 공리주의, 99쪽.
33 Mill/이을상, 1863/2008, 공리주의, 98쪽.
34 Mill/이을상, 1863/2008, 공리주의, 172쪽.
35 Mill/서병훈, 1869/2006, 여성의 종속, 184쪽.
36 Baum, 2000, pp. 4-5; 10-12.
37 Clark, 1975, pp.107-108.
38 Mill/서병훈, 1869/2006, 여성의 종속, 182쪽.
39 밀이 William Bridges Adams에게 1832년 10월 20일에 보낸 편지, vol. 12, p. 109.
40 Mill/서병훈, 1869/2006, 여성의 종속, 183쪽.
41 Mill/서병훈, 1869/2006, 여성의 종속, 187쪽.
42 Mill/서병훈, 1869/2006, 여성의 종속, 184쪽.
43 Mill/서병훈, 1859/2013, 자유론, 143쪽.
44 Mill/서병훈, 1869/2006, 여성의 종속, 87쪽.
    서병훈은 "병 주고 약 주는 격의 반어(反語)"로 번역하고 있다. 이 책에서는 "짜증이 나는 그럴듯한 미사여구"로 번역하였음을 밝힌다.
45 Mill, 1832, *On Genius*, vol. 1, p. 282.
46 Mill, 1853, *Grote's History Of Greece II*, vol. 11, p. 302.
47 Mill/서병훈, 1859/2013, 자유론, 133쪽.